魏 非◎著

教师能力发展微认证体系的构建与实践

华东师范大学出版社
·上海·

图书在版编目(CIP)数据

教师能力发展微认证体系的构建与实践 / 魏非著.
上海：华东师范大学出版社，2024. -- ISBN 978-7
-5760-5436-1

Ⅰ. G451. 2

中国国家版本馆 CIP 数据核字第 2024L9622T 号

JIAOSHI NENGLI FAZHAN WEIRENZHENG TIXI DE GOUJIAN YU SHIJIAN

教师能力发展微认证体系的构建与实践

著　　者　魏　非
责任编辑　丁　倩
责任校对　刘伟敏
装帧设计　郝　钰

出版发行　华东师范大学出版社
社　　址　上海市中山北路 3663 号　邮编 200062
网　　址　www.ecnupress.com.cn
电　　话　021－60821666　行政传真 021－62572105
客服电话　021－62865537　门市(邮购)电话 021－62869887
地　　址　上海市中山北路 3663 号华东师范大学校内先锋路口
网　　店　http://hdsdcbs.tmall.com

印 刷 者　上海新华印刷有限公司
开　　本　787 毫米×1092 毫米　16 开
印　　张　16.5
字　　数　295 千字
版　　次　2024 年 11 月第 1 版
印　　次　2024 年 11 月第 1 次
书　　号　ISBN 978－7－5760－5436－1
定　　价　68.00 元

出 版 人　王　焰

目　录

序言　教师发展挑战与评估现状

终身学习是当代每个人实现自我成长的基本要求，教师也不例外，尤其是面对不断变化的社会环境和持续深化的教育改革，以教师专业发展为核心的教师终身学习成为每一位教师的内在需求和从业要求。自 20 世纪 80 年代开始，教师专业发展就成为国际研究与实践领域共同关注的热点议题。在我国，随着课程改革的深入推进，人们也更加深刻地认识到教师发展在学生成长中的重要性，如果要使学生取得更大进步，教师专业得到持续、高质量的发展是必要的。① 因此，促进教师专业发展，以便更有效地促进学生全面、健康、和谐地发展，这是基础教育持续发展的重要条件。

我国各级政府长期以来十分关注教师专业发展工作。1999 年 9 月，教育部在上海召开了“全国中小学教师继续教育和校长培训工作会议”，决定在全国范围内实施“中小学教师继续教育工程”，会后教育部颁布了《中小学教师继续教育规定》，要求大多数地区的中小学教师五年内普遍完成不低于 240 学时的培训，自此，教师专业发展有了专项法规依据。2010 年，中央财政支持启动了“中小学教师国家级培训计划”（简称“国培计划”），掀起了全国教师培训大规模创新的浪潮。2018 年《中共中央　国务院关于全面深化新时代教师队伍建设改革的意见》中强调，要健全教师培养培训体系，同时开展中小学教师全员培训，促进教师终身学习和专业发展。②

---

① 卢乃桂，钟亚妮.国际视野中的教师专业发展 [J].比较教育研究，2006(02)：71－76.

② 中共中央，国务院.关于全面深化新时代教师队伍建设改革的意见 [EB/OL].（2018－01－31）[2019－07－03]. https://www.gov.cn/zhengce/2018－01/31/content_5262659.htm?tdsourcetag=s_pcqq_aiomsg.

为教师提供高质量的专业学习经历一直是教师培训界孜孜以求的目标。然而，随着社会变化与教育改革的推进，我们看到，很多教师培训项目的设计与实施仍然按照传统的逻辑在推进，偏爱集中教学、专家报告、理论讲授，以知识传授为主导模式，培训模式和成效均难以满足当前教育改革创新的需求，同时在实践转化方面也存在着较多的质疑之声。如何创新教师培训，提升教师学习的实践转化和总体成效是当前教师培训专业化发展的重要使命。

伴随着终身学习时代的来临，创造广泛而灵活的学习机会为上述使命赋予新的内涵，同时也叠加了挑战。致力于专业化发展的研究者和实践者从课程开发、模式建构、培训者能力建设等角度展开了一系列研究探索，微课程、慕课、混合式研修、校本研修都成为重建内涵、提质增效、迎接挑战的着力点。然而在一轮一轮的新理念、新模式、新内容的实验与探索之后，教师们仍然在理解理念、迁移实践的道路上彷徨，甚至开始出现了抵触、应付与逃避教师培训机会的现象，而教师培训界以及社会各界对教师专业发展的期望还在强化与升级。

期望与现实之间的落差，迫使我们从多个维度深度审视教师培训，从更多视角去寻求问题解决方案。教师培训是一个生态环境下的系统工程，在个别要素或局部环节上的改变显然难以具备刷新整个教师培训样态的能量，我们需要在不断变化与发展的社会大背景下，透过多要素交叉与作用的表象去理解真实的教育教学实践需求，明晰教师能力发展与素养涵育的环境条件，并以此为基础进行创造性、根本性的变革创新思考。

第一节　新时代教师专业发展面临的挑战与困境

教师专业发展的基本立场是教师需要持续性的学习与提升，这是教育改革和社会发展所带来的必然要求。信息技术的发展和教育领域的深度应用，催生了多样化的模式，并促进了教师发展的数字化转型。有效的教师专业发展路径一定是符合教师学习规律和需求的。然而，由于教育的特殊性以及教师发展的复杂性，加之社会发展和教育改革深化加速，教师专业发展模式创新和成效突破面临着四个关键性难题。

1. 教师发展需求分析难以客观、全面与精准

国际教师教育学倡导教师学习的三大定律：越是扎根教师内在需求越是有效；越是扎根教师的鲜活经验越是有效；越是扎根教师的实践反思越是有效。通俗而言，教师发展需求是理想的状态与实际状态之间的差距。教师发展需求是教师发展制度制定和教师发展活动设计的依据，因而诊断和分析是教师发展支持活动针对性和实效性的保障。在当前的实践中，存在着两种需求分析不到位的情况：一种是项目设计和启动前不作针对性的需求分析，主要依赖组织者的经验判断设定目标和内容；另一种是尽管开展了需求分析，但却由于专业性不足使得分析结果难以做到客观和准确，这里可能存在三种代表性问题。

第一，将教师发展需求等同于教师主观发展愿望。较常采用的需求分析手段是让参与者通过问卷或谈话的方式“说出”自己“想要的学习”。由于主要依赖答题者的自知和自省，所以受限于教师自身的认识水平、批判反思的能力、专业发展意识等，某些客观的需求可能得不到有效识别。

第二，将教师个体的需求等同于教师培训的需求。教师培训除了提升教师个人专业能力之外，还承载着学校组织发展的保障功能，以及教育改革和发展的推进功能①，自述的需求往往是“个人的”，所以教师作为学校组织成员以及教育改革和创新成员的角色常常被忽略。

第三，需求分析停留于知识和意识层面，对能力的诊断和分析不够。由于需求分析往往是应急式的，且多关注教师知道、参与等行为表象，支持教师能力的诊断分析功能有限。

合理的需求分析应该是客观的、全面的、指向教师能力的，要能够真实、准确地分析教师能力的实际现状，才能为教师发展活动设计与实施提供助力。信息技术成为准确评估教师状态和能力的潜在利器。信息技术环境可以跟踪和采集教师学习过程数据，可以对教师课堂教学实践进行录像和分析，可以利用

---

① 余新.教师培训师专业修炼［M］.北京：教育科学出版社，2012.

可穿戴设备对教师日常行为进行跟踪，多方数据的汇聚和融合，能够实现对教师成长全过程的数据留痕，为全面把握教师的行为和需求提供更丰富、完整的学习过程数据资料。但全方位的数据采集、科学分析模型的建立以及多方数据的融合问题还有待进一步深化与突破。

2. 理论与实践之间存在鸿沟，转化难

在质疑教师培训成效的所有观点中，理论与实践脱节的问题最为突出。很多研究者和教师都认为，当前培训内容过于理论化与学术化，脱离教师教育实践，难以为教师教育教学实践改进提供问题解决方案。同时，在培训方式上，往往也是采用脱离岗位和实际教学情境的讲座、线上课程等方式。面对该问题，众多研究者建议采用立足实践、回归现场的持续发展模式，例如：直面教师的困难和疑惑，用多种方式带领高中教师反复操练上课和听课、评课、备课和说课等环节①；坚持实践取向，应用情境学习理念，让教师走进真实教育现场，走进学校、走进课堂、走近教师，对话实践者②；更多创设有教育现场的培训，提供激发情景思考、激发实践智慧和顿悟灵感的场景③。尽管改进方向已经达成共识，然而实践中仍然缺乏一种行之有效的能够实现理论与实践同频共振的操作模式。尤其是，受限于当前教师专业发展活动组织制度，很多地方教研、科研、培训、电教等工作分离，不能将教师培训活动与教师教学、教研、科研等活动统整起来，使得教师培训与教师教育教学实践产生隔离。美国学者乔依斯(Bruce Joyce)和舍瓦斯(Beverly Showers)等人的研究认为，教师专业发展项目的迁移效果受项目所采用的策略等多种因素的影响，只有当在教师培训中理论、示范、实践、反馈、指导都具备时，教师迁移成效才够明显，如果只有理论、示范，教师的迁移均为0。④

---

① 霍益萍. “聚焦课堂”：追求有效的高中教师培训 [J].教育发展研究，2008(20)：64－66.

② 李更生.教师到底需要什么样的培训？——基于实践性学习的思考与追问 [J].云南教育(视界时政版)，2018(12)：44－46.

③ 王红.地位 体系 内容 成效 成本 五大困境捆住了教师培训 [J].云南教育(视界综合版)，2018(05)：9－11.

④ Joyce B，Showers B. Student Achievement Through Staff Development：Fundamentals of School Renewal [M]. London：Longman Pub Group，1995.

3. 成效难以准确评估

教师培训成效，是指教师培训项目在促进教师专业发展上实际产出的成果和达成的效果。随着教师培训在教师专业发展、教育改革中的作用越来越受到人们关注，“培训促进教师发展了吗”“培训推动学校发展了吗”等成效评估问题一直叩问着教师培训领域，人们不再满足于满意度、推荐意愿等反应层次的反馈信息，期待着稳健性的成效评估结论为培训促进教育发展提供现实解释和理论依据，并助力教师培训改进和创新。

评估模型是全面、系统分析培训效果的理论支持，从关注结果来看，可以分为三类：第一类，包含教师学习的直接成效以及教师发展带来的组织绩效两个方面，例如柯氏四层次评估模型（包含反应层、学习层、行为层、成果层）以及托马斯·古斯基（Thomas Guskey）的五层次教师专业发展评价模型（包含反应层、学习层、组织层、应用层、学生层）。第二类，关注培训过程的评估模型，例如CIPP模型（包含背景、输入、过程、成果）。第三类，结果导向的评估模型，如杰克·菲利普斯（Jack Philips）的V模型培训评估、劳伦斯·因格瓦森（Lawrence Ingvarson）四个维度的评估框架（包含理论知识、实践技能、学生学习结果、教师的自我效能感）以及冯晓英的培训成效评价框架（包含专业知识、专业技能、专业能力、教育观念）。

尽管有不少评估模型可以借鉴和选用，然而要客观、准确地评估培训成效仍然是一个难题。一方面，数据采集方法的选择存在较大的挑战，目前常用且容易操作的是反思访谈、问卷调查、课堂观察、档案袋等，以质性方法为主，这些方法都很难兼顾科学性和操作性，且难以支持应用层和成果层获取直接的量化数据，特别是依赖专业力量投入的课堂观察等方法，大规模应用非常困难。另一方面，对于教师发展成效最为准确的评估来自学生发展，目前通常采用问卷、访谈，或者通过与学生学业测评数据相关联[①]的方式，然而由于教育系统受多方面因素的综合影响，从教师学习到教师实践再到学生发展或学校发

---

① Griffin C C, Dana N F, Pape S J, et al. Prime online: Exploring teacher professional development for creating inclusive elementary mathematics classrooms [J]. Teacher Education and Special Education, 2018, 41(02): 121 - 139.

展，需要经历较长的过程，且教师学习与教师发展以及学生发展的直接关系难以界定，因此分析结果也容易受到质疑。

4. 个性化需求难以满足

每个人都是独特的个体，由于学科背景、专业发展阶段、学校情境不一样，教师自我发展的内容需求也存在着较大的差异。同时，由于学习风格、学习能力以及学习方式影响，教师研修方式的选择和安排也应当是适应个体的。教师学员特征的多样性进一步凸显了个性化设计教师专业发展项目、差异化满足教师需求的必要性。① 然而，由于技术发展、现实条件以及成本控制等原因，教师培训一般都采用统一规划的模式，例如集中培训或远程培训中面对同一批次学员使用同一套课程，通过遴选背景和需求类似的学员提升课程的针对性，进而达到满足个性化需要的目的。

通过收敛学员背景和需求的方式尽管能够满足同一人群的共性需求，但实质上却很难兼顾个体学员的差异化需求。如何支持教师个性化需求的满足，这是近年来各地努力探索的实践路径。浙江省教育厅于 2010 年启动中小学教师培训制度改革，通过培训自主选学支持教师个性化需求的满足，成为各地学习与借鉴的模范。然而，教师真的能明确自己的问题和需求吗？教师个体需求是否能取代教师培训需求？

第二节　微认证：创造开放与融合的教师学习生态

上述四个难题一直困扰着教师培训领域，如何破解成为培训专业化发展的关键性任务。

微认证（micro-credentials），是目前国际上广泛应用于成人职业领域的能力

① 冯晓英，何春，宋佳欣，等．“互联网＋”教师专业发展的实践模式、规律与原则——基于国内外核心期刊的系统性文献综述 [J].开放教育研究，2022，28(06)：37－51.

认证方式，依据申请者实践工作场景中产生的实践证据作为能力评估依据。近年来，美国非营利组织数字承诺(Digital Promise)与多个国际专业组织开展合作，开发了一系列面向教师、图书管理员、教育管理者的微认证项目，并在美国十多个州开展了广泛应用。借鉴了微认证的理念，我国在 2019 年启动的"全国中小学教师信息技术应用能力提升工程 2.0"（简称"能力提升工程 2.0"）中，建立了微能力测评体系，设计了 30 项微能力，形成了"教师信息化教育教学能力发展框架"，作为教师学习、实践以及考核的重要依据。微能力测评方式很好地落实了提升工程精准测评的理念，同时也为"整校推进"提升教师信息技术应用能力提供了有力的抓手。对微认证稍作解读，会发现其具有四大显著特征：

1. 凸显了能力本位的教育理念

能力本位教育认为，在岗位上表现出来的实际操作能力才是职业能力的体现①，倡导实践和亲身经历是获得成长的重要渠道，在真实情境中的具体活动促进能力发展②，而学生一旦证明他们已经满足了能力的基本要求，他们就可以获得学分③。一方面，微认证的认证对象是具体、明确、可观察的能力，另一方面，强调绩效考评的依据是教师实践的行为或成果，例如课堂教学视频、学生作品或教师个体反思等，自然将教师推向了能力发展的情景——教学实践的前端，因而推动实现了教育者基于实践的能力发展范式。

2. 体现为结果驱动的学习方式

微认证对于技能或能力的认定，是以提交的证据作为核心的评价依据的。因此，对于学习者而言，采用何种学习方式开展学习，以及如何学习，并不是考查的范围。换句话说，学习者可以选择任意一种自己习惯的方式开展学习，

---

① 庞世俊，姜广坤，王庆江. "能力本位"教育理念对职业教育的理论意义与实践启示 [J].中国大学教学，2010(10)：21－23.

② Lobanova T D, Shunin Y. Competence-Based Education — A Common European Strategy [J]. Journal of Computer Modelling and New Technologies, 2008, 12(02): 45－65.

③ Kelchen R. The landscape of competency-based education: Enrollments, demographics, and affordability [EB/OL]. [2017－01－13]. http://files.eric.ed.gov/fulltext/ED566651.pdf.

例如集中学习、在线课程学习、参加会议、阅读书籍、参与教研活动、跟岗学习等，不再局限于传统的教育方式或者自上而下的集中培训。这也为学习者充分利用非正式学习方式提供了极大的自主权。同时，非正式学习的兴起也更加吻合当前社会发展的趋势，人们可以在随意的场所，利用随性的时间，通过多样化的学习渠道，满足自己多样化的学习需求，使得学习者可以更加便捷地自定节奏安排个人的学习计划，实现正式学习与非正式学习方式的融合。有意“忽略”过程的设计为教师提供了根据自身情况以及学习环境广泛而自由地选择和组合不同学习方式的空间。当学习超越教室的局限而走向一种开放和包容的形态之时，教师培训会以一种更为吻合社会发展趋势的样态自然呈现。

3. 提供多样化的学习选择

微认证多样化的认证选择与面向结果的认证形式为教师个性化需求满足提供了目标与发展形式选择的弹性空间。在多项能力之中，教师可以选择自己感兴趣的或教学需要的能力进行认证。此外，由于认证内容是教师在实践中展现的综合应用所学的能力，体现了一种“成果导向”的思路，这就为教师选择不同的学习方式、创建自己的专业学习历程提供了可能，以灵活应对个体兴趣、学生具体需求以及学校层面的目标。任何一名教师都既可以参与由相关单位统一组织的、正式的学习活动，也可以自主参与非正式的学习活动，例如基于互联网学习、慕课课程学习、组建研修小组，教师同时还可以在实践中不断探索。这种自主、弹性空间同时也激发了教师在专业发展过程中的主动性和积极态度。正如有参与教师谈道：“与其他教师专业发展活动非常不一样，在微认证中你真正负责自己的学习。在教育者身上设置的实施元素非常不同——不过是更好的方式，是真正的自主。”①

当技术更为丰盈之时，任何人的学习将不用局限于某种场所、某种形式或某个时间，只要拥有资源，任何人都可以开展学习，教师获得发展的渠道更为丰富和多元，然而我们现有对教师专业学习的规划中却缺乏对非正式学习方式

---

① Digital Promise. Micro-credentials: Igniting impact in the ecosystem [EB/OL]. [2016-12-12]. http://digitalpromise.org/wp-content/uploads/2016/03/dp-microcredentials-igniting-impact.pdf.

的关注和认可。数字承诺认为，教育者在职业生涯初期取得了证书，但他们每一天都在学习新技能，在正式专业发展场景中的学习时间得到认可之时，却常常没有机会充分证明他们在非正式情境之中取得的学习成果，而微认证系统为教育者们提供了一种独特和个性化的路径来完成一系列具体的学习[①]，并实现能力的发展。

4. 数字徽章作为成果认定形式

用数字徽章"晒"出自己的跑步成绩、阅读证明等学习成果俨然成为朋友圈的一种时尚。在微认证中，每一项能力的认证结果均可以数字徽章形式呈现，可以及时在朋友圈中分享，除了实现和践行了小步子学习策略与及时反馈外，同时还促进了有共同兴趣和专业旨趣人群的专业交流，并营造出相互启发与激励的氛围。而数字徽章包含的认证组织、拥有者、认证标准、证据材料、认证日期等认证结果关联信息，构成了一份微型的学习档案，在拓展和丰富认证结果内涵之时，使得认证过程可追溯、可验证，提升了认证的公信力。

基于上述特征可见，精准聚焦、面向能力、结果驱动、易于分享的教师能力评估考核方式诠释了教师培训始于能力、止于能力的设计初衷，为教师培训的评估考核带来了一种创新可能。同时，当我们跳出评估视野更为系统地看待以微认证为基础构建的教师专业发展体系之时，我们发现微认证为我们重构教师专业发展新范式提供了创新解决的路径。

第三节　本书逻辑与研究追求

在我国，教师培训是最为主要的教师专业发展方式。教师专业能力提升以及一系列教育教学改革都以教师培训为重要抓手。然而，由于前文所述的一些

① Digital Promise. Developing a system of micro-credentials: Supporting deeper learning in the classroom [EB/OL]. [2016 - 12 - 12]. https://digitalpromise.org/reportsandresources/developing-a-system-of-micro-credentials/.

难题和困境，我们对教师培训抱有极大的改进期望。微认证在国际上高等教育、教师发展中的探索与实践为我国教师培训的创新和变革提供了思路。

自 2016 年起，笔者关注到国际微认证发展动态，结合我国需求开展教师发展微认证研究，并依托所在单位承担的国家级、省市级以及学校的工程项目开展实践，尤其是 2019 年启动实施的“能力提升工程 2.0”展开了一系列探索，并在此过程中逐步完善了微认证体系的构建方法以及应用模式，同时产出了多个经实践验证的教师发展微认证体系。近八年的研究与实践探索沉淀、构成了本书的内容。

围绕着微认证体系的构建与应用，本书分为四个部分八个章节，如图 0-1 所示。

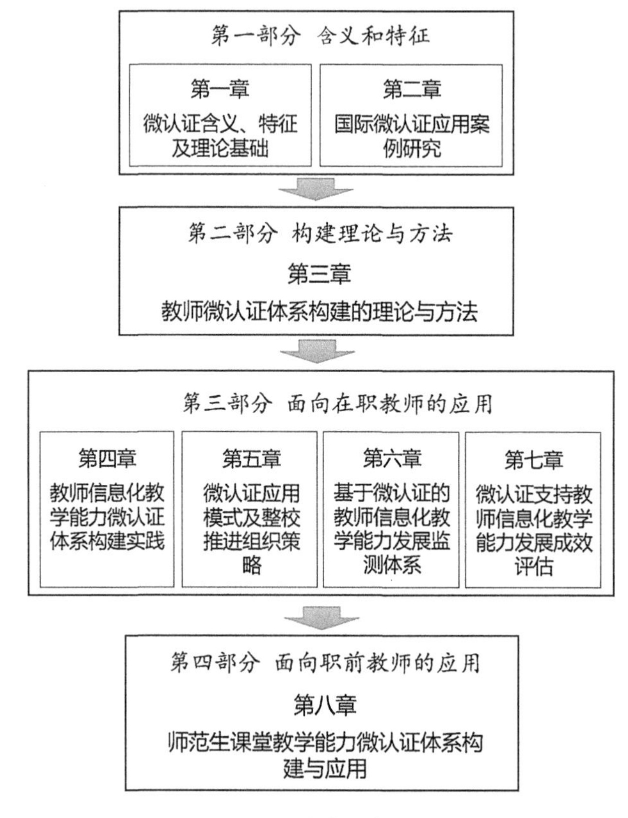

图 0-1 本书逻辑结构

第一部分包括第一章和第二章，重点介绍微认证的含义和特征。第一章从含义、特征以及理论基础角度阐释微认证，在全面梳理微认证的发展背景、历程以及内涵界定基础上，对微认证在教育中的应用现状、特征和实践逻辑作了详细阐释，并在此基础上系统剖析了理论支持，为研究深化与广泛实践提供学理逻辑。第二章结合国际教师发展和高等教育微认证案例对微认证的特征和实践样态作进一步描绘，教师发展领域以数字承诺、布隆板（BloomBoard）、全美教育协会（National Education Association，简称 NEA）三个专业组织作为代表，高等教育以美国纽约州立大学、美国缅因大学以及爱尔兰都柏林城市大学三所大学作为代表，尽管在不同组织、不同领域中微认证结构和实施模式有所差异，但均体现了能力为本、基于证据、面向实践的核心特征。

第二部分包括第三章，重点介绍微认证体系构建的理论与方法。基于微认证的内涵以及国际案例分析，针对微认证体系开发中的两个难题——微能力分解以及认证规范开发——展开研究，并形成了解决方案。首先，基于微认证是一种替代性评估方式的理解，研究梳理了微认证体系开发的理论基础，包括能力取向的评估理论、证据为中心的评估理论以及教师表现性评价理论，为开发微认证体系提供理论基石。接下来分别从微能力分解和认证规范开发两个阶段阐释了微认证体系构建的基本思路，形成了微认证开发过程模型以及微认证规范开发框架两个理论性成果，两项成果具有普适性，可以为不同领域的构建需求提供方法支撑。之后，着眼于教师发展体系创新，论述了基于微认证的教师发展体系构建中需要关注的几个关键性问题，此部分呼应了本书的核心主张——微认证作为一种评估方式撬动了教师发展体系变革、赋能教师发展范式的创新，同时也为微认证体系的实践应用提供了基本遵循。

第三部分和第四部分均聚焦于微认证的实践应用。第三部分包括第四、五、六、七章，以在职教师信息化教学能力为例，较为全面和充分地阐释微认证体系的构建与应用。其中，第四章为体系构建，以中小学教师信息化教学能力微认证体系以及幼儿园教师信息技术应用能力微认证体系为两个示例，阐释如何应用微认证开发过程模型以及微认证规范开发框架构建形成微认证体系成果，此部分是第三章内容在具体领域中应用的阐释。第五、六、七章均是对教师信息化教学能力微认证体系在教师培训实践中应用的论述，分为应用模式与策略、过程监控体系构建以及成效评估三个方面。应用模式与策略部分整体提炼了自主学习模式、课程绩效评估模式以及整校推进模式，结合当前教师培训中的问题，重点分析了整校推进模式的运作机理与组织策略；过程监控体系立足于区域性管理视角，通过构建教师信息化教学能力指数形成过程性监控和干预的支撑；对于微认证支持教师发展的成效，重点从信息化教学效能感、迁移行为和迁移深度三个维度进行分析。

第四部分包括第八章，聚焦于师范生培养，整体呈现了师范生课堂教学能力微认证体系构建以及在师范生培养中的应用思考，与第三部分并列。微认证体系构建仍然聚焦于能力分解和规范开发两个关键问题，应用部分侧重两个视角：第一，利用微认证体系改革师范生课程教学的评估方式，进而实现课程重构与创新；第二，利用微认证开展学生画像，进而实现基于画像的培养全过程管理。

回顾整个研究过程，力图体现三个研究追求。

首先，以问题解决为导向。在教师培训领域，如何客观、准确地界定教师发展需求，明确教师发展成效，一直是影响教师培训实践价值与专业化发展进程的核心问题，选择微认证作为研究主题正是出于问题解决的初衷。为此，本书试图完整呈现基于微认证的教师培训范式创新的全局性思路，包括微认证体系的构建、应用以及监测评估，帮助教师培训领域的同行们理解并掌握微认证支持教师发展的理论和方法。

其次，强调理论与实践的双轮驱动。微认证支持教师发展范式创新的立论，是在国际案例观察基础上，结合相关理论的系统性认识。而在具体开发与应用中，不断从教师发展相关理论中获得给养，以夯实设计与实践的基础。同时，无论是微认证体系开发理论模型还是应用模式的构建，都采用了教育设计研究的思路，在理论模型初构的基础上，通过试点—小范围应用—大规模实践的递进思路，持续推动理论与实践的对话，不断完善理论研究的成果，同时优化实践应用模型与策略。

此外，追求研究的系统设计。本书中的内容涵盖了是什么、为什么、怎么做、成效如何四个方面，在怎么做部分，又包括体系设计与构建、实践模式与策略两个层面，构成了从研究到实践以及从设计出发到应用验证的两个完整闭环。对于应用，不仅在教师职后领域进行了系统性的实践，同时还扩展至职前教育领域，验证了研究成果并丰富了实践领域，是对微认证支持教师发展范式创新命题的有效回应。

随着研究深入，诸如微认证的堆叠设计、微认证与日常实践的融合、证据评估的自动化等新的诉求又呈现在面前，同时伴随着技术的更迭，教师发展体系的构建又具有了更多样化的视角。希望有更多有共同旨趣的同行共同进行研究和实践，继续探索微认证支持教师发展以及教师发展体系创新的时代话题。

第一章　微认证含义、特征及理论基础

在持续发展和变化的社会情境中，如何帮助人们更好地发展能力，以适应和达到工作岗位的需求，是终身学习关注的问题。因此，接下来的命题就是，寻找一种适合的方式保持与社会发展需求同步，同时促进人们应用所学到实践中。以面向能力、基于实践为特征的微认证伴随着社会发展和技术更迭应运而生，十余年来，不仅广泛应用于各行各业，同时也在教师教育领域形成了很多创新成果，美国新媒体地平线报告连续多年将微认证作为创新技术应用予以强调。本章在全面梳理微认证的发展背景、历程以及内涵界定基础上，对微认证在教育中的应用现状、特征和实践逻辑作了详细阐释，并在此基础上系统剖析了相关理论，为研究深化与广泛实践提供学理支持。

第一节　微认证的发展与定义

一、背景与发展情况

在过去的几年里，没有比“未来职业”更受到人们关注的议题了，并且经常将其与第四次工业革命联系在一起。面对人工智能技术的飞速发展，人们意识到必须为快速变化的社会做好准备。与此同时，社会发展使得一个人在一生中可能会多次更换职业，也将会面临跨学科、跨领域的转化与融合需求，需要持续不断地学习并获得能力、专业上的认可。终身学习提上议程，并形成社会各界的广泛共识。例如，联合国教科文组织在2020年呼吁将中小学和大学转变为终身学习机构，将弱势群体置于终身学习政策议程的核心位置，并将终身学习确立为共同利益。① 同样，经济合作与发展组织在《2021年技能展望》中强调了整个生命周期的学习，包括使工人免受需求冲击和长期结构变化的影响，并特别建议重点关注终身技能，通过明智地使用技术，将学习者置于包容性、可负担、可获得和适应性强的学习的中心，同时改进识别、验证和认证方式，以提高不同项目所教授技能的可见性和可转移性。②

社会变化对教育体系提出了持续变革要求，需要各方均积极回应。欧盟委员会呼吁职业教育和培训机构的学习向更加个性化的途径开放，并变得更加灵活和模块化，以便更多样化的学习者群体在一生中获得更为灵活的机会。③ 因此，也出现了将重点从学位课程转向培训课程包括较短证书的呼吁。④ 澳大利亚政府政策改革中重点关注促进职业培训和高等教育之间的过渡，以更好地认可和更多地采用微证书，并确保资格证书最有效地支持学生就业准备技能和一般能力⑤，旨在适应当前和未来复杂的多阶段非线性生活⑥。

由于正规教育系统在就业能力方面面临越来越大的压力，有人提出了获取和传授技能的新方法，以填补高等教育提供的课程与企业寻求的技能之间的差距。⑦ 此外，学习与实践无法分开，工作嵌入式学习再度引起人们的关注。⑧

---

① UNESCO Institute for Lifelong Learning. Embracing a culture of lifelong learning：contribution to the Futures of Education initiative [M]. Hamburg：UNESCO，2020.

② OECD. OECD Skills Outlook 2021：Learning for Life [R]. Paris：OECD Publishing，2021.

③ European Commission. A European approach to micro-credentials — Output of the micro-credentials higher education consultation group：final report [R]. Luxembourg：European Commission，2020.

④ Oliver B. Towards a common definition of micro-credentials [R]. Paris：UNESCO，2022.

⑤ Department of Education，Skills and Employment. Job-ready graduates：higher education reform package 2020 [R]. Canberra：Department of Education，Skills and Employment，2020.

⑥ Orr D，Pupinis M，Kirdulyte G. Towards a European approach to micro credentials：A study of practices and commonalities in offering micro-credentials in European higher education [R]. Luxembourg：Publications Office of the European Union，2020.

⑦ Kato S，Galán-Muros V，Weko T. The Emergence of Alternative Credentials [EB/OL]. [2020-03-10]. https://one.oecd.org/document/EDU/WKP(2020)4/En/pdf.

⑧ Australian Industry Group. Skills Urgency：Transforming Australia's Workplaces [R]. North Sydney：Australian Industry Group，2021.

微认证显然是应对许多此类压力和趋势的一种可行方法。微认证也称为微证书（micro-certifications）、替代证书（alternative certifications）、数字徽章（digital badges）、纳米学位（nano degrees）、开放徽章（open badges）等。尽管已经存在多年①，但该术语近年来才得到重视②。与传统学历中的文凭或学位相比，微认证指向更明确、具体，但同时，可应用的范围也更加广泛，硬技能、软技能均可，例如自我管理、团队合作、数据分析、解决问题和沟通等，体现为一种实践能力倾向，且具有“小而实”的特点。

目前，参与微认证设计与实施的主体较为多元，包括公司、学院、大学、专业机构、许可组织以及教育和企业之间的合作伙伴。例如：安永会计师事务所于 2017 年开始提供自己的学习徽章，目前在赞誉平台（Acclaim）上提供 200 多种基于徽章的课程；国际商业机器公司（IBM）向专注于技术、项目管理和人工智能的员工、合作伙伴和客户提供 1 500 多个徽章和 100 多个证书；安大略艺术设计大学提供超过 25 种微型证书，包括虚拟现实和数字设计徽章；美国高等教育信息化协会（Educause）提供一套微认证；美国数字承诺已经开发了超过 500 项面向教师的微认证；美国佛罗里达州教育局在内的学校系统开发了一套微认证以支持教师专业学习和发展。微认证俨然已经为构建个性化、灵活的学习途径提供了一个有吸引力的选择。

二、定义与属性

由于发展快速并不断演进变化，目前对于何为“微认证”，在不同国家、不同行业乃至不同情境中有不同的解释，而这些从不同视角提炼形成的多样化解释又推动了该领域的研究和扩展。以下是国内外一些代表性的定义。

微型、基于能力、自定节奏、在规定时间内完成、按需提供、个性化、可

① Oliver B. Making micro-credentials work for learners, employers and providers [R]. Melbourne: Deakin University, 2019.

② Brown M, Mhichil M N G, Beirne E, et al. The Global Micro-credential Landscape: Charting a New Credential Ecology for Lifelong Learning [J]. Journal of Learning and Development, 2021, 8(02): 228 - 254.

堆叠等是相关研究与实践中频繁提及的微认证的典型特征。相关定义例如：由受信任的机构颁发的书面声明，表明经评估，学习者已经在少量学习成果上达到了既定标准，并符合商定的质量保证原则①；为个体学习者提供超越传统途径获得学位和其他证书的教育和培训的教育模式已经出现，徽章和证书为潜在雇主提供了受雇者通过各种教育机会和场所获得技能的证据②；是学习者在短暂的学习经历后获得的学习成果的证明，这些学习成果是根据透明的标准进行评估的，证明包含在一份认证文件中，该文件列出了持有人的姓名、取得的学习成果、评估方法、授予机构，以及在适用情况下的资格框架级别和获得的学分，微型证书归学习者所有，可以共享，携带方便，还可以合并成更大的证书或资格证书③；一种学习的表现形式，授予完成一个专注于一组离散能力(即技能、知识、属性)的短期项目，有时与其他证书相关④；是指短期的、灵活的、基于技能的学习经历，表明掌握了某些技能或能力⑤。

在相关概念的辨析和理解中，我们也能逐步发现微认证的几个关键性属性：

第一，微认证是一种学习成就和学习成果证明，是对个人学习经历、学习成就或学习成果的一种记录，这种记录是对个人知识、技能或能力的可靠性证明。例如，美国纽约州立大学认为，微认证证明学习者达到了特定的能力或技能，与传统的学位和证书不同，微认证的认证时间更短，倾向于关注更小的能力单元。⑥

第二，微认证是一种基于证据的评估方式。微认证评估考核中需要提交相

---

① The European Commission. Challenges and Opportunities of Micro-Credentials in Europe Briefing Paper on the Award, Recognition, Portability and Accreditation of Micro-Credentials: an Investigation through Interviews with Key Stakeholders & Decision Makers [EB/OL]. [2020 - 12 - 11]. https://microhe.microcredentials.eu/home/microhe-outputs/wp3/wp3-briefing-paper/.

② EDUCAUSE. The Horizon Report 2019 Edition [EB/OL]. (2019 - 04 - 24) [2020 - 12 - 12]. https://library.educause.edu/-/media/files/library/2019/4/2019horizonreport.pdf?la = en&hash = C8E8D444AF372E705FA1BF9D4FF0DD4CC6F0FDD1.

③ European Commission. A European approach to micro-credentials — Output of the micro-credentials higher education consultation group: final report [R]. Luxembourg: European Commission, 2020.

④ Pichette J, Brumwell S, Rizk J, et al. Making sense of micro-credentials [R]. Toronto: Higher Education Quality Council of Ontario, 2021.

⑤ Algonquin College. Micro-Credentials [EB/OL]. (2021 - 05 - 10) [2022 - 06 - 01]. https://www.algonquincollege.com/microcredentials/framework/.

⑥ The State University of New York. Micro-credentials at SUNY [EB/OL]. (2021 - 05 - 10) [2022 - 06 - 01]. https://system.suny.edu/academicaffairs/microcredentials/.

关的实践成果，给予教师记录其技能证据的机会，同时在与学生的日常工作中继续加强这些技能。[①] 例如，微认证提供了一个人在重点领域、技能或能力方面所知所能的经过验证的证据，而这些证据往往针对特定目的[②]，且来自课堂实践过程，一次证明一项特定技能的能力[③]。

第三，微认证是基于标准的，或者是有清晰的质量保证的，是依据相关标准对个人学习结果的评价判断。一般而言，标准是事先由权威机构或组织确定的。微认证可以由各种组织提供，并由高等教育机构提供给学习者，高等教育机构为微认证提供了有质量保证的学习内容，证明学习者达到了高水平的课程要求[④]。

第四，微认证是提高个人技能和能力的有效方法。微认证特别适用于工作场所的学习。学习者边做边学，在实践中应用所学知识，收集证据并展示能力，实现学习与实践的融合，进而在实践岗位上提高个人的技能。微认证是个人参与的正式和非正式学习活动的自然延伸[⑤]，越来越多地被定位为应对各种经济、劳动力市场和社会挑战的解决方案[⑥]，具有认证行业所需能力的优势[⑦]。

第五，微认证是数字化的。数字化体现在三个方面：首先，提供微认证的方式是灵活的，特别是可充分利用在线学习形式；其次，微认证结果往往以数字徽章或者其他可视化方式呈现，可分享、可追溯、便于查询；最后，微认证是学习者在短暂的学习经历后获得的学习成果的证明，这些学习成果是根据透明的标准进行评估的，证明包含在一份认证文件中，该文件列出了持有人的姓

---

① ASCD. How Microcredentials Can Save Professional Learning [EB/OL]. (2022 - 08 - 09) [2022 - 10 - 17]. https://www.ascd.org/blogs/how-microcredentials-can-save-professional-learning.

② Duklas J. Micro-Credentials-Trends in Credit Transfer and Credentialing [EB/OL]. (2020 - 11 - 01) [2022 - 06 - 01]. https://files.eric.ed.gov/fulltext/ED610420.pdf.

③ BloomBoard. What are Micro-credentials? [EB/OL]. (2021 - 07 - 01) [2022 - 06 - 02]. https://bloomboard.com/what-are-microcredentials/.

④ UTS Open. What are microcredentials? [EB/OL]. (2022 - 07 - 05) [2022 - 11 - 03]. https://open.uts.edu.au/insights/professional-development/microcredentials---what-are-they/.

⑤ Digital Promise. Micro-credentials [EB/OL]. [2022 - 12 - 03]. https://digitalpromise.org/initiative/educator-micro-credentials/.

⑥ Robson J. Micro-credentials: The new frontier of adult education and training [EB/OL]. [2023 - 01 - 08]. https://www.oecd-forum.org/posts/micro-credentials-the-new-frontier-of-adult-education-and-training.

⑦ The State University of New York. SUNY Micro-Credentialing Task Force Report and Recommendations [R]. New York: SUNY, 2018.

名、取得的学习成果、评估方法、授予机构，以及在适用情况下的资格框架级别和获得的学分①，构成了学习者的数字档案袋。

第六，微认证是相对独立且容易组合的。微认证证书归学习者所有，也可作为独立证书、数字徽章或作品集的一部分进行共享和携带，同时可以是一个或多个证书的子单元，它们可以累积成一个更大的证书或成为证书组合的一部分。当微认证包含由专业人员标记的评估任务时，它们可以“叠加”在一起。② 微认证不同于传统的宏观证书、短期课程证书、纳米证书等，通常是有学分的、可堆叠的证书。③

尽管不同的组织和研究者在定义中有不同的关注点，但其核心指向仍然相对明确，总体说来，微认证是一种面向成人的职业能力认证方式，证明特定领域的技能、经验或能力。2022 年，面对多样化的认识和定义，联合国教科文组织为微认证给出了一个公共的定义④：具体和重点学习成果的验证代表，根据透明的标准进行评估，并由公认的机构颁发；具有独立价值，便于与其他微证书或宏观证书相结合，包括作为先前学习的认可；符合相关质量保证要求的标准。

第二节　面向教师发展的微认证

一、教师微认证的发展及特点

随着微认证的发展，人们逐步认识和认同了微认证在支持职业能力和终身

① European Commission. A European approach to micro-credentials — Output of the micro-credentials higher education consultation group: final report [R]. Luxembourg: European Commission, 2020.

② Desmarchelier R. Microcredentials: what are they, and will they really revolutionise education and improve job prospects? [EB/OL]. (2021-10-14) [2022-07-14]. https://eveningreport.nz/2021/10/14/microcredentials-what-are-they-and-will-they-really-revolutionise-education-and-improve-job-prospects-169265/.

③ Brown M, Mhichil M N G, Lochlainn C M, et al. Paving the road for the micro-credential movement: ECIU University white paper on micro-credentials [R]. Luxembourg: European Consortium of Innovative Universities, 2021.

④ Oliver B. Towards A Common Definition of Micro-credentials [R]. Paris: UNESCO, 2022.

学习方面的价值，特别是在解决实践岗位需求方面的有效性。教师持续性学习以及面向实践问题解决的学习驱动力，使得人们对于微认证促进教师专业成长寄予了新的期望。

最早开始探索并将微认证应用于教育领域以及教师发展的代表性组织是数字承诺。2014年，数字承诺宣布启动创新的、面向教育者的认证系统——微认证。该系统基于教育者实践绩效成果评估对教师具体明确的能力进行认证，以识别教育者在整个职业生涯中掌握的能够增强学生学习经验的技能，认可教育者在职业生涯中取得的成绩，且不论该技能是何时、何地、通过何种学习方式(正式或非正式)而获得。① 目前，数字承诺、布隆板、NEA 等专业组织都为教师提供了微认证项目。在这些专业组织推动下，美国已经有超过20个州正在应用或即将应用微认证支持教师专业发展②，新西兰资格认证机构也开始了微认证支持教师发展的探索③。

在教育领域，微认证面向的教育者，既包括站在教育教学第一线的教师与校长，同时还包括了教育系统中的相关对象，如图书管理员、教师发展教练等。认证内容是教育者需要掌握和具备的能力，例如数据分解能力、概念生成能力、概念地图制作能力等，所有认证的能力都尽可能具体、明确。譬如数字承诺的“深度学习”(Deeper Learning)就包括了 40 项系列微认证。“深度学习”是学生在当今职场和社会生活中取得成功所需的技能、理解能力和思维方式的总称，根据现有研究，掌握核心学术内容、批判性思考和解决复杂问题、合作、有效交流、学会学习、发展学术思维六类策略有助于学生发展深度学习能力。围绕着这六类策略，微认证分解了教师促进学生“深度学习”的能力，并开发出总计 40 项能力微认证④：

（1）掌握核心学术内容：开展基于真实世界的项目、绘制事实地图、创建

---

① Digital Promise. Developing a system of micro-credentials: Supporting deeper learning in the classroom [EB/OL]. (2015-02-11) [2016-12-12]. https://hewlett.org/wp-content/uploads/2016/08/mc_deeperlearning.pdf.

② BloomBoard. Earn Professional Development Credit [EB/OL]. [2018-08-30]. https://schools.bloomboard.com/incentives/.

③ New Zealand Qualifications Authority. Micro-credentials system launched [EB/OL]. [2018-08-28]. https://www.nzqa.govt.nz/about-us/news/micro-credentials-system-launched/.

④ Kabaker J. Supporting deeper learning in the classroom [EB/OL]. (2015-02-11) [2016-12-12]. http://digitalpromise.org/2015/02/11/supporting-deeper-learning-in-the-classroom/.

过程地图、制作概念地图。

(2) 批判性思考和解决复杂问题：创造性研究、有效推理、系统思考、概念生成、合理的决策、分析媒体影响、评价在线信息、证据支持的立场、友善批判、实践反思、创造性问题解决、设计有效解决方案。

(3) 合作：创造性合作、获得帮助与支持、归属与关爱、管理循环项目、合作性问题解决、解决冲突、有效领导、实践开放性思维。

(4) 有效交流：清晰的思考和写作、积极倾听、有说服力的表现、个体目标、选择技术工具、文化能力。

(5) 学会学习：设计思维与设计行动、自立与自主、选择学习策略、设定导引问题。

(6) 发展学术思维：毅力和韧性、成长心态、表达个人观点、符合伦理的行为、集中注意力、追求幸福。

对于面向教育者的微认证，新美国人(Newamerica)提出，它是指教师通过提交经评价量规验证的证据来证明自己已经发展的离散技能或能力。本研究认为，微认证为教师提供一种证明正式与碎片化非正式学习及成果的机会，教师可以用工作范例、视频或其他制品形式来向学生和同事公开他们已经掌握的能力和已经完成的学习成果，依据已有的量规评价提交的证据，教师及其已经取得的成就能够被认可。

面向教育者的微认证体现了能力导向、面向需求、满足个性、方便分享等特点①。首先，微认证允许教育者关注与实践关联的独立技能，如检查学生理解情况、数据分解能力、概念生成能力等，鼓励教师收集课堂视频或学生作品等证据以证明其具备该项技能。其次，微认证面向需求，明确标识每个微认证对应的能力要求和所需提供的证据材料，教育者可以利用自己的时间开始和持续积累认证证据。微认证同时体现了满足个性需要的特点，教育者可以选择他们希望获得的微认证，创建自己的微认证历程，以灵活应对学生发展需求以及学校层面的教学目标。此外，微认证采用的数字徽章认证形式可以很方便、直

① Digital Promise. Micro-credentials: Igniting impact in the ecosystem [EB/OL]. [2016-12-12]. http://digitalpromise.org/wp-content/uploads/2016/03/dp-microcredentials-igniting-impact.pdf.

接地在社交媒体上展示，以证明个人具备的能力。

教育者参与微认证的过程同时是对应能力的学习与实践过程，他们不再被要求仅仅思考变化，而是被要求在实践中证明这种变化。为了鼓励教师在课堂中产生有意义的变化、达到更高的能力层次，微认证为教师开展相关活动提供了脚手架和支持，帮助他们实现从回忆信息到课堂实践的转变。这些支持形式包括建议、量规、资源等，例如在数字承诺的“概念生成”能力认证说明文档中指出了概念生成能力的关键性认识：“概念生成或头脑风暴通常被认为是随意和非结构化的，但实际上它是一个涉及结构和学科的主体活动，准备、规则、恰当的助学、观点的选择和可视化、观点的提炼和描述都对成功实施概念生成活动环节至关重要。”又如在“数据分解能力”中需要申请者根据任务要求操作一个指定的数据案例并提交数据操作文档，同时提供评价量规，具体描述了尝试、基本、熟练、示范四个等级的能力执行结果。①

选择、收集、提交和分享是微认证的四个基本环节。教育者首先依据自己的兴趣与实践需求确定需要发展的能力和认证项目，然后根据能力认证要求在实践中收集证据材料，并通过在线平台提交。每一项微认证需要的证据材料如下：项目或课程计划(包含评价指南或评分量规)；学生作品案例；课堂交互的文本、音频或视频；文本、音频或视频形式呈现的教师面对的挑战以及在计划或教学中获得的经验；学生对于学习的反思文本、音频或视频；课堂观察结论等。上述材料的审阅者为专家或已经通过该项微认证的教育者，他们运用微认证的量规或得分指南来审阅证据，并提供反馈。通过认证的教育者被认为具备该项能力，同时也将被授予数字徽章，可直接在社交媒体上与管理者或同事分享。② 如果申请者提供的材料不能充分证明他们应该具备的能力，申请者也将收到评价反馈。③

与我们一直在教师专业发展中强调“过程参与”的思路截然不同，“微认证”凸显了能力本位教育理念，体现为一种“结果驱动”的专业发展范式，通

---

① Digital Promise. Digital Promise [EB/OL]. [2016 - 12 - 24]. http://digitalpromise.org/.

② Kabaker J. Earn Your Micro-credentials in Four Steps [EB/OL]. (2015 - 12 - 21) [2016 - 12 - 12]. http://digitalpromise.org/2015/12/21/earn-your-micro-credentials-in-four-steps/.

③ Digital Promise. Educator micro-credentials [EB/OL]. [2016 - 12 - 12]. http://digitalpromise.org/initiative/educator-micro-credentials/.

过赋予教师在学习目标、学习方式、学习资源方面的选择权而构建教师发展的开放空间，其设计与实践思路对于破解当前教师专业发展中的问题、构建与创新教师发展环境有重要的启发意义。

在数字承诺和北卡罗来纳州立大学星期五教育创新机构(Friday Institute for Educational Innovation)共同发起的一项面向“学习差异”的微认证对象的调查中发现，调查响应者中97%的教师表示他们希望取得另一项证书[①]；而由顾瓦研究顾问中心(Grunwald Associates LLC)实施的一项调查发现65%的K12教师愿意将微认证作为他们持续专业学习的一部分[②]。

深入分析美国微认证蓬勃兴起的主要原因，我们可以发现四个趋势为微认证提供了发展舞台：(1) 教育改革对学生“能力”的强调呼唤教师拥有能力本位学习的体验；(2) 数字徽章技术的出现为教育者创造了一种可便携、可分享的专业学习货币体系；(3) 越来越多的研究证据表明，最有价值的专业学习经验可能是由教师自己主导的；(4)“每个学生成功法案”(简称ESSA)要求学区、学校、管理者和教师对学生学习结果负责。[③]

尽管是一种创新性概念，微认证却较快地融入了现有教师发展系统。在研究者们看来，微认证关注实践工作场景中的能力表现，能够有效推动教师立足日常工作的主动学习、应用实践和自我反思，其创新教师专业发展范式、破解教师培训与实践脱节困境的潜力逐步得到了认可：这是一种促进个性化学习的方式[④]，具有变革教师专业发展的潜力[⑤]，是教育工作者有效学习的重

---

① Digital Promise. 7 Lessons learned from implementing micro-credentials [EB/OL]. (2016-01-25) [2016-12-12]. http://digitalpromise.org/2016/01/25/7-lessons-learned-from-implementing-micro-credentials/.

② Digital Promise. Nearly Two-Thirds of K-12 Teachers Say They Are Likely to Try Micro-credentials as Part of Their Professional Development [EB/OL]. [2016-12-13]. http://digitalpromise.org/wp-content/uploads/2016/04/DP-Making-Professional-Learning-Count-Release-Oct-1-2015.pdf.

③ Cator K. Four signs it's time for micro-credentials [EB/OL]. (2016-04-08) [2016-12-12]. http://digitalpromise.org/2016/04/08/four-signs-its-time-for-micro-credentials/.

④ Priest N. Digital Badging and Micro-Credentialing [EB/OL]. (2016-06-10) [2018-06-14]. https://bostonbeyond.org/wp-content/uploads/2023/11/Digital_Badging_Paper_NMEF.pdf.

⑤ Berry B, Airhart K M, Byrd P A. Microcredentials: Teacher learning transformed [J]. Phi Delta Kappan, 2016, 98(03): 34-40.

要来源[①]，有助于破解当前教师专业发展中的难点和瓶颈。截至2021年，美国佛罗里达州、伊利诺伊州、马里兰州、马萨诸塞州、蒙大拿州、北卡罗来纳州、得克萨斯州等教育行政单位均与微认证合作[②]，一些学区和州允许教育者将获得的微证书转换为一定的继续教育单元，继而用于教师的重新注册或申请硕士学位[③]，例如在马里兰州的巴尔的摩学区，每获得两个微认证可以等同于州教育局认可的一个持续专业发展学分，可以累积为硕士同等学力或加薪，而位于威斯康辛的凯特尔莫雷恩（Kettle Moraine）公立学区将微认证作为教师薪资的杠杆，激励全区范围内形成教育者合作文化和应用型专业学习文化[④]。

二、创新教师能力评估方式

在教师发展与教师质量体系中，没有比教师能力发展更引人注目的了。对教师能力的理解、思考以及围绕教师能力发展的评估一直是教师教育的核心命题，而不断发展且更为复杂的社会情境使得这个命题面对的挑战更为严峻。

"能力"一直是心理学、教育学、管理学、人才学等学科中的研究重点。能力在《中国大百科全书》中的解释为："作为掌握和运用知识技能的条件并决定活动效率的一种个性心理特征。"[⑤]《辞海》对能力的定义为："能力是成功地完成某种活动所必需的个性心理特征。分为一般能力和特殊能力。"[⑥] 国际项

---

① Crow T. Micro-credentials for impact: Holding professional learning to high standards [EB/OL]. [2017-02-13]. https://learningforward.org/wp-content/uploads/2017/08/micro-credentials-for-impact.pdf.

② Bloomboard. Receive formal PD credit for a micro-credential [EB/OL]. [2016-12-14]. https://help.bloomboard.com/hc/en-us/articles/207791866-Can-I-get-professional-development-credits-for-earned-micro-credentials.

③ Digital Promise. Micro-credentials: Spurring Educator Engagement [EB/OL]. [2016-12-12]. http://digitalpromise.org/wp-content/uploads/2016/03/dp-microcredentials-spurring-engagement-1.pdf.

④ Digital Promise. Micro-credentials: Igniting Impact in the Ecosystem [EB/OL]. [2016-12-12]. http://digitalpromise.org/initiative/educator-micro-credentials/micro-credential-resources-hub/.

⑤ 在英文中有很多表达能力的单词：competence，capacity，capability，ability，faculty，skill，power，potential等，每一个词所表达的含义略有不同，描述与职业相关时，常用competence和capability。

⑥ 辞海编辑委员会.辞海[M].1999年版缩印本.上海：上海辞书出版社，2002.

目协会(International Project Management Association，简称 IPMA)在国际项目管理专业资质标准中指出，“能力是成功实现履行具体职责所需要具备的知识、个人态度、技能以及相关经验”[①]。

教师能力是指教师在教育教学活动中表现出来的、直接或间接影响教育教学活动的质量和完成情况的个性心理特征，是从事教育教学活动的一种专业要求[②]，是教师在工作中的“应知、应会、应具”，是特定时代的教育实践向教师提出的种种素质、资质、知识、技能、秉性、人格等方面的要求综合体。[③]

教师专业发展以提升教师能力为核心任务，因此诊断并明确教师能力发展需求，既是规划和启动教师专业发展活动的前提，同时也是确认教师专业发展活动成效的关键。

1. 教师能力评估的定义和要求

基于预先定义的能力及其行为指标来评估员工的绩效，又称为基于能力的评估。其前提条件是定义清晰的组织能力框架，理想情况下，该能力框架应当与组织长远目标、愿景或使命一致。[④] 基于能力的评估是一种通过提供标准任务和技能(能力)的列表来收集和评估工作经验的方法，这些任务和技能必须在申请人被认为具有注册资格之前得到证明。[⑤]

从上述定义可以显见，能力评估是资质认定的重要内容，是依据事先拟定的标准对实践中的行为表现和能力开展的认定。教师能力评估是依据标准对教师教育教学活动行为进行评价的专业活动，是对教师专业水平进行诊断和分析的重要

---

① International Project Management Association. ICB IPMA Competence Baseline Version 3.0 [EB/OL]. [2016 - 12 - 12]. https://nucleoapolo.ufpr.br/download/wp-content/uploads/2019/02/ICB_V._3.0.pdf.

② 卢正芝，洪松舟.我国教师能力研究三十年历程之述评 [J].教育发展研究，2007，210(02)：70 - 74.

③ 龙宝新.美国教师能力研究的主要维度与现实走向 [J].全球教育展望，2015，44(05)：85 - 96.

④ Management Study Guide. Competency Based Assessment-Meaning and Important Concepts [EB/OL]. [2021 - 01 - 19]. https://www.managementstudyguide.com/competency-based-assessment.htm.

⑤ The Association of Professional Engineers & Geoscientist of Alberta. APEGA Competency-Based Assessment Guide [EB/OL]. (2023 - 11 - 17) [2023 - 12 - 19]. https://www.apega.ca/docs/default-source/pdfs/competency-based-assessment-user-guide.pdf.

手段，同时也是教师评价和教师资格认定的重要内容。教师评价，按目的可分为奖惩性教师评价和发展性教师评价，奖惩性教师评价以奖励和惩处为最终目的，而发展性教师评价以促进教师的专业发展为最终目的。[①] 教师能力评估应当是发展性教师评价的重要路径，即通过诊断、评价教师能力水平，进而为教师发展提供持续改进的依据和目标。教师专业发展核心目的是促进教师专业能力提升，可以说，教师能力的评估既是教师专业发展活动设计和实施的起点，也是终点。

教师能力结构以及分解能够为教师能力评估提供依据和基础。关于教师能力的结构，有研究者认为由一般能力和教育能力构成，一般能力包括观察力、记忆力、思维能力等，它们是各种教育能力中的共同成分，实质是智力的基本要素在教育活动中的特殊表现，教育能力又包括思想品德教育能力、教学能力和组织管理能力。叶澜提出教师应具备的专业能力，包括理解他人和与他人交往的能力，组织管理能力，教育研究的能力，信息的组织与转化能力，信息的传递能力，运用多种教学手段的能力，接受信息的能力等。[②] 黄友初在构建教师专业素养机构时提出教师能力包括课堂教学能力、教学反思能力、沟通合作能力和教育研究能力等。[③] 2011 年教育部为了促进教师专业发展，建设高素质的教师队伍，颁布了《中学教师专业标准》《小学教师专业标准》以及《幼儿园教师专业标准》，以《中学教师专业标准》为例，在专业理念与师德、专业知识、专业能力的框架下，专业能力分为教学设计、教学实施、班级管理与教育活动、教育教学评价、沟通与合作、反思与发展等方面。

2. 教师能力评估的方法

《为了更好的学习：教育评价的国际新视野》归纳了常用的考核教师的证据来源：课堂观察、教师访谈/教师对话、教师自我考核、教师档案袋、学生学习结果、学生和家长调查、教师测试等。[④] 如果单单从能力评估的定义以及追求

---

① 刘尧.发展性教师评价的理论与模式［J］.教育理论与实践，2001(12)：28－32.

② 叶澜.新世纪教师专业素养初探［J］.教育研究与实验，1998(01)：41－46＋72.

③ 黄友初.教师专业素养内涵结构和群体认同差异的调查研究［J］.湖南师范大学教育科学学报，2019，18(01)：95－101.

④ 经济合作与发展组织.为了更好的学习：教育评价的国际新视野［M］.窦卫霖，等译.上海：上海教育出版社，2019.

来看，上述方法中课堂观察和教师档案袋方法较为适用。

课堂观察是观察者带着明确的目的，凭借自身感官及有关辅助工具（观察表、录音录像设备），直接（或间接）从课堂上收集资料，并依据资料做相应的分析、研究。[①] 课堂观察有多重意义，它是一种专业活动、行为系统、研究方法，同时也是一种评价方式，美国的教师质量评价系统就引入了课堂观察，以诊断问题、改进教学。然而，课堂观察在实践中是一种专业投入密集型方法，需要有专业人员深入到课堂进行教师教学行为相关的资料收集，同时，如果要提高评价信度，有必要对同一教师进行多次重复观察（不同授课班级、不同评价者、不同时间）。[②] 因此，在大规模需求之下很难普及应用。

档案袋是对个人作品的系统收集，是某些专业人士展示技艺与成就的主要方式。教学档案袋是对教师教学实际信息的收集，包括很广泛的材料，如教学理念和教学目标的表述、单元和课堂教学计划、为学生编制的测验题目以及对学生成绩的评定准则、学生作业、反映课堂生活的照片、自我评价、各种证书和成绩单以及就学习问题与家长沟通的信件等。[③] 教学档案袋是一种具有真实性、表现性的质性评价方式，是对教学经验和教学能力的客观呈现。但教学档案袋的评价开发费时费力，同时需要结合面谈、讨论、等级评价表等多种方式方可完整实现评价流程，因此，在实践中存在较大的应用局限。

为满足规模化实施需求，问卷由于其操作便捷性高常常应用于教师能力评估，例如情境判断测试（situational judgment tests，简称 SJT），它是人力资源评价中的重要技术，通过模拟实际工作中的具体情境，考查个人与工作直接相关的能力与技术，例如多位研究者通过建构“情境判断测试”用于改进台湾等地的新教师选拔制度以及教师信息素养评价。[④] 尽管与其他测评技术相比，SJT 具有高表面效度、高保真度、能够同时考查多种能力结构等优势，然而，面对教育教学复杂而多变的实践情境，SJT 的信效度仍然受到质疑，同

---

① 崔允漷，周文叶.课堂观察：为何与何为 [J].上海教育科研，2008(06)：51-53.

② 梁文艳，李涛.基于课堂观察的教师教学质量评价：框架、实践与启示 [J].教师教育研究，2018，30(01)：64-71.

③ 马海涛.美国教学档案袋评价述评 [J].比较教育研究，2004(01)：78-82.

④ Chao T, Sung Y, Huang J. Construction of the situational judgment tests for teachers [J]. Asia-Pacific Journal of Teacher Education, 2020, 48(04): 355-374.

时面对大规模应用，也存在着因为题库建设困难、试题重复运用带来的结果偏差风险。

量表也是一种常常应用于能力评估的工具。量表往往依据能力模型构建自评反思工具，借此作为分析对象能力水平的路径。然而，与问卷调查方法较为相似，被调查者可能会因为各种原因而不能表达真实意愿，如社会期望、自我保护等，也可能因为自己分析和判断能力不足，导致评估结果出现偏差。此外，量表的研制是一项专业性极强的工作，在实践中往往不容易被多数人掌握。

3. 教师能力评估方式创新

判明教师能力水平、明确教师能力提升内容是推动教师不断改进和提升的重要路径，教师发展是一个融入专业生涯的持续性命题，因此需要一种科学、合理且又具有操作性的评估方法。此外，教师能力评估主要用于诊断、自我提高，而不涉奖惩，故需要重点突出其发展性的需求，重在帮助教师发现自己实践中的问题和不足。因此，突破以往常用的标准化测验、学习时间以及问卷自评等传统评估方式，解决课堂观察、档案袋、情境判断测试等操作性不强或信效度不高的难题，并促进教师专业发展，成为教师能力评估的关键性使命。微认证通过聚焦具体能力、靶向实践和收集证据的方式构建出一种真正有效的专业能力评估模式，推动学习者在工作场所中进行学习，继而最大化专业发展效益，获得了研究的关注。

首先，聚焦细微且具体的能力。相对于我们传统话语体系中抽象而宽泛的教师专业能力而言，微认证中认证的能力对象以一种独立、具体而明确的“微小”形式出现，例如制作概念地图、通过“头脑风暴”产生观点等“微能力”是教师专业能力在某些教育教学情景或教学环节中的具体行为表现，是实践环境需要教师掌握和运用的核心、关键能力，能够帮助教师准确理解某项专业能力的内涵与具体要求，精准定位自己的不足，并能结合自己所在教育教学环境的特征实现快速应用和发展提升。

其次，体现了能力取向的评估理念。由于教师能力具有实践性与情景性特征，而科学性与操作性矛盾一直影响着教师培训界在“追求内部效度”与“追求外部效度”之间的决策。然而，在多数情况下，平衡态难以达成，操作性的问题左右了决策，我们广泛使用纸笔测试、基于时间与参与度的评价方式以提升考核评估的可靠性与内部效度。早有研究指出，能力取向的评估以能力标准作为参照，对工作情景中实际操作能力的评估，评估证据主要来自工作场所的实际表现，并辅之以其他证据。微认证的认证依据是教师在教育教学实践中的工作成果与工作记录，例如教学设计、课堂实录、观察量表以及学生作品等，基于真实情景中产生的成果作出的评价能够最大化外部绩效，极大提升测评信度。同时，要求教师自己收集并提交实践情景中证据的方式，也解决了课堂观察过多依赖专业人员参与的难题。

此外，预设标准引导学习。众所周知，教学评价具有导向、诊断、调节、激励、管理等多方面的功能。教师专业发展，是教师不断接收新知识、增长专业能力的过程，因而，更需要凸显促进发展的功能。微认证在广泛研究的基础上提前预设了绩效标准，并向学习者发布，为能力评估提供了统一的尺度，更为重要的是，为教师的自我诊断、问题分析以及改进规划提供了参照，优秀、合格等等级中指向教师行为和实践成果的特征表述，成为教师学习的目标依循和指南。

三、促进教师发展的实践观照

微认证关注实践工作场景中的能力表现，能够有效推动教师立足日常工作开展主动学习、应用实践和自我反思，其破解教师培训与实践脱节困境、创新教师专业发展范式的潜力逐步得到认可。普林斯顿大学创造领导中心的摩根·麦考儿(Morgan McCall)、罗伯特·W.艾兴格(Robert W. Eichinger)和迈克尔·M.隆巴尔多(Michael M. Lombardo)三位研究者在2000年针对成人能力发展提出了“7-2-1学习法则”，即对成人而言，70%的能力是从工作中发展的，20%的能力是在与他人的交流中提升的，仅有10%的能力是通过正式培训提高的。[①] 国际人才发展协会在2010年出版的《基于能力的培训基础》中也引用和强调

① Princeton University Human Resource. Learning Philosophy [EB/OL]. [2017-06-20]. http://www.princeton.edu/hr/learning/philosophy/.

了该法则。[①] 该法则充分印证了立足实践岗位发展能力对专业人士成长的重要性，因为“日常实践本身构成了学习，学习是日常实践的重要特征”[②]。微认证具有的撬动实践、嵌入实践的特质，奠定了教师发展范式创新的潜能。

1. 细化能力要求使得能力可被观察、学习与测量

“微”从汉字本义来看有细小、轻微、精妙等意，在“微认证”中，“微”体现了认证对象“教师能力”的独立、具体、明确等特征，譬如确定真实项目、通过“头脑风暴”产生观点、分解数据等，从这些“能力”可以看出，相对于我们常规的讨论和研究，微认证的认证能力对象“具体而微”，一项我们通常谈及的能力需要分解为多项子能力进行认证，例如，在数字承诺的“深度学习”微认证项目中，“批判性思考和解决复杂问题”分解为 12 项子能力，其中“概念生成”能力要求学习者能够“通过结构良好的过程优化创新性思考和新概念，而该过程同时能扩展深化学习”，微认证对“概念生成”的具体解释为：通过清晰规则、小组交互、可视化概念以及聚焦提炼概念等设计指导多步骤、结构化的学生概念生成和“头脑风暴”的过程，以增强创新性思维能力、关注创新技能。通过上述能力分解，将一些复杂、多维、抽象、难度较高的能力要求具化为教师可以理解、可以参照、可以自主实践的能力行为，且能够通过具体绩效成果进行观察与检验。通过取得这些深度学习微证书，教师可以更好地设计学习经历，帮助学生参与到发展大学学习或未来职业所需的技能之中，最终成为深度学习者。

可见，通过能力分解，一个代表较为抽象、概括或复杂能力的黑箱就被打开了，通过一个个能力项，能力的习得与养成更加易于被观察、被测量。

2. 向下设计提升绩效评估的外部效度

能力为本意味着对成果的重点关注，教学始于定义良好的学习成果，且

---

① Solutions L. A Guide to Competency Based Training for Organizational Excellence [EB/OL]. [2018-07-20]. https://www.lambdasolutions.net/wp-content/uploads/2014/10/Lambda-Solutions-Competency-Guide-Part1.pdf?039d63.

② 李茂荣，黄健.工作场所学习概念的反思与再构：基于实践的取向 [J].开放教育研究，2013，19(04)：19-28.

在过程中始终关注学习结果，而这个结果就是学习者对内容的掌握情况，因此也有人理解能力本位的学习是一种关注将学习成果证明作为学习过程中心的学习方式。① 在微认证中，清晰地界定了学习成果——能力发展要求，并根据能力要求向下设计绩效表现。在绩效评估中，通过全面描述能力、评估真实的实践材料以及采用三角互证的方法确保评估具有良好的外部效度。

微认证首先全面描述被评价的能力。以“在线信息评价”能力为例，该能力是指从多个来源和视角评价新信息、证据和观点的信度和效度，即能够区分事实与虚构、证据与劝服、广告与权威，以评价在线信息的置信度和可靠度。在全面描述中，能力表现出的知识、技能和态度等，以及发展该能力可以采用的方法、策略均得到了具体阐释。其次，要求提交的所有评估的证据都取样于真实情境。微认证要求提交的能力认证材料如设计、教师反思、学生作品以及课堂实录等均是教师实践的成果，关注教师实践中的具体行为和成效，而不仅仅关注教师的理解和思考。再次，采用了三角测量方法提高外部效度和信度。绩效评估常常包含了多种形式的观察，一般而言要求教师提供多个视频片段、两位学生反思材料以及教师的反思材料等，在多种形式、多种来源的资源互证与补充中观察与判断教师的能力表现。

以学习成果作为核心导向设定学习目标与评价标准是能力本位教育的重要主张，其优势在于将学习与工作所需的实践能力联系起来，通过学习成果的界定以及量规、指南等表达的具体要求，能够反向推动教师的主动应用，引导教师的自主学习行为和课堂教学。此外，还需要指出，尽管对能力进行细化与分解可能会在一定程度上弱化现实情境的复杂性以及教师智慧应对复杂情景所需要能力的综合性，但倘若将明确的绩效要求与具体能力进行横向整合，则能提高能力应对不同情境的灵活度，同时也能促进能力在不同情境间迁移。

3. 为教师发展提供了丰富的实践环境

在教师专业发展之中，实践的含义可以阐释为三个方面：第一方面，实践

① TeachThought Staff. What is competency-based learning? [EB/OL]. (2016－04－18) [2016－12－12]. http://www.teachthought.com/learning/what-is-competency-based-learning/.

是教师能力的习得与发展方式，是一种支持教育教学的知识、方法应用于专业生活的路线，有助于获取隐性知识、形成实践智慧；第二方面，实践是教师能力发展环境，构成了一种可以观察、可以说明、可以重复、社会集体承认与维持的行动模式或学习情境，使得教师的知识和能力在此情境之中可以被习得、转换、迁移或丰富；第三方面，实践是教师能力发展的资源，与正式学习(如学历教育、培训)中相对理论、系统或抽象的学习内容形成了互补。教师教育教学的岗位要求，说明了实践应当是教师能力发展的起点，铺陈了教师能力发展的叙事逻辑。

此外，根植于工作场所中的实践性学习是人类创造知识、获取知识、验证知识的重要源泉，也是人类学会迁移、学会应用以及学会学习的重要路径，因而成人学习倾向采用在多样化、自然、真实的工作情景中学习，应当避免采用在学校制度内或教室中习得去情景化抽象知识的方式。正因如此，成人学习研究中，一直以“实践中学习、通过实践学习和依靠实践学习”为标志性口号。教师在参与微认证的活动时，要求教师在实践中采集证据、验证成效，这样就自然推动教师实现在工作场景中发展能力的学习范式，因为当教师从书本、专家们的讲座中走出，走向课堂、走向学生，完成一系列微能力认证的任务之时，自然形成的行动链持续不断地转换、重构及建构知识和能力，教师的隐性知识和实践智慧也能得到有效突进。

4. 灵活应用推动实现组织发展目标

教师发展是组织发展的内部动力，组织为教师成长搭建专业平台，两者相辅相成。然而，每一个教师都有独特的视角，有不同的经验、技能、兴趣，有不同的发展旨趣与志向，都同时面对着多元的学生需求与教学情境，兼顾教师个体需求实现组织目标与个体目标的和谐统一既是对教师发展规律的尊重，也是对教师的人文关怀。微认证在满足教师个体个性化的需求之时，通过灵活的项目设计与实践应用支持教师所在组织实现组织发展的目标。例如，美国马里兰州巴尔的摩公立学校学区(简称 BCPS)在启动了“师生拥抱明天”(Students and Teachers Accessing Tomorrow，简称 S.T.A.T.)项目之后，为了帮助教师们掌握利用信息技术支持学生个性化学习，学区与数字承诺合作推出了能力微认证，在平台中提供了与项目愿景一致的 24 个微认证项目。所选择的微认证项目清晰阐释了作为 BCPS 教师在 S.T.A.T.数字化学习环境中参与和支持学生个性化学习需求的能力。项目的核心是使学生通过个性化学习经历成为学习的积极参与者，微认证提供给 BCPS 教育者的正是一种自主学习经历，在满足教师个体需求的同时，促进了组织目标的实现。①

第三节 微认证促进教师发展的理论支持

一、能力本位教育理论

能力本位教育(competency-based education)最早可以追溯到 20 世纪 20 年代美国的教育改革。在质疑和批判教师的教育教学实际能力无法帮助学生适应未来生活中的职业和角色时，人们主张将培养与造就教师能力作为教师教育的中心任务，继而形成了以实践能力作为认证教师资格的依据、按照职业能力需求组织教学的教育思想。② 随后该理念普及，基于职业岗位适配和社会发展需求，能力本位思想逐渐深入师范教育、职业教育之中③，如德国的双元制职业教育依托学校和企业双元角色组织学习与实践以培养学习者的关键能力④、澳大利亚技术和继续教育(Technical and Further Education，简称 TAFE)学院的课程体系、教学体系与评估体系等的设置均表现出对实践能力培养的重视⑤。最近几年，能力本位教育再度成为教育的关注点，一些国际组织如卡内基研究

---

① Cator K. Four signs it's time for micro-credentials [EB/OL]. (2016 - 04 - 08) [2016 - 12 - 12]. http://digitalpromise.org/2016/04/08/four-signs-its-time-for-micro-credentials/.

② 庞世俊，姜广坤，王庆江. “能力本位” 教育理念对职业教育的理论意义与实践启示 [J].中国大学教学，2010(10)：21 - 23.

③ 刘佳龙.能力本位视阈下职教师资培养的理论探索 [J].中国成人教育，2013(10)：13 - 15.

④ 顾月琴.德国双元制和北美 CBE 职教模式的比较研究 [J].黑龙江高教研究，2015(11)：64 - 67.

⑤ 张丽华，卫泽.澳大利亚 TAFE 学院实践教学体系的构建及其启示 [J].教育理论与实践，2017，37(15)：47 - 49.

所和联合国等在教育改革工作中越来越多地关注“基于能力的学习”①，很多公立或私立机构都积极参与到能力本位教育学位项目中②。

相对于知识本位，能力本位教育理念强调以“能力”为教育教学的核心和基准③，以实践活动中可以具体表现出来的能力作为发展的核心目标，同时也将能力发展作为成效检验的依据。因此，可以说，能力本位教育与以往以学习时长、学习形式、眼界开阔等外在“输入性”因素为目标的教育存在着实质性的不同。

从能力本位教育的基本理念，我们可以得到三个核心特征。

第一，能力本位教育是以成果为导向的，即对能力的评价需要依托于表征能力的学习成果或实践证据。在一些文献中，“学习成果”（learning outcomes）和“能力”（competencies）被交叉使用，因此有研究者将能力本位教育描述为成果导向的教育方法，当学生已经能证明掌握一种能力之时他们才得到发展。罗伯特·凯尔宸（Robert Kelchen）强调：明确定义希望学生掌握的能力，学生一旦证明他们已经满足了掌握能力的基本要求，他们就可以获得学分。④ 美国区域认证委员会理事会（Council of Regional Accrediting Commissions）提出，能力本位教育项目是一种成果导向的获得大学学位或其他证书的方式。⑤

第二，能力本位教育是个性化和差异化的，在实施路径上，依据学习者能力的不同需要采用不同的策略和模式。例如，当代能力本位教育项目的一个特征是采用个性化和适应性策略⑥；能力本位教育通常支持采用不同学习方式进行实施，包括面对面、远程或混合。

---

① Sullivan S C, Downey J A. Shifting Educational Paradigms: From Traditional to Competency Based Education for Diverse Learners [J]. American Secondary Education, 2015, 43(03): 4-19.

② Burnette D M. The renewal of competency-based education: A review of the literature [J]. Journal of Continuing Higher Education, 2016, 64(02): 84-93.

③ 魏非，祝智庭.微认证：能力为本的教师开放发展新路向 [J].开放教育研究，2017，23(03)：71-79.

④ Kelchen R. The landscape of competency-based education: Enrollments, demographics, and affordability [EB/OL]. [2017-01-13]. http://files.eric.ed.gov/fulltext/ED566651.pdf.

⑤ Council of Regional Accrediting Commissions. Framework for competency-based education [EB/OL]. [2017-01-12]. https://www.insidehighered.com/sites/default/server_files/files/C-RAC%20CBE%20Statement%20Press%20Release%206_2.pdf.

⑥ Klein-Collins R. Competency-based degree programs in the U.S.: Postsecondary credentials for measurable student learning and performance [EB/OL]. [2016-12-25]. http://files.eric.ed.gov/fulltext/ED547416.pdf.

第三，能力本位的教育是可以被测量的，即通过能力本位教育所取得的成果是可以外显的。当我们谈及能力时，我们谈论的不仅仅是学习的结果，能力必须要能被证明、被测量，并能应用到不同的情境中。

从教师专业发展的视角来看，能力本位教育理论是一种通过对教师岗位或教师岗位群体进行分析，确定其完整的职业能力标准，再根据教师的学习进度，引导教师学习相关知识和技能并使其达到行业精通水平、获得具体行为变现的教育模式。① 教师专业能力是教师专业水平的具体表现，帮助教师具备和提升专业能力是教师专业发展的重要内容。随着《教师专业标准》的出台，“能力本位”的教师教育改革理念被作为教师教育的主导改革理念确定下来。能力本位是教师专业发展的时代内涵与内在诉求，是推动教师职前职后一体化发展的有力抓手，也是驱动教师专业的理论与实践、学科与教育双重属性的平衡点。② 能力本位教育理念强调以“能力”为教育教学的核心和基准，实践是教师职业的基本属性，对教师发展具有非常突出的实用意义，然而，如何在教师专业发展活动中体现能力本位理念、如何将能力为本的思想转换为支持教师发展的真正行动仍然是一项需要持续研究和实践的命题。尽管在高等教育领域，研究者们总结出了课程/学分模式、直接评价模式，但在教师教育领域，我们一直缺乏内涵性和操作性兼具的解决处方。

微认证是能力本位教育实践中的产物，它是基于能力本位理念的微型学习评价活动③，既关注了能力本位的内涵价值，也设计了从选择到学习、收集、提交、评估和获得认可的能力达成实践路径④。微认证的认证对象是“小而实”的能力，且细化的微能力要求可被观察、学习与测量，如数字承诺推出的教师深度学习微认证就包含了 40 项微认证。徽章或微型证书打破了学科知识体系

---

① 徐国庆.职业教育课程论(第二版)［M］.上海：华东师范大学出版社，2015.

② 袁利平，杨阳.基于能力本位的教师教育课程体系建构［J］.河北师范大学学报(教育科学版)，2020，22(05)：85－93.

③ 汪维富，闫寒冰.面向开放学习成果的微认证：概念理解与运作体系［J］.电化教育研究，2020，41(01)：60－68.

④ 魏晓宇.教师微认证的体系构建与应用探索：美国的经验及启示［J］.当代继续教育，2020，38(04)：34－40.

框架，以知识模块化为基础表征单项能力、品质、技能等，而非显示所学的课程、时长等，可以直接向利益相关者表明个体在何时、何地、如何获得某项特定能力。[①] 另外，微认证清晰地界定了能力项标准、实践任务、学习成果等，并要求学习者提交相应的证据材料，这也体现出能力本位教育理论中学习成果导向、能力评估驱动的核心内涵。

二、工作场所学习理论

工作场所学习（workplace learning 或 work-learning）是指在特定的工作场所中的个体或群体理解知识、习得与特定工作相适应的能力，以及改变情感与价值、认知与行为的学习过程[②]，广义上包括一切“与工作相关的学习”（work-related learning）、“关于工作的学习”（learning about work）、“为了工作的学习”（learning for work）、“通过工作的学习”（learning through work）和“在工作中学习”（learning at work）。[③]

工作场所学习是一种在工作情境中融合工作与学习的整体性实践，其目的是实现个人和组织的持续发展。其既强调具有能动性的个体，也强调个体所在的组织；既关注个体层次上的学习内容、专业知识、内驱力和身份认同等，又关注组织层次上作为技术组织的学习环境以及作为社会文化场域的学习环境。[④]

很多学者认为工作场所学习包含一系列正式与非正式的学习[⑤]，如培训是正式学习，同伴指导是非正式学习。工作场所学习为学习者充分参与组织活动提供了可能，是推动组织中的个体从“边缘性参与者”到“充分参与者”身份

---

① Clayton J，Elliott R，Iwata J. Exploring the use of micro-credentialing and digital badges in learning environments to encourage motivation to learn and achieve [C]. Dunedin：ASCILITE，2014.

② Gouthro P A. Education for sale：at what cost? Lifelong learning and the marketplace [J]. International Journal of Lifelong Education，2002，21(04)：334－346.

③ 马颂歌.工作情境中医生团队的专业学习研究 [D].上海：华东师范大学，2014.

④ 于文浩，何佳绮，巩园园，等.工作场所学习的数字化转型：关键行动与变革路径 [J].现代远程教育研究，2023，35(02)：40－47.

⑤ Evans K，Rainbird H. The significance of workplace learning for a ‘learning society’ [J]. Kogan Page，2002：7－28.

转化的重要路径。[①] 工作场所学习也体现了终身学习的理念，是支持在职工作者实现持续的专业发展，并解决工作场所中不断出现的新问题的有效途径。[②] 大量的实践案例表明，优秀的专业工作者很大程度上是通过在工作场所学习获得成长的。

工作场所学习的核心是实践取向，具有“在实践中学习、通过实践学习和依靠实践学习”的本质特征，从成人学习规律来看，依据“7－2－1”学习法则，立足工作岗位发展能力对专业人士成长具有重要性，因为“日常实践本身构成了学习，学习是日常实践的重要特征”[③]。同时，工作场所学习也得到了情境学习理论的支持，无论哪种内涵均强调工作与学习的相互渗透[④]，尤其是作为成人，学习更多需要体现面向实践问题解决的具体需求，工作场所可以提供丰富的资源与真实的情境，促进知识和技能的内化以及迁移，并实现问题解决或高质量产出。

“听起来心情激动，回校后一动不动”生动地揭示了教师培训无法带来教学实践变化的尴尬。[⑤] 多年来教师学习与实践研究已经表明，教师专业能力提升必须与实践充分融合，与实践分离或脱离实践的内容与模式很难取得实质性成效。如何解决理论与实践脱离、培训难以反哺实践的问题是教师培训领域关注的重点议题。微认证设定的真实情境中的实践活动为教师嵌入工作的专业发展创造了良好的机会，旨在以学校或课堂为基础，加强教师针对特定内容的教学实践。[⑥] 微认证要求学习者提供在真实实践中产生的过程性记录或成果，例如教学设计、课堂实录、沟通记录、学生作品、学生反思等，推动教师立足实

---

① 何爱霞，乐传永.从“边缘性参与者”到“充分参与者”的工匠工作场所学习研究 [J].现代远程教育研究，2018(06)：55－63.

② Gauthier T. The Value of Microcredentials：The Employer's Perspective [J]. The Journal of Competency-Based Education，2020，5(02)：1－6.

③ 李茂荣，黄健.工作场所学习概念的反思与再构：基于实践的取向 [J].开放教育研究，2013，19(04)：19－28.

④ 李飞龙.西方职场学习：概念、动因与模式探析 [J].外国教育研究，2011，38(03)：79－83.

⑤ 王红.地位 体系 内容 成效 成本 五大困境捆住了教师培训 [J].云南教育(视界综合版)，2018(05)：9－11.

⑥ Croft A，Coggshall J G，Dolan M，et al. Job-Embedded Professional Development：What It Is，Who Is Responsible，and How to Get It Done Well [EB/OL]. [2016－12－25]. https://files.eric.ed.gov/fulltext/ED520830.pdf.

践的知识和技能内化。此外，微认证通过提供具体的证据，在证明学习者特定技能方面具备突出优势，能够很好地契合工作场所学习理论中所关注的学习过程与工作能力培养。

三、学习动机理论

学习动机是指引起个体学习，维持已引起的学习活动，并指引该活动朝向某一目标的心理倾向[①]，表现为兴趣、好奇心、自我控制力、努力度等一系列的行为抽象概念。学习动机具有激发、维持、强化学习行为和为学习定向的重要作用，是推动成人学习的原动力。[②] 学习动机常被划分为外在动机、内在动机和无动机三种类型。[③] 学习动机是推动成人持续学习的原动力，是影响教师培训和自我学习发展效果的重要因素之一。[④]

立足教师专业发展视角，对学习动机的关注应聚焦于成人学习动机。美国学者西里尔·O.霍尔(Cyril O. Houle)在1961年提出成人学习动机可分为三类：为完成特定目标而学习的目标取向；受环境的影响而参与学习的活动取向；为求知而学习的学习取向。[⑤] 美国心理学家理查德·M.瑞安(Richard M. Ryan)和爱德华·L.德西(Edward L. Deci)提出的经典的自我决定理论(self-determination theory)将学习动机分为内在动机和外在动机，提出胜任需求、自主需求和关系需求是人类行为存在的三种先天的心理需求。[⑥] 罗杰·博希尔(Roger Boshier)等编制的“教育参与测定表”(Education Participation Scale，简称EPS)，从

① 于连科.学习动机理论在远程教育中的应用［J］.现代远距离教育，2009(03)：16－20.

② 牛丽娜.成人学习动机理论在网络远程教育中的应用初探［J］.中国电化教育，2004(09)：34－37.

③ Deci E L，Koestner R，Ryan R M. The undermining effect is a reality after all — Extrinsic rewards，task interest，and self-determination：Reply to Eisenberger，Pierce，and Cameron（1999）and Lepper，Henderlong，and Gingras（1999）［J］. Psychological Bulletin，1999，125(06)：692－700.

④ 张贤金，郭春芳，吴新建，等.提升教师培训质量的两个关键问题［J］.教学与管理，2015(15)：55－57.

⑤ 龚纯姝.成人在线学习动机调查与分析［J］.中国教育信息化，2017(03)：78－79＋84.

⑥ Ryan R M，Deci E L. Self-determination theory and the facilitation of intrinsic motivation，social development，and well-being［J］. American psychologist，2000，55(01)：68－78.

认知兴趣、职业胜任、社会接触、逃避/刺激、外界期望和社会服务六个方面测量成人学习者的动机。①

如何激发成人的学习动机？约翰·M.凯勒(John M. Keller)在1987年提出的ARCS模型为学习动机激发提供了有效策略。ARCS是动机的四个主要条件，即注意(attention)、关联(relevance)、信心(confidence)和满足(satisfaction)。依据ARCS模型，激发一个人的学习和工作动机，首先要引起他对一项学习或工作任务的注意和兴趣，再使他理解完成这项任务与他密切相关，接着要使他觉得自己有能力做好此事，从而产生信心，最后让他体验完成学习或工作任务后的成就感，感到满意。

微认证面向实践、问题解决导向的特性较容易激发成人学习者的学习兴趣，为学习者及时解决问题提供了一种有效路径；同时具体而明确的能力发展要求，能够让成人学习者明确与实践工作的关联，特别知道自己在做什么；一项项具体而微的能力点，使得对学习者的反馈是及时而持续的，积极的反馈、活动结果的达成都会促进学习者的自我效能感的获得②；此外，数字徽章的成果奖励和分享形式，让成人学习者能够与其他人分享自己的学习收获，进而获得更多关注和满足。

尽管有研究者认为外部奖励是学习的不良激励因素③，如果学习者将徽章作为外部奖励可能会降低学习动机或导致学习目标的弱化，但也有研究表明微认证作为外部奖励不会削弱学习者的学习动机，获得外部奖励的群体会表现出更大的增益④。微认证所提供的认可度高的数字徽章或微证书是驱动学习者内外动机的有效手段。有研究发现游戏化的数字徽章在教育中具有激励作用，但学习课程内容和总体课程成绩对学习者而言比获得外在奖励更为重

① 吴峰，王辞晓，李杰.非约束条件下成人在线学习动机量表编制［J］.现代远程教育研究，2015(04)：60－65.

② 郝瑜沛.游戏化学习中在线课程教学交互的影响研究［D］.北京：北京邮电大学，2021.

③ Deci E L，Koestner R，Ryan R M. A meta-analytic review of experiments examining the effects of extrinsic rewards on intrinsic motivation［J］. Psychological Bulletin，1999，125(06)：627－668.

④ Filsecker M，Hickey D T. A multilevel analysis of the effects of external rewards on elementary students' motivation，engagement and learning in an educational game［J］. Computers & Education，2014，75：136－148.

要。[①] 对于不同的徽章类型和具有不同先验知识水平的学习者，微认证的作用成效也有所区别。[②] 数字徽章的有效性很大程度上取决于学习者的期望和动机，而期望值较高的学习者在获得数字徽章方面的内在动机水平更高，也会在参与过程中提高获得徽章的内在动机。[③]

四、游戏化学习理论

游戏化学习，也称基于游戏的学习、教育游戏或严肃游戏，强调"玩中学""寓教于乐"的思想，尊重学习者的主动性和主体性，将游戏性融入学习过程中，营造愉悦轻松的学习环境。[④] 游戏化学习通过添加游戏元素的方式让学习者获得游戏体验[⑤]，同时可以激发学习者投入到学习任务中[⑥]。这一理论发挥作用最直接的因果逻辑是通过改进内容设计正向改变学习结果和行为[⑦]，体现了从游戏动机到游戏思维再到游戏精神的由浅入深的核心教育价值[⑧]。游戏化学习理论认为学习者在学习过程中使用教育游戏能够产生积极作用[⑨]，而教育游戏的作用在于创设情境化的游戏环境，有引导、有支持地让学习者在游戏体

① Delello J A, Hawley H, Mcwhorter R R, et al. Gamifying Education: Motivation and the Implementation of Digital Badges for Use in Higher Education [J]. International Journal of Web-Based Learning and Teaching Technologies (IJWLTT), 2018, 13(04): 1-27.

② Abramovich S, Schunn C, Higashi R M. Are badges useful in education?: it depends upon the type of badge and expertise of learner [J]. Educational Technology Research & Development, 2013, 61: 217-232.

③ Reid A J, Paster D, Abramovich S. Digital badges in undergraduate composition courses: effects on intrinsic motivation [J]. Journal of Computers in Education, 2015, 2(04): 377-398.

④ 凯文·韦巴赫丹·亨特.游戏化思维：改变未来商业的新力量 [M].周逵，王晓丹，译.杭州：浙江人民出版社，2014.

⑤ Landers R N, Auer E M, Collmus A B, et al. Gamification Science, Its History and Future: Definitions and a Research Agenda [J]. Simulation & gaming: An international journal of theory, design and research, 2018, 49(03): 315-337.

⑥ Shaffer D W, Squire K R, Halverson R, et al. Video Games and the Future of Learning [J]. Phi Delta Kappan, 2005, 87(02): 105-111.

⑦ Landers R N. Developing a Theory of Gamified Learning Linking Serious Games and Gamification of Learning [J]. Simulation & Gaming, 2014, 45(06): 752-768.

⑧ 尚俊杰，裴蕾丝.重塑学习方式：游戏的核心教育价值及应用前景 [J].中国电化教育，2015(05)：41-49.

⑨ 庄绍勇，蒋宇，董安美.游戏化学习 [M].北京：北京师范大学出版社，2015.

验中收获知识、达成目标①。也有研究表明游戏化学习在引起学习注意、提高学习兴趣、提升科技接受度等方面具有显著效果。②

当前的热词“教育元宇宙”也是游戏化学习的发展，其在反馈即时性、体验沉浸性、交互性、自主创造性等方向取得了更大的突破③，也为教师研训创造了新的途径④。模拟仿真、AR/VR/XR 等游戏技术的发展让游戏化学习受到广泛关注。塞巴斯蒂安·德特丁(Sebastian Deterding)等将游戏化(gamification)定义为把游戏设计的元素应用到非游戏的情境中。⑤ 游戏化的形式分为没有游戏感但任务流程带有明显的游戏特征的结构形式和注入游戏元素、游戏思维的内容形式两种。⑥

徽章、等级与评价反馈等是微认证中应用到的游戏化组件元素。数字徽章是一种可视化的、在线获取的、有证可循的成就⑦，被认为是一种赞赏或任务完成的标志，能够鼓励学习者持续参与。学习者对于积分、徽章等的期望与其价值评价共同影响着游戏化所带来的动机给养⑧，可以有效地激励学习者朝着未来的目标努力⑨。卡洛斯·桑托斯(Carlos Santos)等调查的大多数学生受访者也认为，徽章有助于保持他们的参与，特别是在课堂环境中，并激励他们完

---

① 苏亚玲.基于游戏化学习的微课程设计研究 [D].上海：上海师范大学，2014.

② Hwang G J, Wu P H, Chen C C. An online game approach for improving students' learning performance in web-based problem-solving activities [J]. Computers & Education, 2012, 59(04): 1246 - 1256.

③ 钟正，王俊，吴砥，等.教育元宇宙的应用潜力与典型场景探析 [J].开放教育研究，2022，28(01)：17 - 23.

④ Theelen H, Van D, Brok P D. Classroom simulations in teacher education to support preservice teachers' interpersonal competence: A systematic literature review [J]. Computers & Education, 2018, 129: 14 - 26.

⑤ Deterding S, Khaled R, Nacke L, et al. Gamification: Toward a definition [C] // CHI 2011 Gamification Workshop Proceedings. Vancouver: CHI, 2011.

⑥ 卡尔·M.卡普. 游戏，让学习成瘾 [M].陈阵，译.北京：机械工业出版社，2015.

⑦ Gibson D, Ostashewski N, Flintoff K, et al. Digital badges in education [J]. Education & Information Technologies, 2015, 20(02): 403 - 410.

⑧ 张靖，傅钢善，郑新，等.教育技术领域中的游戏化：超越游戏的学习催化剂 [J].电化教育研究，2019，40(03)：20 - 26.

⑨ O'Donovan S, Gain J, Marais P. A case study in the gamification of a university-level games development course [C] // Proceedings of the South African Institute for Computer Scientists and Information Technologists Conference. New York: Association for Computing Machinery, 2013: 242 - 251.

成未来的学习任务。[①]

五、培训迁移理论

培训迁移或培训转化(training transfer)从20世纪80年代开始受到研究者以及人力资源管理者的重视，最先出现在企业培训领域，后续被广泛应用于其他各个领域，国内外研究者对它的内涵作出了多种不同的界定。约翰·W.纽斯特罗姆(John W. Newstrom)早在1986年就提出培训迁移是指受训者将培训中所获得的知识、技能转化为工作绩效的提升。[②] 而普遍为学者接受使用的一大定义是，培训迁移是指受训者将培训中所获得的知识、技能、行为和态度真正应用在实际工作中的程度。[③] 我国学者邱卫东[④]、王鹏等[⑤]提出培训迁移还要关注时间和效能，即受训者不仅要在工作中实际应用培训学习内容，还要保持培训所得的长期应用与内化。陈丽芬关注到组织绩效，认为培训迁移是由“学”到“用”再到“产生效益”的过程[⑥]，其终极旨向是组织绩效的提升。从上述不同视角的培训迁移界定来看，培训迁移主要包括以下几个特征：第一，实践性，强调在工作中的实际应用；第二，时效性，从有意识应用转化为无意识应用，长期保持与内化；第三，绩效性，带来个人绩效和组织绩效的提升。微认证评估的能力项及其在实践中需要达到的行为表现和绩效，契合了培训迁移的内涵。

培训迁移理论从影响因素和迁移过程两大视角揭示了迁移的内在机制与逻辑。对培训迁移影响机制的研究全面、深入地诠释了“培训为什么有效”[⑦] 的

---

① Santos C, Almeida S, Pedro L, et al. Students' Perspectives on Badges in Educational Social Media Platforms: The Case of SAPO Campus Tutorial Badges [C] // IEEE International Conference on Advanced Learning Technologies. Beijing: IEEE, 2013: 351 - 353.

② Newstrom J W. Leveraging management development through the management of transfer [J]. The Journal of Management Development, 1986, 5(05): 33 - 45.

③ Tannenbaum S I, Yukl G. Training and development in work organizations [J]. Annual Review of Psychology, 1992(43): 399 - 441.

④ 邱卫东.论教师培训与有效迁移 [J].教育发展研究，2003(08)：79 - 80+82.

⑤ 王鹏，杨化冬，时勘.培训迁移效果影响因素的初步研究 [J].心理科学，2002(01)：69 - 72+127.

⑥ 陈丽芬.企业提高培训迁移效度的策略分析 [J].科学学与科学技术管理，2002(07)：86 - 89.

⑦ Tracey J B, Tannenbaum S I, Kavanagh M J. Applying trained skills on the job: The importance of the work environment [J]. Journal of Applied Psychology, 1995, 80(02): 239 - 252.

问题。培训迁移影响因素主要包含个体特征、学校环境和培训设计三大维度。微认证在激发学习者动机方面具有良好效果，而迁移动机作为直接影响因素[①]或中介调节变量[②③]，能够对培训迁移成效提升产生积极影响。

目标设定对培训迁移具有正向催化作用[④]，微认证的评价设计重视为学习者提供明确的目标指向和行动方法，以及创设学习与实践的机会。培训内容及其选择弹性直接影响培训迁移的效果，教师认为当前的教师专业发展模式难以满足教师工作实际的需要，而微认证则满足了个性化与适切性的需求，教师可以一定程度自主选择微能力点。[⑤] 另外，微认证的评价作为结果线索(正反馈、负反馈、惩罚或无反馈)[⑥]将有效作用于受训者的培训迁移行为。微认证涵盖的完整体系让内容学习、实践参与、评估反馈更加易于访问和使用[⑦]，其作为培训中良好的迁移资源，能够有效支持培训的学习与实践应用。

培训迁移过程揭示了受训者迁移发生的内在机制，玛格丽特·福克森(Marguerite Foxon)的五阶段培训迁移过程模型[⑧]、埃尔伍德·F.霍尔顿(Elwood F. Holton)的培训迁移距离模型[⑨]等均表明培训迁移不能被简单视为局部的结果状态，而是过程性的渐进变化，它遵循时间推进的规律，从培训学习，到实

---

① 徐鹏，王以宁，刘艳华，等.教师信息技术应用能力迁移影响因子模型构建研究［J].开放教育研究，2015，21(04)：106－112.

② Gegenfurtner A，Veermans K，Festner D，et al. Motivation to transfer training：An integrative literature review [J]. Human Resource Development Review，2009，8(03)，403－423.

③ Bhatti M A，Kaur S. Factors Effecting Transfer of Training：A Fresh Review [J]. Creating Global Economies Through Innovation and Knowledge Management：Theory& Practice，2009，1(03)：919－923.

④ 唐泽静，陈留定，庄芳.教师校本培训的供需失衡与调适之道［J].现代教育管理，2020(05)：72－78.

⑤ Fuller A，Unwin L. Developing pedagogies for the contemporary workplace [M] //Evans K，Hodkinson P，Unwin L. Working to learn. London：Kogan Page，2002.

⑥ Rouiller J Z，Goldstein I L. The relationship between organizational transfer climate and positive transfer of training [J]. Human Resource Development Quarterly，1993，4(04)：377－390.

⑦ Kumar J A，Richard R J，Osman S，et al. Micro-credentials in leveraging emergency remote teaching：the relationship between novice users' insights and identity in Malaysia [J]. International Journal of Educational Technology in Higher Education，2022，19(01)：1－23.

⑧ Foxon M. A process approach to the transfer of training [J]. Australasian Journal of Educational Technology，1993，9(02)：130－143.

⑨ Holton E F，Baldwin T. Making transfer happen：an action perspective on learning transfer systems [J]. Advances in Developing Human Resources，2000，8(04)：1－6.

践应用、应用维持，是一个知识与技能不断内化与熟练应用的过程。发展性评估理念强调对认证者建构知识和获得技能的过程的评价，评价观照认证者的学习过程，而不仅仅关注学习结果。在微认证中，表现证据是必备的结构化要素之一，要求认证者提交真实情景中多个方面实绩表现的证据①，证据生成的过程即学习、实践与反思的迭代过程。

① 汪维富，闫寒冰.面向开放学习成果的微认证：概念理解与运作体系［J］.电化教育研究，2020，41(01)：60－68.

第二章　国际微认证应用案例研究

国际上，微认证已经广泛地应用于多个领域。对成熟案例进行研究是丰富对新生事物认识、获得深刻理解、发现成熟经验的一种有效方式。本章选择了教师发展和高等教育两个领域中的多个代表性微认证案例进行分析，旨在通过机构背景、发展历程等情景因素，以及项目设置、认证框架、开发思路、实施现状等内容因素获得对微认证更为全面的理解。面向教师发展领域，选择了数字承诺、布隆板、NEA 三个专业组织作为代表，它们是当前美国教师发展领域推出微认证最多的三个组织；面向高等教育，选择了美国纽约州立大学、美国缅因大学以及爱尔兰都柏林城市大学三所大学作为代表，以了解需求驱动下，不同大学、不同国家的多样化做法。

第一节　面向教师发展的微认证案例研究

一、数字承诺的微认证项目

1. 组织介绍

作为美国国会于 2008 年授权的国家高级信息技术和数字技术研究中心，数字承诺是美国一个独立的、获得两党支持的非营利组织，并且通过了时任美国总统小布什签署的高等教育机会法案。2011 年 9 月，时任美国总统奥巴马正式启动了“数字承诺计划”，该计划的启动资金由美国教育部、纽约卡耐基公司、威廉与佛萝拉修列基金会和比尔及梅琳达·盖茨基金会共同提供，支持全面研究与发展项目以加速提高先进信息技术和数字技术能力，改进所有层次的学习和教育，为所有美国人提供在全球经济竞争中所需的知识和技能。自计划启动起，数字承诺先后开发与实施了创新学校联盟、威瑞森创新学习学校（Verizon Innovative Learning Schools）、成人学习、面向教育者的微认证、教育创新群集、创客学习等项目。[①]

2. 微认证项目的发展历程

自 2014 年起，数字承诺启动了微认证项目，至今已经建立了一套面向教育者的微认证体系，同时围绕着设计、开发和实施形成了较为完整的生态系统，并迅速得到很多教师发展实践者、研究者的认可。截至 2023 年 8 月，数字承诺已经与 98 个组织合作开发了超过 588 项能力的微认证，合作组织包括教学质量中心（Center for Teaching Quality）、引领学习（Learning Forward）、北卡罗来纳州立大学星期五教育创新机构、橡树基金会（Oak Foundation）、创客教育组织（Maker ED）、威斯康辛大学、亚利桑那州立大学等机构和高校，覆盖的能力领域有混合学习、深度学习、个性化学习、课堂交互、计算思维、数字平等、数字技能、集体领导、职业认知等。此外，数字承诺与在线专业发展平台布隆板进行了合作，方便教育者通过网络选择微认证并提交证据以获得认证。

3. 项目设置

数字承诺与部分机构合作开设的微认证项目如表 2－1 所示。

---

① Wikipedia. Electronic portfolio [EB/OL]. [2016－12－10]. https://en.wikipedia.org/wiki/Digital_Promise.

表 2-1　数字承诺与其他机构合作开设的微认证项目

合作机构	领　域	微认证项目
阿肯色州教育部	重新引导学生以满足课堂期望	与共享目标保持一致、当前时间利用评估、构建有效团队、培养团队的共同目标、吸引关键利益者参与、变革管理、重新设计学习计划、了解领导才能
	通过课堂常规最大化学习	公开写作以影响同事、公开写作以影响父母、公开写作以影响政策制定者、写作以影响教育界以外的人
	促进共同的价值观和期望	辅导、促进持续改进的协作、促进共同核心英语/语言艺术的专业学习、促进共同核心数学的专业学习、促进下一代科学标准的专业学习
	为学习创造物理环境	启动领导虚拟社区、通过引导参与虚拟社区、创建虚拟社区、识别虚拟社区中的领导者
星期五教育创新机构	使用技术支持课堂中的 21 世纪技能[简称 4Cs：合作(collaboration)、沟通(communication)、创造力(creativity)、批判性思维(critical)]	合作以支持学生在数字化学习环境中的学习、沟通以支持学生在数字化学习环境中的学习、创造力以支持学生在数字化学习环境中的学习、批判性思维以支持学生在数字化学习环境中的学习
	分数教学	实施公平共享(展示对公平共享情境的理解和应用)、应用数线(展示分数教学中数线的应用)、制订计划以促进学生通过公平共享理解分数、制订计划以促进学生通过数线理解分数、以数线为主要表征工具进行学生访谈、在公平共享的情境下进行学生访谈、立即尝试(使用数线开展分数课程)、立即尝试(在公平共享情境下开展分数课程)
	学习者多变性	应用以学习者为中心的策略支持学习差异、注意力、听觉处理、制订以学习者为中心的计划支持学习差异、情绪调节、鼓励同事参与支持学习者的学习差异、行政工作的实践基础、学习者动机的实践基础、工作记忆的实践基础、拘束感、人际关系技巧、负责任的决策、自我意识、自我调节、社会意识、处理速度、视觉处理
	技术整合 SAMR 模型	在“替代”(substitution)层面有效利用技术、在“增强”(augmentation)层面有效利用技术、在“修改”(modification)层面有效利用技术、使用技术“再定义”(redefinition)教学

续 表

合作机构	领　域	微认证项目
星期五教育创新机构	使用目标设定建立学习者代理	1. 成功规划：帮助学生设定目标。2. 监控进度：帮助学生追踪目标。3. 展望未来：帮助学生复习和反思目标
未来就绪学校	面向未来的图书管理员	助力学生成为创造者
	有针对性地规划	有针对性地规划强大的基础架构，有针对性地规划预算和资源，有针对性地规划协作式领导，有针对性地规划社区伙伴关系，有针对性地规划课程、教学和评估，有针对性地规划数据和隐私，有针对性地规划个性化专业学习，有针对性地规划空间和时间的使用
教学与学习的创新变革中心	设计思维	设计思维和创造力的评价、评估和反馈、课堂中的创造力、设计思维过程
	心灵、大脑、教育科学	课堂中的神经学真相、打破神经迷思、神经功能重塑：教育者是大脑的改变者
威斯康辛大学密尔沃基分校	数学与科学行动研究导论	模型与建模-数学、模型与建模-科学、美国《新一代科学教育标准》(The Next Generation Science Standards，简称 NGSS)和《州共同核心数学标准》(Common Core State Standards for Mathematics，简称 CCSSM)在行动、利用行动研究改善教与学
	组织富有成效的数学和科学讨论	通过数学和科学中的任务选择发展概念理解
	教师领导力	设计和支持教师学习Ⅰ(理解教师专业发展的理论基础)、设计和支持教师学习Ⅱ(设计教师专业发展计划)

4. 认证框架

在数字承诺的微认证中，尽管根据认证能力特点的不同认证框架略微存在一些差异，但一般包括了能力概述、能力要求、提交指南和评价标准等。① 例如，“制作与应用学习过程信息收集工具”认证框架如表 2－2 所示。

① Digital Promise. Digital Promise [EB/OL]. [2016－12－24]. http://digitalpromise.org/.

表 2-2 “制作与应用学习过程信息收集工具”认证框架

<table>
<tr><th>项 目</th><th colspan="6">描 述</th></tr>
<tr><td>能力概述</td><td colspan="6">依据学习目标确定需要采集的学习过程信息，并根据学习展开过程设计和开发学习过程信息收集工具，辅助教师有序开展数据收集工作。</td></tr>
<tr><td>能力要求</td><td colspan="6">在一个活动之中，教师需要证明制作的工具如何帮助教师更为有序、有效地采集到学生的过程性学习信息。制作的工具需要支持方便、快捷地记录一些关键信息，例如文本输入、语言输入、建立与数据的关联等。</td></tr>
<tr><td rowspan="11">提交指南和评价标准</td><td colspan="6">第一部分 问题概览(每个项目回应不超过 200 字)</td></tr>
<tr><td colspan="3">内容要求</td><td colspan="3">“通过”标准</td></tr>
<tr><td colspan="3">活动描述：请用简短的、情境化的语言描述利用工具采集信息的活动。</td><td colspan="3">活动描述清楚，有足够的上下文细节知道老师做什么来实践这项能力。</td></tr>
<tr><td colspan="3">活动评价：学习过程信息收集工具是如何体现学习目标评价要求的？你收集了哪些证据证明这些学习成果？</td><td colspan="3">学习评价过程和证据是清晰的、准确的且足够用来评价能力的熟练程度。</td></tr>
<tr><td colspan="6">第二部分 证据/制品
1. 提交视频材料证明你具备制作学习过程收集工具的能力，同时证明这项能力有助于改进教学评价。</td></tr>
<tr><td colspan="2">通 过</td><td colspan="2">基本通过</td><td colspan="2">未通过</td></tr>
<tr><td colspan="2">教师展示了多个恰当地制作和应用学习过程信息收集工具的案例，案例说明该工具对教学评价工作有明显改进作用。</td><td colspan="2">教师展示了少量制作和应用学习过程信息收集工具的案例，案例说明该工具对教学评价工作的改进作用较为有限。</td><td colspan="2">教师提供的视频非常短或没有证据能够证明其能够制作和应用学习过程信息收集工具。</td></tr>
<tr><td colspan="6">2. 提交与视频材料一致的教学评价方案、已经开发完成的学习过程信息收集工具以及收集的信息成果案例。</td></tr>
<tr><td colspan="2">通 过</td><td colspan="2">基本通过</td><td colspan="2">未通过</td></tr>
<tr><td colspan="2">收集工具有助于实施教学评价方案，提交的信息成果案例完整、真实且可信度较高。</td><td colspan="2">收集工具对实施教学评价方案有一定帮助，提交的信息成果案例较为完整、有一定的可信度。</td><td colspan="2">提交材料不完整，或不一致，没有证据能够证明信息收集工具有助于实施教学评价工作。</td></tr>
</table>

续 表

项　目	描　　　述	
提交指南和评价标准	第三部分　学生反思	
	内容要求	"通过"标准
	为证明上述能力，请提供 2 位学生的反思材料，聚焦于信息收集工具是如何帮助他们发现问题、改进学习的，不超过 200 字。	学生反思清晰地说明教师使用的过程信息收集工具帮助他们发现问题、改进学习，并且反思是具体的，可信度较高。
	第四部分　教师反思	
	内容要求	"通过"标准
	反思你在实践过程中所学到的，可聚焦于对教师而言使用过程信息收集工具对评价的影响是什么，是否存在挑战或发现。不超过 200 字。	反思能够清晰地说明该项能力如何影响教师和学生，同时反思需要包括挑战和发现。

二、布隆板的微认证项目

1. 组织介绍

布隆板成立于 2010 年，是领先的教师专业发展平台，通过与各州、地区和雇主合作，为 K12 教育者提供持续、个性化、基于能力的在线学习体验。[①] 例如布隆板与华盛顿专业教育者标准委员会、路易斯安那州教育局和得克萨斯州的和谐公立学校(Harmony Public Schools，简称 HPS)合作，为早期职业教育工作者、内容领导者、导师以及课程编写者制订并推出教师发展计划。[②] 通

① PR Newswire. BloomBoard Partners with Higher Education Institutions to Offer Educators the Ability to Earn Graduate-Level Professional Development Credit for Completed Micro-Credentials [EB/OL]. (2017-03-28) [2023-06-24]. https://markets.businessinsider.com/news/stocks/bloomboard-partners-with-higher-education-institutions-to-offer-educators-the-ability-to-earn-graduate-level-professional-development-credit-for-completed-micro-credentials-1001874317.

② BloomBoard. BloomBoard Delivers Professional Learning with Purpose Through Next Evolution of its Micro-certification Platform [EB/OL]. (2018-10-03) [2023-06-25]. https://bloomboard.com/news/next-evolution-micro-certification-platform/.

过布隆板，管理者可以提供有意义的专业学习经验并跟踪和衡量教师的成长，教育者可以设定专业学习目标[1]，并从布隆板资源库中访问与他们所学技能和能力相匹配的微认证，改善教学实践并推动职业生涯发展[2]。

2. 微认证项目的发展历程

布隆板最初是一个教师辅导平台，该平台坚持为学生提供差异化教学的原则，并将这些原则应用于对教师发展的支持。2015 年，布隆板与数字承诺合作，推出了面向教师的数百个微认证，为教师提供职业生涯中技能认可的机会[3]，同时将学区与高等教育机构联系起来，为学区提供教育工作者准备、认证和学位课程[4]。到 2017 年就已有五所经认证的高校与布隆板合作，分别是布兰德曼大学、弗雷斯诺太平洋大学、波特兰州立大学、太平洋大学和圣地亚哥大学，这些高校向完成指定微认证的教师授予研究生学分。[5] 自 2017 年年初开始，包括田纳西州、密歇根州和俄亥俄州在内的 400 多个地区的 13 800 多名教育工作者已经通过布隆板平台获得或正在努力完成微认证。[6]

3. 项目设置

布隆板可以针对各州、各学区和学校确定的优先技能，与各州和其他合作伙伴密切合作，开发基于研究的微认证，并严格审查教师提交的材料。例如布

---

① BloomBoard. EdTech Startup BloomBoard Partners with Minnesota's TIES [EB/OL]. (2015 - 03 - 12) [2023 - 06 - 24]. https://www.prnewswire.com/news-releases/edtech-startup-bloomboard-partners-with-minnesotas-ties-300049139.html.

② BloomBoard. Moving PD from Seat-Time to Demonstrated Competency Using Micro-credentials [EB/OL]. (2016 - 02 - 03) [2023 - 06 - 25]. https://info.bloomboard.com/hubfs/Bloomboard-MC-2016.pdf.

③ BloomBoard. Graduate Credit Offering Recognize educators for demonstrating competency and offer incentives for career advancement [EB/OL]. [2023 - 06 - 27]. https://info.bloomboard.com/hubfs/Graduate_Credit.pdf.

④ BloomBoard. BloomBoard [EB/OL]. [2023 - 06 - 26]. https://bloomboard.com/school-district-solutions/.

⑤ Demonte J. Micro-credentials for Teachers What Three Early Adopter States Have Learned So Far [R]. Washington: American institutes for research, 2017.

⑥ Horn M B, Arnett T. Competency-Based Learning for Teachers: Can micro-credentials reboot professional development? [J]. Education Next, 2017, 17(02), 94 - 95.

隆板与阿肯色州教育部合作开发了面向新手教师的 9 个微认证①、与路易斯安那州教育部合作开发了面向初级指导教师的 6 个微认证等②，如表 2－3 所示。

表 2－3 合作机构通过布隆板提供的微认证

合作机构	微认证项目
阿肯色州教育部(新手教师)	重新引导学生的行为以满足课堂期望
	通过课堂常规最大化学习
	促进共同的价值观和期望
	为学习创造物理环境
	营造尊重和融洽的氛围
	通过课堂中的形成性评估改进教学
	让教学成果与评估保持一致
	应用关键的课程设计元素
	与学生沟通教学成果
路易斯安那州教育部(初级指导教师)	通过写作表达对文本的理解
	阅读复杂的年级课文
	展示数学内容知识
	促进富有成效的数学讨论
	指导以改善课堂管理
	指导以改进内容教学

布隆板基于现有和广泛接受的教学标准——州际新教师评估和支持联盟(The Interstate New Teacher Assessment and Support Consortium，简称 InTASC)

① BloomBoard. Early Career Professional Micro-credential Pathway [EB/OL]. [2023－06－24]. https://bloomboard.com/program/arkansas-early-career-professional/.

② Joseph M. Micro-Credentials: A Game-Changing Opportunity For Teachers' Professional Growth [R]. Florida: ExcelinEd, 2019.

标准和教育领导者专业标准(Professional Standards for Educational Leaders，简称 PSEL)，创建了一个全面的教育者能力系统。[①] InTASC 是一个由州教育机构和国家教育组织组成的联盟，是引领美国新教师资格认证的专业组织。布隆板创建与 InTASC 标准一致的微认证体系，包含 8 个能力集，目的是为教育领导者提供一个有凝聚力的基于能力的培训系统，并且可以集成到职业生涯规划、许可证书和专业发展计划中。[②] PSEL 是由州立学校首席官员委员会(Council of Chief State School Officers，简称 CCSSO)和国家教育管理政策委员会(National Policy Board for Educational Administration，简称 NPBEA)共同制定的教育领导者专业标准，概述了领导力的基本原则，以指导教育领导者的实践，推动学生的学习。布隆板创建与 PSEL 一致的微认证体系，包含 8 个能力集，目的在于使教育领导者做好准备，以有效地开发、倡导和制定共同使命、愿景和价值观体系。[③] 如表 2－4 所示。

表 2－4　布隆板基于 InTASC 标准和 PSEL 创建的能力体系

标准	微认证	描述
InTASC 标准	解决学生差异	通过识别和解决学习差异，教育工作者可以更好地培养每个学生的表现、动机和才能
	课堂管理	有目的的课堂管理政策为学生提供了一个安全和支持性的学习场所，创造了一个专注于教学而不是重定向的空间
	学生参与策略	有意义地参与学习过程是解决学生成绩差距问题的关键
	数据驱动教学	数据驱动的教学实践确保教学加速并且满足个别学生的需求

① BloomBoard. What Are Micro-credentials? [EB/OL]. [2023－06－26]. https://bloomboard.com/go/what-are-microcredentials-sufs/.

② BloomBoard. InTASC-Aligned Micro-credentials [EB/OL]. [2023－06－26]. https://bloomboard.com/intasc/.

③ BloomBoard. PSEL-Aligned Micro-credentials [EB/OL]. [2023－06－26]. https://bloomboard.com/psel/.

续　表

标 准	微 认 证	描　　述
InTASC标准	组织学习内容	当教育工作者组织清晰有效的教学设计选择时，学生学习的改善就会发生
	发展家庭作为合作伙伴	将家庭发展为合作伙伴是教育工作者让家庭参与孩子学习过程的关键策略
	促进积极的课堂氛围	学生成功的一个有力因素是支持性和欢迎性的课堂里的归属感
	成长为专业教育工作者	持续的专业发展增强了教学并与同事建立一致的协作
PSEL	关怀互助的社区	培养一个包容的社区可以有效地促进每个学生的学业成功和福祉
	运营与管理	通过战略性的管理资源(例如员工、技术、建筑等)，教育领导者创建了取得有意义的学校成果的系统
	促进家校社协同	促进家庭、学校和社区之间的伙伴关系可以最大限度地利用社区资源来促进学生的成长
	公平和文化响应能力	教育机会的公平和文化响应实践可以促进每个学生的学业成功和福祉
	使命、愿景、价值观	在学校中建立强有力的使命、愿景和价值观结构，有助于利益相关者达成共识并改善学校的未来
	引导学生学习	在开发创建公共课程、技术和教学策略的过程中，教育工作者创造了学习的共享所有权，并帮助建立了一个实践社区
	人力资本管理	提供支持结构和有效的技能建设辅助工具，以保留高质量的投资教育工作者
	促进专业学习，持续改进	通过在整个组织中共享循证学习和技能，学校将专业学习与持续改进计划相结合，并为长期成功奠定基础

4. 设计模式

布隆板的微认证遵循 ADDIE[即分析(analysis)、设计(design)、开发

(development)、实施(implementation)和评价(evaluation)]教学设计框架，每个微认证都基于一个强大的标准化蓝图，由三个部分组成：(1) 技能或目标的定义；(2) 基于 ADDIE 模型的证据要求；(3) 每个要求的量规。参与者按照 ADDIE 模型的证据要求提交完整的组合证据，才有机会获得微认证。①

除了学习者在收集证据过程中的真实体验，布隆板还会提供激励措施，例如增加薪酬、职业发展机会、研究生水平的学分等。② 学习者通过布隆板提交的证据组合将被赋予一个 ID，以保证参与者的匿名性和评估过程的客观性。指定的评估团队将确定提交的证据组合是否已证明学习者的能力以及其是否能获得微证书。当证据组合未能证明能力时，评估员会提出建设性的反馈，包括目前的优点以及如何改进。此外，针对每一个能力项，参与者有三次提交的机会。③

5. 实施案例

布隆板与多个学区和高等教育机构合作，通过提升教育工作者的能力来解决招聘和留任的问题。例如布隆板与沃特伯里公立学校合作，解决教师发展和留任的问题；与北得克萨斯大学学院合作，致力于教师的成长和进步；与贝尔伍德 88 学区合作，为教育工作者提供有意义的在职专业学习。④ 下面以 HPS 为例，概述其使用微认证促进教育工作者职业晋升和薪酬提升的举措。⑤

HPS 是美国第二大特许学校网络，为来自 7 个服务水平较低的学区共计 50 余所学校的 36 000 余名学生提供服务。HPS 于 2016 年启动了一项为期 5 年的战略进程，重新调整其人力资本管理流程，以帮助教师发展，提高满意度和

---

① BloomBoard. Submitting an Incomplete Micro-credential Portfolio (M4) [EB/OL]. [2023 - 06 - 26]. https://support.bloomboard.com/hc/en-us/articles/360051860251-Submitting-an-Incomplete-Micro-credential-Portfolio-M4-.

② BloomBoard. Meaningful Professional Learning for Teachers [EB/OL]. [2023 - 06 - 27]. https://bloomboard.com/teachers/?utm_source=PR%20Newswire&utm_medium=press%20release.

③ BloomBoard. Maximum Micro-credential Submission Policy [EB/OL]. [2023 - 06 - 27]. https://support.bloomboard.com/hc/en-us/articles/4407359903373-Maximum-Micro-credential-Submission-Policy.

④ BloomBoard. Success Stories [EB/OL]. [2023 - 06 - 27]. https://bloomboard.com/success-stories/.

⑤ BloomBoard. Micro-credentials for Career and Compensation Advancement [EB/OL]. [2023 - 06 - 27]. https://bloomboard.com/resource/success-harmony/.

留任率。HPS将布隆板微认证深深嵌入教师培养过程中，并将微认证作为在教育工作中开展新举措的工具，在整个组织中创造变革。①

2016年，HPS获得了一项为期5年、价值数百万美元的美国教育部教师激励基金（Teacher Incentive Fund，简称TIF）拨款，在该基金的资助下，创建了“顶尖教育工作者和谐支持计划”（Harmony Supporting Top Educators Program，简称H-STEP），旨在全面重组HPS的人力资本管理系统。HPS认识到工作嵌入式专业发展的价值，即教师在实践中学习，并通过在实际课堂实践中展示自己的能力来提升自己，为此，HPS与布隆板建立了合作关系，以实施基于微认证的学习。

在布隆板的支持下，HPS为教育工作者在整个组织中可能扮演的所有潜在教学角色定义了一个路线图。他们采取分阶段实施微认证的方法，选择了五个角色作为第一年实施的重点：系统课程负责人、专业学习社区（professional learning communities，简称PLC）负责人、指导教师、课程编写者、入职培训导师。组织领导者通过讨论确定每个角色最重要的能力，开发正式的“角色卡”，定义未来的工作描述。角色卡规定了每个职位所需的知识、技能和能力。他们与布隆板创建了微认证，以帮助教育工作者发展这些基本能力。在开发这些角色卡时，HPS必须将这一新的微认证计划定位为其现有专业发展结构的组成部分，并确保它是嵌入工作的。例如HPS与一个名为“教学加”（TeachPlus）的组织合作开发了一套微认证，为PCL领导者提供指导和支持。为了激励教育工作者，HPS设计了一个基于绩效的薪酬体系，规定每获得一个微认证会提供一定津贴，不同发展阶段教师（公认教师、模范教师、高级教师）的津贴多少不同②，且会限制每年可以获得的津贴数量，同时每获得一个微认证，将获得15个小时的继续教育认定。在第一年，HPS中56个校区里的28个校区的教育工作者提交了微认证申请。

---

① BloomBoard. Case study: Harmony Public School [EB/OL]. [2023-06-28]. https://info.bloomboard.com/hubfs/Harmony-Public-Schools.pdf.

② Yilmaz B. Change Management at Harmony Public Schools: When Prior Innovations Become Status Quo [EB/OL]. [2023-06-28]. https://www.gettingsmart.com/2020/10/13/change-management-at-harmony-public-schools-when-prior-innovations-become-status-quo/.

2019—2020 年，HPS 为另外的 12 个职位创建了角色卡：非测试教师、以英语为第二语言(English as a second language，简称 ESL)的专家、特殊教育教师、资优教师、教研员、系主任、干预人员、资优协调员、高校辅导员、副校长、退休校长和现任校长。HPS 规定完成一个或多个微认证的教师将成为 HPS 开放职位的首选候选人，目的是促进有实际技能和经验的候选人有效地履行其职责。2019—2020 年，270 名 HPS 教育工作者获得了 612 份微认证，这个数量是上一学年的三倍。

TIF 的资助于 2021 年 9 月结束，但 HPS 获得了一项新的联邦拨款，即教师和学校领导激励基金(Teacher and School Leader Incentive Grant，简称 TSL)，领导层计划将其用于改善管理人员的专业学习，以便能够更好地支持教师。HPS 基于微认证的模式是帮助教师展示其价值并最终获得额外报酬的有效手段。如图 2－1 所示。

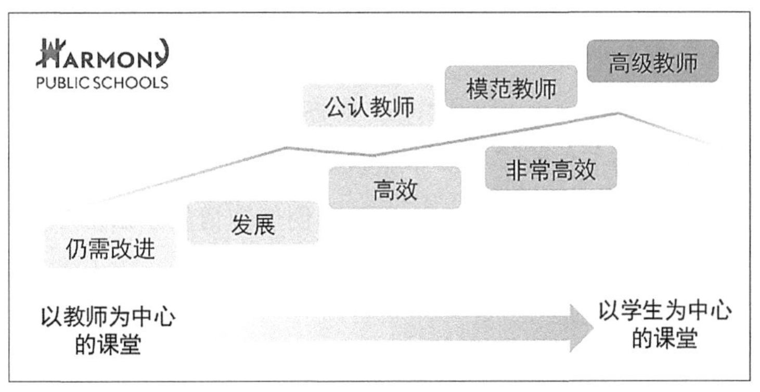

图 2－1　HPS 的教育工作者设计路线

三、NEA 的微认证项目

1. 组织介绍

全美教育协会(National Education Association，简称 NEA)是美国最大的全国性教育专业团体，也是美国最大的专业员工组织，其附属机构遍布美国各州和 14 000 多个社区，包含 300 万教育工作者和盟友，分布在各教育层次，从学前教育到大学研究生课程，在公共教育中倡导正义和卓越。[①] 教育工作者可以通过 NEA 获得帮助，寻找促进自身发展或解答日常问题的工具，获取广泛主题的资源，例如心理健康、政治与运动、多元化与包容性等。

2. 微认证项目的发展历程

NEA 是三个最大的微认证平台之一，2020 年，在 2 000 多名教育工作者获得的 4 000 多个微认证中，由 NEA 提供的有 200 多个。[②] NEA 提供了一个开放访问的在线微认证库，包含超过 175 个为教育工作者创建的微认证[③]，有超过 100 个微认证被分类成不同的堆栈，任何人都可以免费查看所有微认证的主题、内容和证据要求，了解他们提供的微认证的多样性和内容[④]，只有在教育工作者要求评估他们的证据集以获得微认证时才收费，且对于会员免费，非会员需支付 75 美元的费用[⑤]。NEA 的合作伙伴包括数字承诺、原始材料教学(Teaching with Primary Sources，简称 TPS)、国家校园安全中心(National Center for Safe Supportive Schools，简称 NCS3)、全美印第安人教育协会(National Indian Education Association，简称 NIEA)、Code VA 等，例如与数字承诺合作，在平台上发布了 120 个微认证，供 300 万会员使用[⑥]，与 NCS3 合作开发了多样性公平和文化能力微认证和创伤知情教学法微认证，与 Code VA 合作开发了计算机科学微认证等[⑦]。

---

① National Education Association. National Education Association [EB/OL]. [2023 - 06 - 29]. https://www.nea.org/.

② Tooley M. States Partner On Micro-Credentials To Personalize Teacher Learning [EB/OL]. (2022 - 07 - 21) [2023 - 06 - 29]. https://www.newamerica.org/education-policy/in-the-news/states-partner-on-micro-credentials-to-personalize-teacher-learning/.

③ National Education Association. Micro-Credentials [EB/OL]. [2023 - 06 - 29]. https://www.nea.org/professional-excellence/professional-learning/micro-credentials.

④ National Education Association. Micro-credential Library [EB/OL]. [2023 - 06 - 30]. https://nea.certificationbank.com/NEA/Stack_Library.

⑤ Tooley M. Everything You Wanted to Know About Educator Micro-credentials: Getting Technical [EB/OL]. (2022 - 02 - 02) [2023 - 06 - 30]. https://www.newamerica.org/education-policy/edcentral/everything-you-wanted-to-know-about-educator-micro-credentials-getting-technical/.

⑥ Brown D. Research and Educator Micro-credentials [R]. Washington: Digital Promise, 2019.

⑦ 同③.

3. 项目设置

NEA 中的微认证可分为三大类，分别是支持文化素养和公平的微认证、无需学生的微认证和适合有抱负的教育工作者的微认证，其中无需学生的微认证适合职前教师，有助于职前教师在缺少实践机会的条件下完成微认证。按照主题可以分为艺术整合、无欺凌、计算机科学等，部分主题及其包含的微认证如表 2－5 所示。①

表 2－5　NEA 不同主题的微认证(部分)

合作机构	主　题	微　认　证　项　目
数字承诺	艺术整合	艺术与识字的融合
		数字艺术整合
		艺术与科学的融合
		社会研究中的艺术
		整合创造性学习的课堂管理
		文化响应艺术指导
		运用艺术整合的形成性评价和总结性评价
		合作伙伴关系和社区参与整合艺术
	无欺凌	在结构化设置中创造无欺凌的环境
		网络欺凌/网络安全
		教育支持专业人员：第一反应者
		为学生赋能，让他们找到自己的声音
		与欺凌有关的联邦、州和地方政策
		教育工作者的干预策略
		学校联系

① National Education Association. Micro-credential PDF Library [EB/OL]. [2023－06－30]. https://nea.certificationbank.com/NEA/NEA_Micro-Credentials/All_Programs/PDF_Library/NEA/MC_Library_20190605.aspx.

续 表

合作机构	主　题	微 认 证 项 目
数字承诺	计算机科学	计算机科学基础
		计算系统
		数据和分析
		网络和互联网
		初学者编程和计算思维
		应用编程
TPS	利用原始资料进行教学	利用第一手资料进行探究
		结合原始资料与技术进行形成性评估
		与文化相关的教学法与原始资料
		利用第一手资料进行多学科的公民教育
		原始资料与历史画册的联系
		问题的提法和主要来源
		使用主要资源的通用学习设计
NCS3	创伤知情教学法	创造一个以治疗为中心的学习环境
		为学生提供创伤知情支持
		发展以治疗为中心的自我护理实践
		基于种族的创伤
		使用以治疗为中心的方法来支持难民学生
		基于贫困的创伤
NIEA	本土教育	承认并尊重美国印第安人(American Indian，简称 AI)和阿拉斯加原住民(Alaska Native，简称 AN)教育的恢复力
		文化和参与：激活 AI 和 AN 学生的学习
		为 AI 和 AN 学生建立一个对文化敏感和包容的课堂

续 表

合作机构	主　题	微　认　证　项　目
NIEA	本土教育	在课程中尊重和负责任地表现 AI 和 AN 民族的特点
		在文化和语言上响应 AI 和 AN 的教学法
		针对 AI 和 AN 学生的文化响应性教学
		STEM 教学中 AI 和 AN 的代表情况
		社会研究教学实谈：本土视角

4. 实施模式①

NEA 提供了微认证的实施模型，要求开发者在开发微认证时考虑支持、位置和货币三类因素，混合并匹配三类因素的组件，开发者可根据需要适当增加三类因素的组件，以构建最佳的微认证实施模型，实现微认证的目标。支持是指对微认证参与者所提供的支持的描述，包括无支持、基本支持、标准支持、最高支持等；位置是指对微认证参与者位置的描述，包括没有特定位置、农村、校区、市区等；货币是指对参与微认证的货币或激励机制的描述，包括州附属机构的认可、区专业发展学分、国家继续职业发展学分、研究生学分、增加工资或津贴等。

学习者可以选择自己学习，也可以加入学习社区并在此过程中相互支持，通过小组合作更快获得微认证，但是每个学习者提交的证据集必须是唯一的。证据集将由两名教育工作者根据标准和量规独立审查，当未完全满足要求时，会提供反馈。学习者有两次重复提交证据的机会，如果学习者没有在规定的时间内完成微认证，学习者的申请将会在 6 个月后重置，学习者可以重新申请。②

① National Education Association. NEA Micro-credentials Support [EB/OL]. [2023 - 06 - 30]. https://nea.certificationbank.com/NEA/NEA _ Micro-Credentials/Help/Micro-credential _ Support/NEA/NEA _ MC _ Support.aspx.

② National Education Association. Micro-Credentials [EB/OL]. [2023 - 06 - 29]. https://www.nea.org/professional-excellence/professional-learning/micro-credentials.

5. 实施案例

计算机科学微认证组合堆栈由 NEA 和 Code VA 合作开发，帮助教育工作者了解计算机科学的工作原理，最终设计出新的解决方案应对持久的人类问题，包括计算机科学基础、计算系统、数据和分析、网络和互联网、初学者编程和计算思维、应用编程 6 个微认证，每个微认证大约需要 15 小时。①

下面以计算机科学基础微认证为例介绍 NEA 微认证的实施框架，如表 2－6 所示。

表 2－6 “计算机科学基础”认证框架

<table>
<tr><th>项 目</th><th colspan="3">描 述</th></tr>
<tr><td>能力概述</td><td colspan="3">知道什么是计算机科学以及它如何作为一个工具参与解决人类普遍问题</td></tr>
<tr><td>关键方法</td><td colspan="3">教育工作者设计课程，在课堂上介绍计算机科学的基本要素</td></tr>
<tr><td>方法组件</td><td colspan="3">● 什么是计算机科学？
● 为什么学生要学习计算机科学？
● 计算机科学的基本要素</td></tr>
<tr><td rowspan="3">能力要求</td><td colspan="3">在第一部分和第三部分达到及格水平，并在第二部分中的所有任务中达到精通水平</td></tr>
<tr><td rowspan="2">第一部分
问题概述
(25～500字)</td><td>内容要求</td><td>及格标准</td></tr>
<tr><td>请回答以下相关问题，以帮助评估员了解您的现状。请不要包含任何可能会暴露您隐私的信息。
● 是否有国家或地区规定要包括计算机科学教学？回答此问题帮助我们了解您的学校和课堂背景。
● 您为什么选择攻读计算机科学基础的微型证书，您目前对将计算机科学内容和教学纳入核心课程的适应程度如何？
● 描述您所面对的学生群体(如人口统</td><td>回答包含合理和准确的信息，说明了选择此微认证的原因，以满足教师和学生的具体需求。参与者有一个学习目标，说明他们希望通过微认证获得什么。包括具体细节，说明如何吸引和激励人数较少的少数民族和女孩</td></tr>
</table>

① National Education Association. Computer Science [EB/OL]. [2023－06－30]. https://nea.certificationbank.com/NEA/CandidatePortal/CategoryDetail.aspx?Stack=ComSci.

续 表

<table>
<tr><th>项 目</th><th colspan="4">描 述</th></tr>
<tr><td rowspan="7">能力要求</td><td>第一部分
问题概述
(25～500字)</td><td colspan="2">计学信息、年级、地点等)，以及这些学生将如何从您的计算机科学基础微认证的专业发展中受益。
● 在将计算机科学基础应用于您的课堂实践时，请至少指出一项优势和一个障碍。
● 在计算机科学领域，妇女和少数民族的代表人数不足。您将如何通过您的教案和/或作品的设计，有意识地进行个性化教学，以吸引和激励少数代表性群体?</td><td></td></tr>
<tr><td rowspan="6">第二部分
例 子/产品/证据</td><td colspan="3">1. 撰写并教授一个包含5个课时的计算机科学入门学习单元，每节课应包含以下所有内容：
(1) CSTA标准和(或)州CS标准
(2) 学习成果
(3) 课程描述
(4) 如何融入布鲁姆的高阶思维或计算思维技能
(5) 如何有意识地进行个性化教学，以吸引和鼓励人数较少的少数民族和女性
(6) 如何集成计算机系统
(7) 如何评估学习</td></tr>
<tr><td>精 通</td><td>基 础</td><td>未通过</td></tr>
<tr><td>撰写的学习单元包含列举的7个要素</td><td>撰写的学习单元包含列举的3～6个要素</td><td>撰写的学习单元包含少于3个列举的学习要素</td></tr>
<tr><td colspan="3">2. 选择并上传计划和教授的单元中5份有批注的学生作业。对学生的作业进行批注说明每份作业如何展示学生对标准和学习成果的理解</td></tr>
<tr><td>精 通</td><td>基 础</td><td>未通过</td></tr>
<tr><td>上传了单元中5份有批注的学生作业，并且批注解释了每件作品如何展示学生对标准和学习成果的理解</td><td>上传的有批注的学生作业少于5份，并且/或批注与标准和/或学习成果无关</td><td>上传的学生作业少于3份，并且/或学生作业缺少批注</td></tr>
</table>

续 表

项 目	描 述		
		内容要求	及格标准
能力要求	第三部分学生反思(250～500字)	写一篇关于您对于微认证工作的反思。 这个微认证过程如何影响您与现实世界和计算机科学的联系? 如何将计算机科学整合到课程中? 如何将您的教学与职业准备联系起来? 您是如何在计算机科学领域激励和吸引女生和弱势群体的?分享至少一个您课堂上的例子。 通过计算机科学教学，学生以什么方式参与合作、沟通，增强批判性思维、创造力和公民意识? 在完成这个微认证的过程中，您遇到了什么挑战?如果有的话，您是如何克服的?	反思提供的证据表明，这一活动对教育者的实践和学习者的学习都产生了积极的影响。具体的例子直接从个人或工作经验中引用。还包括具体的可操作步骤，展示如何将新学习整合到未来的实践中

在以上微认证框架中，NEA 还会向参与者提供支持当前微认证的基本原理和相关研究，以及成功微认证的支持性资源。

第二节 面向高等教育的微认证实践案例研究

一、美国纽约州立大学的微认证项目

1. 背景

美国纽约州立大学包含 64 个机构(社会学院、技术学院、综合学院和博士机构)，是美国最大的综合性高等教育系统。[①] 2015 年，纽约州立大学成立了微认证工作组，包括来自纽约州立大学各个部门的广泛代表：校长、教务长、教师管

① The State University of New York. What is SUNY? [EB/OL]. [2023 - 07 - 01]. https://www.suny.edu/about/.

理人员、学生管理人员、注册主任、商务官员和继续教育人员等。工作组成员一致认可微认证在高等教育中的应用潜力，将梳理微认证相关研究和学校工作、定义纽约州立大学微认证、建立实施微认证的相关程序等作为主要职责。2018 年 1 月，纽约州立大学成为首批广泛应用微认证政策的高等教育系统(或机构)之一。①

2. 微认证开发

(1) 微认证开发模型

纽约州立大学以学术质量、与行业/专业标准保持一致、满足市场需求、可堆叠、便携、满足多种受众等标准开发微认证，遵循包含教师治理在内的微认证开发模型：构思分析、结构设计、质量评估、宣传推广。如图 2-2 所示。②

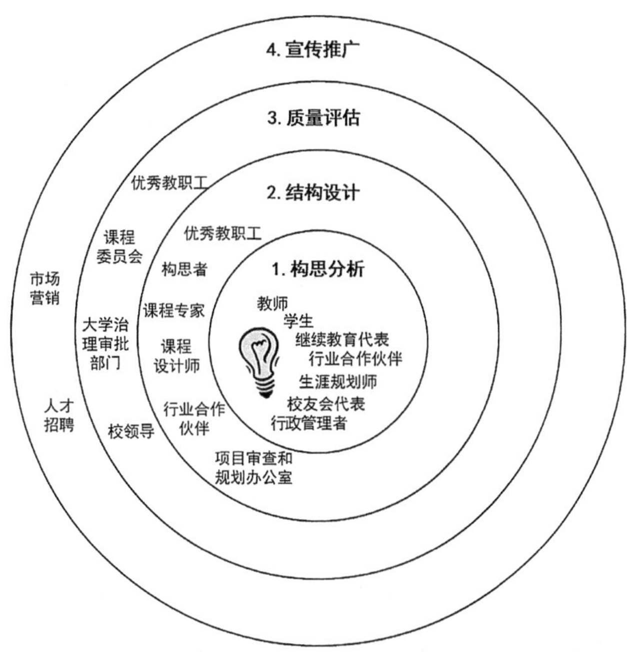

图 2-2　微认证开发框架

① The State University of New York. Micro-Credentials at SUNY [EB/OL]. [2023-07-01]. https://system.suny.edu/academic-affairs/microcredentials/.

② The State University of New York. Highlights: The State University of New York (SUNY) Micro-Credential Policy [EB/OL]. [2023-07-01]. https://system.suny.edu/media/suny/content-assets/documents/academic-affairs/microcredentials/SUNY-Micro-Credential-Policy-Summary.pdf.

构思分析，主要指通过多方参与人员的讨论，确定微认证的定位及方向领域。微认证可能源自某一位教师的想法，由一个部门团队一起开发实现，也可能由相关工作组与学校的行业合作伙伴共同探讨产生，还可能由学生或校友提出需求。纽约州立大学鼓励校园成员包括教师和学生、继续教育代表、生涯规划师、校友会代表、行政管理者等参与到微认证的规划中。结构设计，需要对目标受众和能满足其需求的微认证类型、微认证成果、掌握的技能/能力、实施路径以及是否包含学分进行规划。第三阶段的质量评估，主要通过机构领导层层审核的方式来保证。最后通过营销或人才招聘进行宣传推广。

（2）微认证开发类型

纽约州立大学的微认证类型主要包括数字徽章、可堆叠证书、慕课结业证书和行业认可证书四种。[①]

数字徽章是目前最常见的微认证类型之一，包含强大的元数据，是持有者阐明技能以及证明自己的工具，既是对学习或成就的认可，也是成就的数字证明[②]，同时能够在视觉上传达特定技能、知识或经验的成就[③]。例如纽约州立大学石溪分校(Stony Brook University，The State University of New York)开发了一套徽章目录，支持非学分的专业学习或者提供学分帮助学生申请学位证书。学生获得石溪分校研究生“社会企业家徽章”表明学生已经完成了三门课程，学生可以凭借该数字徽章获得研究生学分，并申请硕士学位。数字徽章可以在领英等社交网站的个人页面上展示分享。

可堆叠证书是相对独立但可以累积的证书形式，使个人可沿着预设路径前进以实现总体目标。大多数可堆叠证书可为学生提供学分，实现学分累加。比如石溪分校的“企业财务管理徽章”，由合并与收购、财务管理两门课组成，学生完成两门课程后可获得研究生学分和对应的数字徽章，也可以堆叠成一个

---

① The State University of New York. SUNY Micro-Credentialing Task Force Report and Recommendations [R]. New York：SUNY，2018.

② Iafrate M. Digital Badges：What Are They And How Are They Used? [EB/OL]. [2022-1-23]. https://elearningindustry.com/guide-to-digital-badges-how-used.

③ Kato S，Galan-muros V，Weko T. The emergence of alternative credentials [R]. Paris：OECD，2020：7-36.

金融或 MBA 学位。莫霍克谷社区学院(Mohawk Valley Community College，简称 MVCC)的三种遥控飞机系统学分微认证是获得远程驾驶飞机系统副学士学位的要求之一。① 纽约州立大学的可堆叠证书还提供了从非学分到学分的转换途径，即认证学习者在相关领域的专业技能，并给予学分②，比如达切斯社区学院(Dutchess Community College)的高中同等学力(High School Equivalency，简称 HSE)建筑技能课程规定，只要学生完成技能证书就可以获得建筑管理副学位的 4 个学分③。

慕课结业证书是以慕课作为载体，向全世界各地的学习者提供大量在线学习内容的形式。目前纽约州立大学已经与在线学习平台课程时代(Coursera)建立了合作关系。纽约州立大学布法罗分校(University at Buffalo，the State University of New York)同芝加哥数字制造与设计创新研究所(Digital Manufacturing and Design Innovation Institute，简称 DMDII)合作，设计了包含 10 门课程的“数字制造与设计技术专业化”慕课。

行业认可证书证明学生相关的技能和知识已经得到了相应领域的专业人士认证，这类证书更受到雇主的青睐，可增加学生求职时的优势。纽约州立大学艾尔弗雷德理工学院(Alfred Institute of technology，the State University of New York)在很多领域为学生提供了行业认可证书，例如焊接技术与工程专业的学生可以完成美国焊接学会的 1～2 级认证，土木工程系的学生可以获得测量和施工管理的初级证书，汽车专业的学生可以获得“美国卓越服务”认证等。

(3) 微认证合作开发

自纽约州立大学的微认证发布以来，很多企业通过当地分校，讨论微认证可能满足他们需求的方式。一家企业愿意支付几门非学分课程的费用，对员工

---

① Proctor C. Defining high-quality microcredentials for higher ed [EB/OL]. (2022-05-20) [2023-07-01]. https://www. ecampusnews. com/teaching-learning/2022/05/20/defining-high-quality-microcredentials-for-higher-ed/.

② 陈时见，杨盼.美国高等教育微认证的背景、框架与发展趋势 [J].外国教育研究，2022，49(03)：49-62.

③ The State University of New York. SUNY Micro-Credentialing Task Force Report and Recommendations [EB/OL]. [2022-7-4]. https://system.suny.edu/media/suny/content-assets/documents/academic-affairs/Micro-Credentialing-TaskForce--Report.pdf.

进行基本的烘焙/烹饪技能培训，同时该课程可堆叠到校园烹饪艺术学位之上。此外一家社区企业自费为员工提供人类服务基本技能的课程，这种微认证可以叠加到人类服务学位之上。有的企业会把纽约州立大学的微认证作为员工福利计划的一部分。为社区组织提供专业发展的微认证是校园拓展的重要延伸，包括基本商业技能微认证、社区筹款或公民参与基础的微认证等。纽约州立大学的一个大学中心正在提供儿童和青少年发展、了解青春期和教育技术方面的研究生级别的徽章。[①]

3. 微认证实施现状

截止到 2023 年 7 月，纽约州立大学已经在其微认证数据库中提供了来自 36 个校区的 500 多个微认证，涉及近 50 个学科领域，包括商业、教育、刑事司法、清洁能源和先进制造等高需求领域，目标受众包括在校生、新生、成人学习者、校友、商业/行业合作伙伴、P－12(指纽约州所有的公立和私立学校)合作伙伴和社区合作伙伴等[②]。微认证涉及的课程包含学位课程、创新应用学习体验课程、行业认证课程、非学分课程等。其中学分课程占 65%，非学分课程占 35%[③]，这些课程可以通过线上(42.4%)、线下(35.6%)或线上线下混合(22%)的形式进行教学。

在纽约州立大学的微认证数据库中，最常见的是由三门三学分课程组成的微认证。[④] 学习者是否能够获得微证书和数字徽章的评价依据通常是课程以及作品集的完成情况。例如布法罗分校的应用数字和信息素养慕课专业化微认证由基本信息素养、高级信息素养、数字信息素养三门课程组成，由布法罗大学

---

① The State University of New York. FAQ: Micro-Credentials Generally and Specific to SUNY's Micro-credential Policy [EB/OL]. [2023－07－01]. https://www.suny.edu/media/suny/content-assets/documents/academic-affairs/microcredentials/Updated-FAQ---November-2021.pdf.

② The State University of New York. Find a Microcredential at SUNY [EB/OL]. [2023－07－01]. https://www.suny.edu/microcredentials/microlist/.

③ The State University of New York. Gain New Skills, Knowledge, and Experience with Microcredentials at SUNY [EB/OL]. [2023－07－01]. https://www.suny.edu/microcredentials/.

④ Proctor C. Defining a Role for High-Quality Microcredentials in Higher Education [EB/OL]. (2021－10－05) [2023－07－01]. https://evolllution.com/programming/credentials/defining-a-role-for-high-quality-microcredentials-in-higher-education/.

的图书馆提供。学习者需要完成三门课程才能获得课程时代的慕课结业证书、布法罗分校的微证书和数字徽章。在整个课程体系中，学习者将制作一份个人研究声明，并针对他们选择的主题制订一个项目大纲，使用该大纲构建一个多模式的数字产品，如演示文稿、海报、播客作品或电影。学习者通过这个项目展示他们在数字素养方面获得的能力和技能。最终项目和整个学习过程由布法罗大学的图书管理员提供指导和反馈。[①]

二、美国缅因大学系统的微认证项目

1. 背景

缅因大学系统是美国缅因州最大的教育企业，由七所大学以及一所缅因大学法学院组成。缅因大学系统的微认证最初是一个小型试点，提供一些数字徽章。如今，缅因大学系统已经创建了 100 多枚徽章，基于三层次框架形成微认证，为社区中的青年、学生、教职员工以及成人学习者提供服务。目前已经发放了总计约 2 000 枚徽章，预计未来几个月将发放更多的徽章。[②] 缅因大学系统所有的微认证都遵循相同的三级框架，将学习者从基础知识带到在现实世界环境中应用他们的技能。

2. 微认证开发

(1) 微认证开发流程

缅因大学允许和支持教师开发微认证。对于有兴趣开发微认证的教师，缅因大学系统为教师提供了开发工具和明确流程。首先，教师通过填写微认证开发兴趣表，告知学校自身情况及对所要开发微认证的想法，包括主题、目标、对象、预期、能力等。第二步，助理副校长或工作人员将联系教师，告知教师

① The University of Maine System. September 2022-Volume 1 [EB/OL]. [2023 - 07 - 01]. https://www.maine.edu/student-success/micro-credentials/micro-credential-newsletter/september-2022-volume-1/.

② The University of Maine System. Micro-Credentials for Faculty and Staff [EB/OL]. [2023 - 07 - 01]. https://www.maine.edu/student-success/micro-credentials/faculty-staff/.

开发微认证的主要组成部分。第三步，缅因大学系统指导委员会帮助寻找可能的合作者，成立开发团队。第四步，开发团队将通过一次会议讨论提案、模板和可能的培训。第五步，由助理副校长根据框架和指南审查提案，提供反馈意见。最终提案由缅因大学系统微认证指导委员会批准。①

（2）微认证开发框架

在缅因州政府的支持下，缅因大学系统正在建立一个一致的、全州范围内的三层次微认证系统，如图 2-3 所示。所有的微认证都遵循这个框架，并将质量保证标准嵌入到设计中。三层次框架，将微认证分为三级。第一级为主题或基础信息的介绍。第二级为训练，训练的形式可能是学术课程、训练营或研讨会等。缅因大学系统特别强调学习者在真实的工作环境中应用所学到的知识与技能，因此第三级为实践应用，要求学习者在真实的工作环境中应用学到的知识和技能，可能以实习、在职培训或学徒制的形式进行，例如水产养殖微认证项目要求学习者提供实习主管的认可证明或推荐信，因此学习者需要真正参与水产养殖项目实践并将证明材料提交到线上平台。② 每通过一级，学习者就会获得一枚数字徽章，三枚数字徽章堆叠在一起就可以获得微认证证书。作为灵活的三层次框架，可以在框架中加入其他机构的徽章或行业证书。比如在计算机支持专家微认证的三层次框架中加入了第三方国际认证机构思递波（Certiport）的信息与通信技术（Information and Communication Technology，简称 ICT）数字素养认证和对计算机专业人士掌握技能的美国计算机行业协会（CompTIA）A+考核认证。③ 在缅因州 4-H 基金会资助的 STEM（Science，Technology，Engineering，and Math）微认证的三层次框架中加入了缅因大学系统与教育设计实验室合作的 21 世纪技能徽章，并将其设定为获得 4-H STEM 微证书的条件之一。④

---

① The University of Maine System. Micro-Credentials [EB/OL]. [2023-07-01]. https://www.maine.edu/student-success/micro-credentials/.

② The University of Maine System. Aquaculture Micro-Credential [EB/OL]. [2022-7-14]. https://badgr.com/public/badges/uc7zhqZxQjmgTDXIx9QfLQ.

③ The University of Maine System. Computer Support Specialist Micro-Credential [EB/OL]. (2021-05-25) [2022-7-20]. https://badgr.com/public/badges/wZrkdt3pQ1SoYxvFipCMRA.

④ The University of Maine System. 4-H Outdoor Leadership Micro-Credential [EB/OL]. (2021-06-21) [2022-7-27]. https://badgr.com/public/badges/o9yOblfiSGWA_ztppgqMAA.

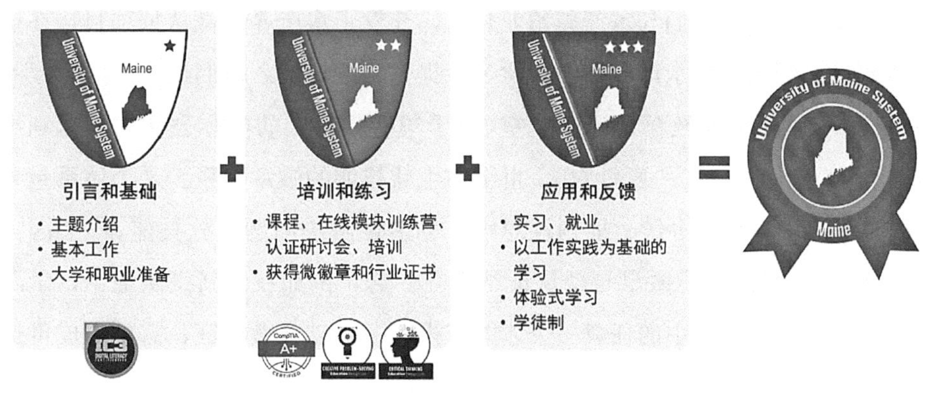

图 2－3 缅因大学系统的三层次框架

以缅因大学系统在 Badgr 网站上的项目管理课程为例，进一步介绍缅因大学系统的三层次微认证框架。[①] 项目管理第一级徽章的课程内容包括项目管理知识手册(Project Management Book of Knowledge，简称 PMBOK)框架概述、管理项目需要的技能和能力。第一级徽章表明学习者完成了项目管理实践导论课程/培训，已经了解项目管理过程中的不确定性、风险和限制，并肯定学习者对发展项目管理技能的兴趣。第二级徽章的课程内容包括管理企业所需的概念、实践和技能，整个过程从检查情况和组织团队开始，中间理清任务和估算资源，最后制订时间表，管理风险，完成计划。第二级徽章表明学习者完成了所有课程，并掌握了有组织的项目管理方法。通过团队合作，学习者应用并拓展了他们的专业知识和综合项目管理能力。第三级徽章表明学习者能够在工作环境中使用一级和二级课程和训练中获得的知识和技能，能够在工作环境中有效实施和应用项目管理技能。学习者完成项目管理路径之后，将获得项目管理微证书，表明学习者已经完成三级项目管理路径，能够获得项目管理学院的项目管理专业(Project Management Professional，简称 PMP)认证。学习者提交的证据由缅因大学系统项目管理教授进行验证和评估，以确保符合项目管理微证书的质量标准。

(3) 微认证合作开发

缅因大学系统为满足雇主和国家经济发展的需要，正在和一些行业合作开

① University of Southern Maine. Certificate Detail：PROJMAN-Project Management [EB/OL]. [2023－07－01]. https://www.enrole.com/usmmaine/jsp/certificate.jsp?categoryId=10002&certificateId=PROJMAN.

发微认证。例如，他们和水产养殖业合作，开发了水产养殖微认证项目，在这个项目中，缅因州的水产养殖业为学习者提供实践场所。他们还与 19 所大学、60 家公司/雇主以及教育设计实验室(位于华盛顿特区的国际公认的非营利组织)合作，专门设计了一套针对 21 世纪学生软技能的徽章体系。这个体系包含 8 枚徽章，关注的是协作、批判性思维、创造性解决问题等软技能。① 缅因大学系统将 21 世纪技能徽章与微认证结合在一起，例如在创新微认证中，学习者需要完成可选徽章中的任意一个才能获得第一级创新微认证，需要完成可选徽章中的任意两个才能获得第二级创新微认证②，如图 2-4 所示。

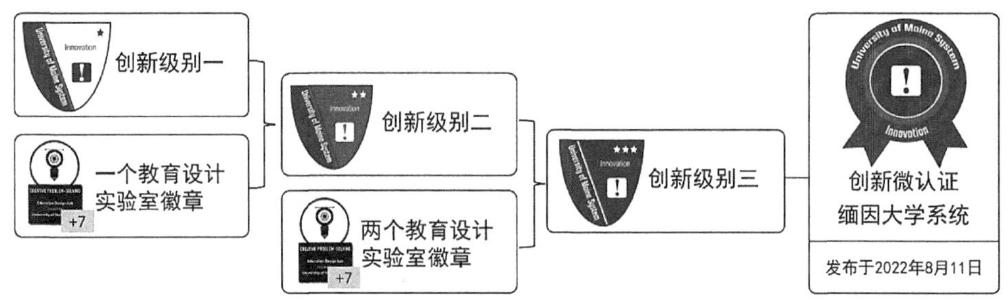

图 2-4　创新微认证三层次框架

3. 微认证实施现状

截止到 2023 年 7 月，缅因大学系统在 Badgr 网站上提供了 119 个数字徽章(包括 8 个 21 世纪技能徽章)，这些徽章通过三层次框架形成了约 29 个微认证，涉及户外领导力、创新、职业准备、水产养殖等领域③。缅因大学系统的微证书向在校的本科生和研究生、社区成员、专业人士以及成人学习者开放，例如金融素养微认证向缅因大学系统内的学生开放、项目管理向社区成员开放、计算机支持专家微认证向成人学习者开放。为保证微认证质量，缅因大学系统的微认证评估主要由教师或员工进行，但是也有其他机构成员一起进行评估的情

---

① The University of Maine System. Get Hired with a 21st Century Skill Badge [EB/OL]. [2023-2-27]. https://www.maine.edu/student-success/micro-credentials/21st-century-skill-badges/.

② The University of Maine System. Innovation Micro-Credential [EB/OL]. (2022-08-11). https://badgr.com/public/pathway/612547132070227a9077f6ea.

③ The University of Maine System. University of Maine System [EB/OL]. [2023-07-01]. https://badgr.com/public/issuers/ArAvadq0TXWQX0GJZccfRQ/pathways.

况，比如缅因大学系统与缅因州教育局成人教育办公室合作创建的计算机支持专家微认证是由成人教育局的工作人员和教师一起验证和评估的。[①]

下面以缅因州积极行为干预和支持(Positive Behavioral Interventions and Supports，简称 PBIS)一级培训师和教练微认证为例，展示缅因大学系统的微认证结构，如表 2－7 所示。

表 2－7　缅因州积极行为干预和支持一级培训师和教练微认证

名　称	积极行为干预和支持一级培训师和教练微认证
学　分	9 学分
时　长	3 学期
费　用	免费
对　象	无特殊要求
能力描述	获得缅因州 PBIS 一级培训师和教练微认证之后，学生将能够： ● 在学校全面了解和应用 PBIS 框架； ● 有效指导/促进学校 PBIS 领导团队； ● 对学校 PBIS 领导团队开展有效的基于队列的培训； ● 应用成人学习原则； ● 支持学校 PBIS 领导团队使用 PBIS 软件、学校信息系统(School-Wide Information System，简称 SWIS)和评估工具。
课　程	● 课程 1：对行为干预的反应——全校范围预防 介绍普遍积极行为干预和支持的关键组成部分。 ● 课程 2：对行为干预的反应——有针对性地干预 基于积极行为干预和支持模型，有效实施次要行为系统和实践。强调行为干预、结果数据工具和保真度测量，适用于需要行为支持和干预才能取得成功的目标学生群体。 ● 课程 3：对行为干预的反应——个性化干预 基于积极行为干预和支持模型，有效实施第三级行为系统和实践。专注于全面、多成分的行为干预、结果数据工具和保真度测量，针对需要强化行为支持和超越一级和二级干预才能在学校环境中取得成功的个别学生。
评　估	教师根据学生提交的证据进行评估
备　注	徽章自签发之日起 3 年后过期

① The University of Maine System. Computer Support Specialist Micro-Credential [EB/OL]. [2022-7-20]. https://badgr.com/public/badges/wZrkdt3pQ1SoYxvFipCMRA.

三、爱尔兰都柏林城市大学的微认证项目

1. 背景

都柏林城市大学(Dublin City University，简称 DCU)一直致力于为爱尔兰及其地区的成人学习者提供更广泛的高等教育机会，是第一所开展微认证的爱尔兰高等教育机构，鉴于其依据国家资格框架的整体设计，其实践在爱尔兰国内和国际上都开创了微认证的先河。

2020 年 2 月都柏林城市大学国家数字学习研究所(National Institute for Digital Learning，简称 NIDL)通过未来学习(FutureLearn)平台，在金融科技领域推出了欧洲首个可计入学分、可堆叠、完全在线的微认证——金融科技与创新微认证。在这之后，都柏林城市大学在爱尔兰政府人力资本计划(Human Capital Initiative，简称 HCI)的资助和国家培训基金的支持下，计划通过“DCU 未来”(DCU Futures)计划，改变本科生的学习体验，通过创新的教学和学习方法，围绕学生将学习什么、学生如何学习以及嵌入横向技能三大支柱（如图 2 - 5 所示）加强技术的使用和行业的深入参与，在未来开发一系列微认证发展本科生的横向技能。除此以外，都柏林城市大学通过国际合作伙伴关系，提供大规模的在线开放课程，并在商业道德、人工智能、大数据、社会历史等领域提供有学分的短期课程、长期课程和系列课程，例如爱尔兰语言和文化系列课程。[①]

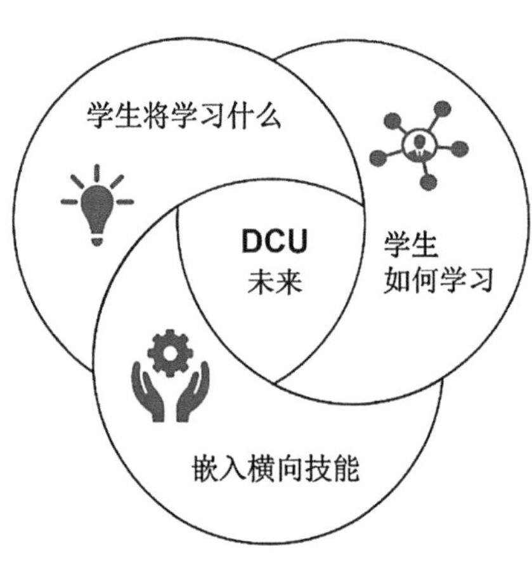

图 2 - 5　DCU 未来三大支柱

① Dublin City University. Why DCU? [EB/OL]. [2023 - 07 - 01]. https://www.dcu.ie/micro-credentials/why-dcu.

2. 微认证开发

(1) 依据爱尔兰国家资格框架的整体设计

爱尔兰国家资格框架(National Qualifications Framework，简称 NQF)是以正式方式记录各级学习成就学分的系统，共 10 个等级，以确保所学的技能和知识在全国范围内得到认可。[①] 爱尔兰与其他国家的不同之处在于，它的国家资格认证框架可以使有学分的微证书积累成更大的资格证书。

都柏林城市大学在爱尔兰国家资格框架下开发微认证，根据国家资格框架进行正式评估，使有学分的微认证可以在国家资格框架内积累成更大的资格证书，给学习者提供接受高等教育或获得更高学历的途径，比如在爱尔兰国家资格框架和欧洲慕课联盟制定的通用微认证框架下推出的“金融情报与技术研究生证书”是包含 4 个微认证模块的 9 级资历，共 30 个学分，在爱尔兰国家资格框架下，允许学习者将获得的 4 个微证书堆叠换取“金融情报与技术研究生证书”。[②] 依托爱尔兰国家资格框架，都柏林城市大学考虑到微认证的特点，规定微认证范围为 1～30 个欧洲学分转移和累积系统(European Credit Transfer and Accumulation System，简称 ECTAS)中的学分，工作量或时间从 25 小时(1 学分)开始，并根据课程的学分值增加。[③]

(2) 与企业合作微认证

在都柏林城市大学实践中，部分企业通过提供实践场所的方式参与高校微认证项目，为微认证的实施提供辅助支持。机构提供的实践场所为学习者提供实践能力提升和锻炼的机会，而参与高校人才培养不仅为机构提供了较好的宣传通道，同时也为机构优先获得高校优秀人才和研究成果提供了便利。例如都柏林城市大学

---

① South African Qualifications Authority. National Qualifications Framework (NQF) qualifications and unit standards [EB/OL]. (2021 - 03 - 10) [2023 - 07 - 01]. https://www.westerncape.gov.za/service/national-qualifications-framework-nqf-qualifications-and-unit-standards.

② Dublin City University. Graduate Certificate in Financial Intelligence And Technology [EB/OL]. [2023 - 07 - 06]. https://business.dcu.ie/course/graduate-certificate-in-financial-intelligence-and-technology/.

③ Dublin City University. What is a DCU Micro-credential? [EB/OL]. [2023 - 07 - 01]. https://www.dcu.ie/micro-credentials/what-dcu-micro-credential.

的金融情报与技术研究生证书是由商学院与国际金融服务技能网(International Financial Services Skillnet，简称 IFS Skillnet)联合颁发，两者的合作能够为学习者搭建起与金融技术公司联系的桥梁，为学习者提供实习、培训的机会，而 IFS Skillnet 能够通过项目接触到都柏林大学的最新研究并利用其开展创新。

(3) 微认证结构

下面以表 2-8 金融科技与创新微认证①为例，展示都柏林城市大学的微认证结构。

表 2-8 金融科技与创新微认证

名　称	金融科技与创新微认证
学　分	5 学分
时　长	3 学期
对　象	在金融部门工作的专业人士或研究生，包括金融和投资经理、企业家，金融、计算机和商业专业的在校研究生或应届毕业生
条　件	满足以下一项或多项标准： ● 在金融服务或相关行业拥有多年经验； ● 已完成相关、经认可的持续专业发展(Continuing Professional Development，简称 CPD)学习； ● 持有商业、金融或相关学科的 8 级(本科)荣誉学位或更高学位。
能力描述	获得金融科技与创新微认证之后，学生将能够： ● 综合理论和实践，以评估金融和技术在各种背景下的相互作用； ● 评估与基于金融科技的新市场、产品的动态和功效有关的新兴学术成果证据； ● 评估成熟的金融机构和初创金融科技公司存在的竞争和合作机会； ● 评估金融服务业如何采用和应用新技术进行创新； ● 为应用创新技术支持金融服务活动提供有说服力的论据。
课　程	● 课程 1：金融科技导论-金融创新(1 周) 介绍关键主题，并探讨金融科技为增强金融产品提供的机会。 ● 课程 2：众筹和点对点借贷(3 周) 探索众筹和点对点借贷如何成为替代融资来源。 ● 课程 3：区块链和加密货币(3 周) 检查分布式账本技术的基本属性及其应用。 ● 课程 4：银行和支付(3 周) 研究金融科技在银行和支付方面的作用。

① Dublin City University. FinTech-Financial Innovation [EB/OL]. [2022-10-19]. https://www.futurelearn.com/microcredentials/fintech-financial-innovation.

3. 微认证实施现状

都柏林城市大学目前正与未来学习和欧洲创新大学联盟(European Consortium of Innovative Universities，简称 ECIU)合作，在关键增长领域开发更广泛的微认证项目。[①] 在未来学习上，都柏林城市大学通过 5 个院所提供 200 多门课程，包括教育学院、人文社科研究所、科学与健康学院、工程与计算学院和商学院[②]，已经有 60 000 多名学习者在未来学习上注册了都柏林城市大学的短期课程“爱尔兰语言和文化导论”[③]。作为都柏林城市大学的合作平台，未来学习为学习者提供个性化的学习体验，结合用户的就业领域、经验水平、当前职业、期望职业、感兴趣的主题等基本信息，推荐相关主题的微认证项目，并追踪学习者学习习惯、进度以及遇到的困难等，及时反馈给教师，有针对性地提供学习干预和服务，带来个性化的学习体验。[④] 此外，在成果评估时，大部分微认证由未来学习平台记录并跟踪进度，自动统计汇总学习过程数据，并将“学生至少完成 90%”作为提交成果评估的前置条件。

都柏林城市大学的微认证项目对满足要求的学习者开放，例如金融科技与创新微证书为在金融行业或相关领域工作的专业人士和研究生设计，培养他们关于金融、大数据、财务建模等方面的技能，帮助他们进一步寻求职业发展、过渡到金融相关角色。但也有些短期在线课程是不限对象的，例如“爱尔兰语言和文化导论”系列短期课程面向任何对爱尔兰语言、历史和文化感兴趣的人。

---

① Brown M, Mhichíl M, Beirne E, et al. The Global Micro-credential Landscape: Charting a New Credential Ecology for Lifelong Learning [J]. Journal of Learning for Development, 2021, 8(02): 228 - 254.

② Future Learn. Dublin City University [EB/OL]. [2023 - 07 - 01]. https://www.futurelearn.com/partners/dcu.

③ Dublin City University. Irish 101: An Introduction to Irish Language and Culture [EB/OL]. [2023 - 07 - 01]. https://www.futurelearn.com/courses/irish-language.

④ 熊英，刘永权.开放远程教育课程教学管理探究——基于英国开放大学的案例分析 [J].广播电视大学学报(哲学社会科学版)，2021(02)：100 - 111.

第三章　教师微认证体系构建的理论与方法

在利用微认证重构教师专业发展范式的研究取径中，构建微认证体系是一个非常重要的专业任务。然而，纵览当前国际国内的研究成果，对微认证的研究与实践尚处于初期阶段，较多停留于分析其重要性以及实践经验分享，如何构建微认证体系的理论和方法多出现于高等教育领域，在教师发展领域尚无成熟的方法模式可以借鉴。本研究选择了教育设计研究作为基本的方法论，同时在过程中综合运用了文献研究、案例研究、访谈研究、问卷调查等多种研究方法，并基于问卷调查数据对研究成果进行信效度验证，探索形成了微认证体系构建的理论模型和框架要领，并立足于教师发展体系构建视角提出了方法和策略。

第一节　微认证开发的理论支持

一、能力取向的评估理论

能力取向学习的核心是使学习者具备从事某一职业（活动）所必备的实际能力。[①] 有研究者具体阐释道，能力取向的学习以能力发展为目标，以学习者

① 吴仕荣.能力本位教学模式与传统教学模式的比较［J].重庆教育学院学报，2007(03)：138－140.

为中心，以确定的目标(一种职业，一个专业、市场，特别的生活或工作职位等)为导向，以全面分析角色活动为出发点，以提供行业对学习者履行岗位职责所需要的能力为基本原则，强调学习者学习(受训)后应具有的实际操作能力。①

评估是推动学习目标实现的重要手段。能力取向的学习自然要求以能力取向评估作为推动和支撑。能力取向的评估(competency-based assessment)是实现能力本位教育理念的必要条件，侧重于实现某些既定的结果，如学生能力或实际成就。② 雪莉·弗莱彻认为：能力取向的评估是工作岗位实际绩效的评估；评估独立于任何学习方案；认可已掌握的操作技能，颁发资格证书；评估者是专业评估员；评估证据主要来自工作场所实际表现，辅之以其他证据；评价是标准参照测验的(如美国)，关注关联效度的(如英国)，个别化的。③

教师能力是指教师在教育教学活动中表现出来的、直接或间接影响教育教学活动的质量和完成情况的个性心理特征。④ 对教师能力的评估，较多采用问卷自评、课堂观察、学生反馈、档案袋评价等方式，体现为通过对教师实践工作表现与教育教学成果进行评价的间接方式。同时，评价的标准以横向比较或他人判断结果为参照。能力取向的评估体现了与传统评估有着非常不同的特点，参照雪莉·弗莱彻对能力取向评估的观点，教师能力评估的特点应包括⑤：

(1) 对教育教学情景中实际操作能力进行评估；

(2) 评估独立于任何机构与学习方案，认可教师通过正式学习或培训以外的非正式学习渠道发展的能力；

(3) 评估证据是教师在岗位上的实践绩效，可以是项目或课程计划、学生

---

① 顾小清，张正超，朱元锟.基于电子学档的终身学习评估及能力认证模型［J].远程教育杂志，2010，28(05)：10-15.

② Thilakaratne R，Kvan T. Competence-based Assessment in Professional Education Validation［J]. Quality in Higher Education，2006，12(03)：315-327.

③ 同①.

④ 卢正芝，洪松舟.我国教师能力研究三十年历程之述评［J].教育发展研究，2007，210(02)：70-74.

⑤ 同①.

作品案例、课堂交互的多媒体材料、教师对于面对的挑战以及在计划或教学中获得的经验、学生反思的多媒体材料、课堂观察结论等；

(4) 评估者是专业评估员，经过了专业严格的培训与考核。

可见，能力取向的评估强调在实践岗位上的表现，同时需要有提前预设的标准，对成果、被评估内容、达成目标等进行清晰阐释与提前说明，可以为评估者和被评估者合理、客观判断成绩合格与否提供可靠的依据。提前预设的标准既能够成为客观评估的依据，同时也能够成为教师自我诊断、反思改进的重要参考。

能力是表现良好、达成绩效的前提和条件，因此，与注重结果的教师绩效评估不同，能力取向的评估更关注实现较好结果的个人准备，通过评估发现不足、找到问题改进的关键策略，进而帮助教师具备达成较好结果的条件。

二、证据为中心的评估理论

微认证是一种能力取向的评估方式，旨在收集工作场所绩效的充分证据，以证明个人能够在指定的职业角色内达到规定的标准。① 厘清能力与证据之间的逻辑关系是能力取向的微认证评估体系构建的核心与难点，“以证据为中心”的评价设计模式为难点突破提供了适宜的理论参照。

“以证据为中心”的评价设计模式(evidence-centered design，简称 ECD)是美国罗伯特·J.梅斯雷弗(Robert J. Mislevy)等人提出的系统性评价设计的模式，已经成为美国教育评价领域的主要研究方向和应用模式之一。梅斯雷弗认为，评价是一个基于证据进行推理(reasoning from evidence)的过程，教育评价是收集学习证据并作出关于能力和其他品质推论的过程，ECD 重在将关于学生能力的证据(表现和其他作品)用作设计评价任务的基础。②

ECD 提出了层次(layer)的概念，用以阐释整个设计流程的时间序列以及层次内、层次间的内在逻辑，包括领域分析、领域建模、概念性评估框架、评估

---

① Fletcher S. Competence-based assessment techniques [M].London：Kogan Page，1992.

② 冯翠典.“以证据为中心”的教育评价设计模式简介 [J].上海教育科研，2012(08)：12 - 16.

实施和评估交付，每一层次都在迭代思考整个评估设计组织中的角色、关键实体以及知识表征案例。在上述层次中，概念性评估框架是整个评价设计的核心，提供了系统性的评价设计蓝图，包括学生模型、证据模型、任务模型、组合模型、呈现模型等子模型，而其中最为核心的是学生模型、证据模型以及任务模型。学生模型即能力模型，指需要测量的知识、技能或者能力、态度等；证据模型指明我们如何进行能力评价，包括评价构成和测量模型；任务模型指出了评价实施的环境，如评估内容、呈现方式、作答方式、任务特征等。如图 3－1 所示①。

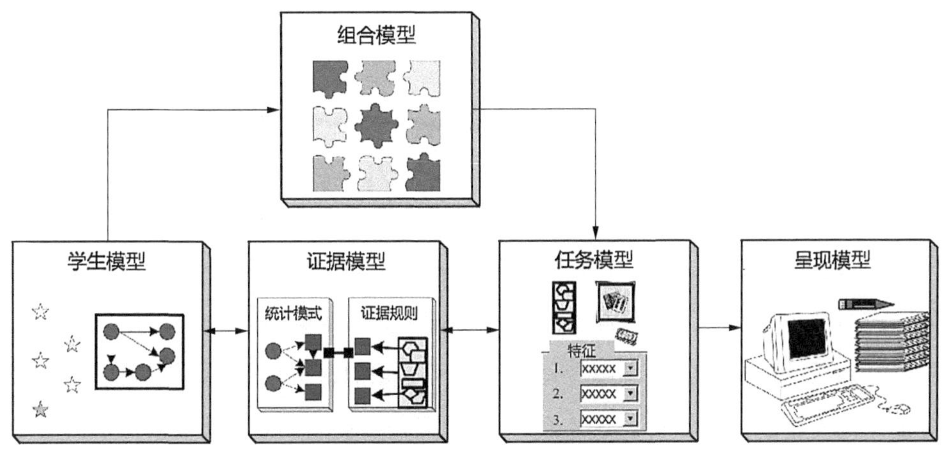

图 3－1 ECD 之概念性评估框架

ECD 强调评价设计是一个系统流程，从一开始就要思考得出什么结论，这些结论得以成立的观察依据是什么，激发这些观察的情景是什么，以及推论、观察和情景之间的推理程序是什么②，换句话说，证据是设计评价任务以及设定评价标准的基础，强调要基于证据作出相应的推论。ECD 为检验学生的推理、理解和应用“真实知识”的能力提供了动态的评估技术，尽管是针对学生的，但这种系统性评价设计理念可以广泛应用于各种评价对象，对于成人专业能力评估设计尤其具有切实的借鉴价值，因为其强调面向复杂任务、真实能力

① Mislevy R J, Riconscente M M. Evidence-Centered Assessment Design: Layers, Structures, and Terminology [EB/OL]. [2018－12－10]. https://padi.sri.com/downloads/TR9_ECD.pdf.

② 同①.

的评价思想，与微认证所希望彰显的能力取向评估理念非常契合。

所有的评估无论是日常的活动观察还是复杂的统计分析实际上都是关于证据的收集。[①] 对于教师能力评价而言，如果缺乏有效证据作为基础，那么评价结果将完全基于观察者或评估者对教学的已有看法以及他们对所发生事情及其意义的个体理解，在客观性和科学性方面容易偏颇。在微认证规范开发中借鉴“以证据为中心”的评价设计思想，旨在强调“证据”在整个评价设计与实施过程中的核心意义以及在设计和开发阶段的优先作用，凸显证据所具有的真实、可靠、精准的评价潜能，倡导基于教学事件、教学行动或陈述、教学作品或教学决策的教师能力评估方式，并据此作出教师能力发展状况的科学判断。

三、教师表现性评价理论

表现性评价是对真实工作环境中运用先前所获知识完成任务或解决问题的能力进行的评价。美国教育测量专家理查德·J.斯蒂更斯（Richard J. Stiggins）指出，表现性评价是测量学习者运用先前所得知识解决新异问题或完成特定任务能力的一种系统性评价。具体而言，运用真实的生活或模拟的练习来引发最初的反应，由高水平评价者按照一定标准进行直接的观察、评判。

教师表现性评价旨在评价教师在真实教学情境中的教学表现，基于多元的表现性数据对教师的教学能力进行全面测评，来考查教师是否为教育领域的专业实践做好准备。表现性评价通过个体完成一定真实性的任务对该个体进行评价，最大的特点在于任务的真实性，以及依据提前预设的标准。由于表现性评价注重真实性高的测试材料和工作任务，有较高的预测效度，很快就得到了美国乃至全世界的关注和运用。

国际上较有代表性的表现性评价系统有加州教师表现性评价（Performance Assessment for California Teacher，简称 PACT）、加州职前教师表现性评价（educative Teacher Performance Assessment，简称 edTPA）以及马萨诸塞州教

① Fletcher S. Competence-based assessment techniques [M].London：Kogan Page，1992.

师候选人表现性评价(Candidate Assessment of Performance，简称 CAP)。三个评价系统的关键要素分别如表 3－1 所示。

表 3－1 表现性评价系统关键要素分析

评价系统	评价项目	评价任务/证据类型	评价规则	评价者
PACT	内容讲授、有效评价学生、激发学习兴趣、教学设计、创设环境以及专业发展	教师培训课程期间的形成性评价和教学事件评价，其中培训课程期间的评价包含提交教学设计、学生评价以及儿童案例研究报告等任务，教学事件评价包括计划、教学、评价和反思等方面的任务，如评价学生学习进展和目标达成度	四点量表的形式对教师提交的材料进行评价	精通所评价学科领域的专业知识，有五年以上的课堂实践经验，并经过严格培训与考核的评价者
edTPA	教师计划、教学实践和评价，其中教师计划指的是教师的教学计划和学生评分计划；教学实践指的是指导学生参与到学习中来，评价指的是对学生学习数据的分析、反馈和个性指导	实习教师需要选择一个教学专题进行模块或者课程设计，提交的材料包括教学设计、教学视频实录、视频实录的补充说明、学生作业、个人反思文档等	五个水平等级的划分，同时每一个水平等级都有明确、具体的教师表现行为描述	受评者本人与专家
CAP	课程、教学设计和评估，教授全体学生标准，家庭和社区参与标准，职业文化标准	教学观察、学生反馈等，通过自我评估、设定目标和计划、实施计划、形成性评价、总结性评价五步循环实施，其中涉及的评价证据包括教学观察、学生学习影响(学生学业成绩)、学生反馈、教师候选人提交的教学过程性材料	从质量、频率和范围三个方面开展评价，结果分为不满意、需要改进、熟练三个等级，且有详细的行为描述	学生、督导、指导教师

有研究者归纳认为，教师表现性评价具有面向真实教学情境、强调伴随性表现数据、聚焦多元专业能力提升等特点。[①] 从上述三个代表性的表现性评价

① 单俊豪.整合学生视角的 STEM 教师教学胜任力表现性评价研究［D］.上海：华东师范大学，2021.

系统来看，其特点除了这三个，还包括任务真实复杂以及评估标准明确。

任务真实复杂是指在评估中教师需要完成的任务反映了现实世界挑战的复杂度和综合性，任务的完成和解决需要综合运用教师的专业知识、技能和问题解决能力。所有的表现性评价体系都有明确、透明的评估标准，往往还有非常详细的行为描述，既是评估结论产生的依据，同时也可以有效推动学习任务的较好达成。

在分析表现性评价中，常常提及的评价概念为绩效评价。由于对“绩效”存在着绩效是结果、绩效是行为、绩效是行为与结果的结合等多种理解，在实践中，绩效评价也是当前教育领域对教师评价的常用方式，往往是教师资格证书、教师聘用、奖惩以及薪酬发放的依据，即更多作为一种人事管理手段。有研究者认为，教师绩效评价(teacher performance evaluation)是对教师在工作中的表现，也就是对教师的工作行为进行评定，以了解教师工作的质量①。虽然对教师绩效评价尚未有较为一致的认识，但有学者认为，在学理层面，教师绩效评价与教师表现性评价在评价内容上大致相同，都注重对教师工作表现与行为及其结果(指对学生学习与发展的影响)的评定。②

第二节　微认证体系的开发过程模型

一、微认证体系开发的难点与原则

微认证的“微”体现为认证对象是一个个“小而实”的能力，微认证的吸引力之一是将复杂的教学技能分解为多个基本部分③。然而将一项复杂、抽象、

① 蔡永红.对教师绩效评估研究的回顾与反思［J].高等师范教育研究，2001(03)：73－76.

② 周文叶，胡静.教师表现性评价：概念辨析、结构要素与关键特征［J].教育测量与评价，2021(10)：8－18.

③ Demonte J. Micro-credentials for Teachers What Three Early Adopter States Have Learned So Far［R］. Washington：American institutes for research，2017.

综合的能力分解为多个“微能力”需要面对明确分解依据、分解标准以及分解方法等问题。微认证的“认证”体现了能力评估、实践导向的特征，审核依据是申请者在日常工作情境中的实践表现和成果，然而厘清认证能力所针对的具体可测的学习结果①、明确微认证与改进学生成绩之间的联系②都是认证规范开发中的难点。

针对上述难题，美国 CCSSO 针对微认证的设计、评价与实施提出了多项原则建议③，如表 3 - 2 所示。

表 3 - 2 微认证的设计、评价与实施原则

方面	原 则 建 议
设计	● 一致性：微证书应该具有一致、稳定的规范框架，一般包括能力名称、关键方法、研究支持、发展能力的建议和可用资源、提交指南、评价标准等。 ● 以证据为基础：微证书应体现高质量、同行评议研究支持的技能和能力。 ● 语境：微证书提交的实践成果或证据要能捕捉教育者的真实学习与实践语境。 ● 适当的大小和标签：微证书应该涵盖与所展示的能力相对应的实质性但离散的技能集，并且应该以准确描述能力的方式进行标记。 ● 资源丰富：微证书应该伴随着相关的、基于证据的、可公开访问的资源，这些资源为发展能力提供了足够的信息、工具和支持。 ● 可证明的：微证书应要求教育工作者提供实践性证据，证明他们在实践和各种情况下展示了所指定的技能/能力，包括学生学习的代表性成果。 ● 反思导向：评估应该促使教育者反思他们对指定技能/能力的实践和提交的相关证据来增强学习体验。 ● 清晰透明：作为微证书设计过程的一部分，发行方应设计并发布评分标准，为获得方和评估方提供详细的预期。 ● 以有效性为导向的构建：获得微证书所需的人工制品、学习演示和其他证据组成部分应与所发展技能/能力相关且一致。 ● 可共享：微证书应以数字徽章的形式授予，该数字徽章应符合开放徽章标准，并包含相关元数据，以可视化显示，并且能够跨技术平台移植。

① Fedock B, Kebritchi M, Sanders R, et al. Digital Badges and Micro-credentials: Digital Age Classroom Practices, Design Strategies, and Issues [M] //Ifenthaler D, Bellin-Mularski N, Mah D K. Foundation of Digital Badges and Micro-Credentials. Cham: Springer International Publishing, 2016: 273 - 286.

② Horn M B, Arnett T. Competency-Based Learning for Teachers: Can micro-credentials reboot professional development? [J]. Education Next, 2017, 17(02), 94 - 95.

③ CCSSO. Design, Assessment, and Implementation Principles for Educator Micro-credentials [EB/OL]. [2021 - 01 - 01]. https://ccsso.org/sites/default/files/2020-01/Micro-credentials%20-%20Design%20Principles_FINAL_1.pdf.

续　表

方面	原 则 建 议
评价	● 以能力为基础：评估应基于提交的证据，以证明基于主题的目标能力，而不是学习或展示技能所花费的时间。 ● 量身定制的评估：评估标准和量规应该根据具体的能力量身定制，而不是基于通用的标准。 ● 有针对性的反馈：无论评估结果如何，评估人员应提供与已发布的标准一致的反馈，以便教育工作者可以从微证书尝试中学习和成长。 ● 合格的审核员：审核员应接受过培训，充分理解能力及其所需提交的组成部分和相关的规则，能够作出客观的决定，同时在发布决定中没有利益冲突。 ● 可靠的评估人员：发行者应建立并定期审查评估人员评级的有效性和可靠性，以确保评分的质量和一致性。
实施	● 垂直对齐：微证书应与相关技能聚集在一起，适当时按顺序排列，并可堆叠以传达一系列技能的发展。 ● 目标驱动型：微证书的选择应根据教育者的个人专业需求或目标以及州、地区或学校的需求或目标。 ● 协作性：教育者学习经验的实施和结果应该促进与同事的协作和互动(包括通过反馈循环和反思)。 ● 通用性：应该建立正式的激励机制，使高质量的微证书“堆栈”能够为获得者提供价值，在特定主题领域或特定目标上的持续能力证明就会被正式承认为执照、许可证、职业发展和/或薪酬政策的一部分。 ● 有政策支持：应建立政策和结构，支持将高质量微证书作为专业途径的组成部分进行整合，包括通过沟通、实施和监测支持。

微认证既是一种能力认证方式，同时还是一种教师专业发展范式，因而微认证体系开发不仅包括认证能力的界定、认证要求的明确，还应该包括教师能力发展支持资源的提供，而后者凸显了微认证在支持教师开展实践、基于实践的能力发展中的价值和作用。

二、微认证体系开发的过程模型

微认证体系开发首先需要分解微能力，形成一个较为合理和完善的能力模型。能力分解过程本质上是提取和勾勒关键能力的过程，可以视为一个能力模型构建过程。

国际培训、绩效、教学标准委员会(International Board of Standards for Training Performance and Instruction，简称 IBSTPI)2004 年研制颁布的“教师

能力标准”是多种研究方法综合运用的成果。除了参考 1993 年的教师能力标准外，委员会成员进行广泛的文献调查，包括专著、杂志以及会议论文，对一些企业或教育机构中使用的培训课程材料、教师及指导者手册、学员手册进行了考察和分析，以便对实践获得更切实的了解，同时，举办了多次专家会议和焦点小组访谈，此外，委员会还开发了一套能力确认问卷，收集了 1 300 多份问卷的数据并开展了基于数据的实证研究。①

国际人才发展协会(Association for Talent Development，简称 ATD)，原名为美国培训与发展协会，是国际上最大的培训专业组织，自 1978 年开始先后发布了七个版本的培训者胜任力模型，最新模型于 2014 年发布，该模型是在严格评价 2004 年模型基础上，基于多维数据实现优化的，这些多维数据包括：实践数据，如绩效和学习专业认证考试项目统计数据、反馈以及相关利益者的观点和研究报告；跨主题领域的专家访谈和焦点小组成果；协会成员或其他与协会相关的培训和发展领域专业人士的针对性大规模调查。②

人力资源管理领域常将胜任力模型(competency model)作为招聘、考核以及培训的依据。胜任力模型的构建主要运用归纳法与演绎法：归纳法即通过访谈调研的方法挖掘并归纳出实现优异绩效所需要的个人素质，进而形成胜任力模型；演绎法是一个逻辑推理的过程，主要从企业愿景、使命、核心价值观及战略推导出目标群体所需要的素质。③

上述三个能力标准或能力模型构建实例都综合运用了以下方法：关注已有的标准和研究成果；重视对当前实践活动、案例以及应用数据进行分析获得启示；采纳专家或专业人士的观点；广泛采用了文献研究、案例研究、访谈调查等多种方式，且基于数据开展了实证分析。

基于上述较为经典的能力模型建构案例和方法，结合教育教学情景以及教师微认证体系构建需要，研究将微认证体系构建分为四个阶段：

---

① Klein J D，Spector J M，Grabowski B，等. 教师能力标准：面对面、在线及混合情境 [M].顾小清，译.上海：华东师范大学出版社，2007：61 - 62.

② Arneson J，Rothwell W J，Naughton J. ASTD Competency Research [EB/OL]. [2016 - 06 - 30]. https://www.td.org/.

③ 曾双喜.一文读懂如何构建胜任力模型 [EB/OL]. [2017 - 09 - 30]. https://www.hrloo.com/rz/13826058.html?url_flag=1.

第一阶段是从职业角色出发关注对应的绩效标准、学术研究成果、当前实践活动、相关利益者的价值观，以及对职业或领域的展望，系统化梳理之后厘清职业角色需求与能力发展目标，达成对能力内涵与意义的准确理解；第二阶段是确定能够体现职业角色并有助于达成绩效标准的知识、技能和情感态度等，然后分析确认角色所需要的关键能力，并分解形成子能力；第三阶段是对这些能力进行准确阐述，尤其是清晰说明其行为表现，并将得到确认的能力分组归入相关维度，同时不断修正能力分解成果，并开展认证规范的设计与开发；第四阶段是选取一定的样本对已经建构形成的微认证体系进行调研试用，通过用户反馈对分解形成的微能力以及认证规范进行有效性和合理性验证，收集建议并不断改进。在此过程中，依据调研试用情况以及过程中的专家访谈等反馈，重复第一到第四阶段的工作，通过设计、评估与修订的循环迭代不断改进开发成果，其核心思路如图 3-2 所示。

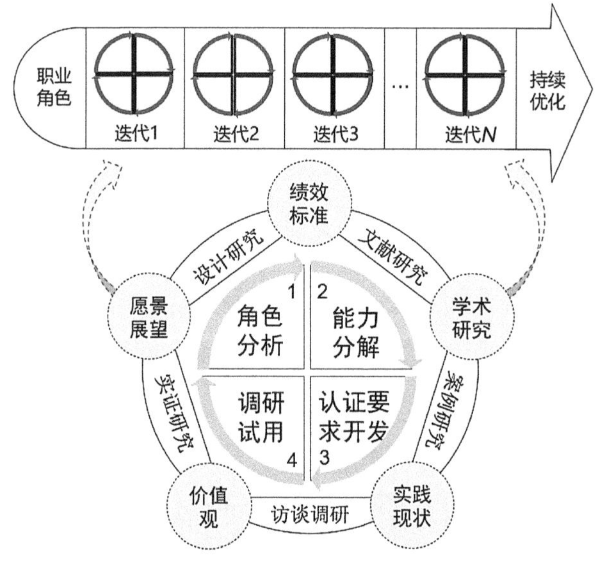

图 3-2　微认证开发过程模型

教师专业能力是教师从事教育教学活动的专业要求，是教师专业素养的核心构成，涉及范畴较广，不同国家或专业组织对此有不同的阐释与注解。比如，我国教育部 2012 年颁布的分学段教师专业标准中，小学和中学的教师专业标准都包括教学设计、教学实施、班级管理与教学活动、教育教学评价、沟通与合作、反思与发展等维度[①]；美国国家教师专业标准的一级指标分为全身心致力于学生及其学习、通晓学科知识和教材教法、负责监督和管理学生的学习、能系统地学习反思、做学习型团队的成员等方面[②]。显然，教师的教学设计、课堂管理、专业成长等不同领域能力的特质、要求及表现情景存在着较大差异。因而，能力评估设计应该以能力领域分析为起点，通过对具体领域进行建模来表达能力评估要点，明确其概念、核心术语以及表现形式，并据此在评估要求设定中迭代思考、层层推进。

三、能力分解思路

微认证需要以“微能力”为认证对象，将一种综合能力“分解”为多个“微能力”是微认证能力界定中的一个难题。以教师专业相关标准为依据可以保证能力分解和界定的基本科学性，例如教师专业标准、教师教育课程标准、中小学教师信息技术应用能力标准等都可以作为核心依据。然而，教学实践情景是复杂而动态变化的，对教师能力的要求也往往是综合性且多元化的，因而在能力分解同时必须要兼顾实践中教师角色、教学任务与教学情景等多方面的特性与需要。

根据微认证应用目标，我们认为能力分解需要满足“反映核心要求、体现发展需要、绩效成果导向、能力粒度相当”的基本要求。首先，需要准确认识微认证指向能力的意义和内涵，使得分解产生的微能力能够准确反映能力发展的核心要求和实践需要；其次，应体现出一定的发展性，以发挥认证活动对于教师专业发展所应具备的引导价值；同时，分解形成的多项微能力，要能表现为教师实践行为以及教学成果；此外，所有微能力应当是在统一分解维度下产生的成果，尽量不交叉，且粒度大致相当。因此如何分解是一个难题。一方

---

① 中华人民共和国教育部.教育部关于印发《幼儿园教师专业标准(试行)》《小学教师专业标准(试行)》和《中学教师专业标准(试行)》的通知［EB/OL］.(2012－09－13)［2020－06－30］. http://www.moe.gov.cn/srcsite/A10/s6991/201209/t20120913_145603.html.

② National Board for Professional Teaching Standards. Five Core Propositions［DB/OL］.［2019－04－10］. https://www.nbpts.org/standards-five-core-propositions/.

面，所分解的能力应能够覆盖该项能力的主要内涵与要求；而另一方面，分解形成的微能力还需要具备可观察、可评估且相对独立的特性。在企业人力资源管理中，运用课程开发法（developing a curriculum，简称 DACUM 法）分析确定职业岗位所需能力时，常常涉及能力分解，其核心依据是职业岗位及任务分析。管理学研究中，能力及子能力间的关系还常常用树状层次结构来表示①，虽然这种方式能够简化能力管理，但同时也影响了能力的灵活性和重用性，为克服该缺陷，有研究者提出了基于多维度树状结构的能力建模方式②。

参考了上述多方面的研究成果，本书建议兼顾组织视角、能力视角以及教学视角的需要开展能力分解，即分解能力的同时考虑教师角色要求、教师能力界定以及教师教学情景三个方面的需要，基本思路如图 3-3 所示，能力的界定必须与具体任务联系，并通过教师身体行为、人际行为以及心理行为等行为方式去体现。

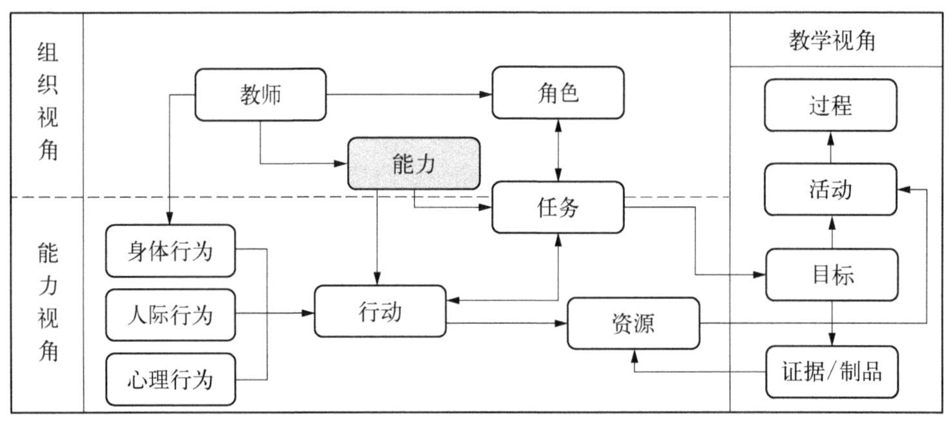

图 3-3　教师能力分解的基本思路

以教师信息技术应用能力为例，依据教育部颁布的《中小学教师信息技术应用能力标准（试行）》，“评估与诊断”维度分解形成的微能力如表 3-3 所示。

---

① Marques J, Zacarias M, Tribolet J. A Bottom-Up Competency Modeling Approach [M] //Albani A, Dietz J L G. Advances in Enterprise Engineering IV. Berlin: Springer, 2010: 50-64.

② Caetano A, Pombinho J, Tribolet J. Representing organizational competencies [C] //ACM Symposium on Applied Computing. DBLP, 2007: 1257-1262.

表 3-3 “评估与诊断”能力分解

维 度	标 准 描 述	微 能 力
评估与诊断	根据学习目标科学设计并实施信息化教学评价方案	● 设计信息化教学评价方案 ● 拟定信息化教学评价策略
	尝试利用技术工具收集学生学习过程信息，并能整理与分析，发现教学问题，提出有针对性的改进措施	● 制作与应用学习过程信息收集工具 ● 分析和解读数据信息 ● 设计有效改进方案
	尝试利用技术工具开展测验、练习等工作，提高评价工作效率	● 用技术工具编制试卷 ● 使用在线测试或问答系统
	尝试建立学生学习电子档案，为学生综合素质评价提供支持	● 需要建立学生学习电子档案 ● 利用学习评价档案开展对学生综合素质的评价

四、认证规范开发

在分解产生微能力之后，需要厘清每一项微能力的内涵及认证要求，开发认证规范，确定认证证据形式及评价标准。认证规范是申请者理解认证要求、开展实践、改进行为并采集认证材料的主要依据，同时也是专业审核者评估审核认证材料的参照标准，其重要意义不言而喻。然而，如何在认证规范开发过程中体现能力取向的理念，如何将能力要求推演为具体任务，如何体现与强化能力与证据之间的逻辑关系，是认证规范开发难点中的难点。

秉持科学性与指导性兼顾的理念，认为认证规范开发需满足“有依据、可评估、易采集、能互证”的要求。

有依据：即基于相关标准或研究成果科学设计能力描述、实践任务与评价标准。

可评估：要求提交的认证材料能够明确反映指向能力的实践水平。

易采集：所需证据和成果易于采集，且能以文档、音频或视频等形式存储和提交。

能互证：遵循绩效评估所倡导的三角互证原则，提交的多份材料能够共同印证能力认证要求。

1. 微认证规范框架

在微认证开发中，认证规范要详细说明能力内涵、需完成的任务、提交的证据以及评价标准等。对于如何去解释能力发展目标、如何阐明认证要求，不同微认证的开发组织采用了不同的结构。对于同一个项目，一般需要一个较为稳定的规范框架，以便于开发和应用。

在数字承诺的微认证项目中，认证规范框架一般包括能力概述、关键方法、方法构成、研究成果和资源、提交标准和评分量规①；美国州首席教育官员理事会认为需要包括能力名称、关键方法、研究支持、发展能力的建议和可用资源、提交指南、评价标准等②。

结合我国教师发展需求，本书建议规范框架中需要包括实践问题、能力描述、提交指南与评价标准、实践建议等。

实践问题：与该认证能力一致的教师当前在教育教学情景中常见的问题或难题。

能力描述：能力界定以及能力发展目标，阐释经过认证之后教师的实践行为表现。

提交指南与评价标准：教师参与该认证活动需要完成的实践任务及具体要求，以及对该任务完成质量的评价标准。评价标准一般以量规方式呈现，至少需要包括合格和优秀两个等级，帮助评价者作出客观评分，同时也有助于教师自评反思。

实践建议：对教师如何发展该能力完成认证任务的建议方法、策略、路径，可以结合具体案例进行阐释。

2. 微认证规范开发框架

完整的微认证规范不仅阐释了能力发展的目标和要求，同时也提出了评价

---

① Digital Promise. Digital Promise [EB/OL]. [2016 - 12 - 24]. http://digitalpromise.org/.

② CCSSO. Design, Assessment, and Implementation Principles for Educator Micro-credentials [EB/OL]. [2021 - 01 - 01]. https://ccsso.org/sites/default/files/2020-01/Micro-credentials%20-%20Design%20Principles_FINAL_1.pdf.

标准。能力发展目标、任务及要求、评价标准之间不是离散或相互独立的，而是存在着贯一的逻辑。

在吸纳了“以证据为中心”的评价设计思想基础上，本研究尝试构建“能力模型—证据模型—任务模型”的微认证规范开发框架，如图3－4所示，以推动能力发展目标、任务及要求、评价标准之间逻辑链条的形成和建立。

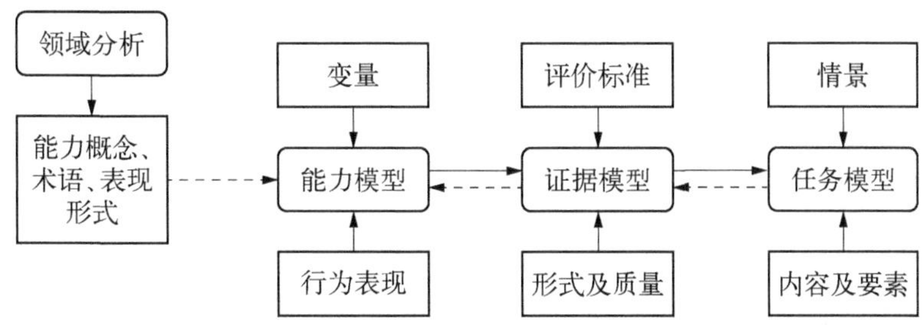

图3－4　“能力模型—证据模型—任务模型”的微认证规范开发框架

能力模型：能力模型体现了意欲评价的内容，定义了期望测量的知识、技能和能力，用能够反映教师能力水平和专业程度的一个或多个变量来表示评估的能力项，继而阐释该项能力在实践中的行为表现和绩效。如前所述，能力分解的过程就是能力模型构建的过程。

证据模型：证据模型是能力模型在实践中的行为映射，提供了能表现评价目标不同水平的行为结果，这种互为印证的结果指向为我们提供了如何发展和更新能力的详细说明。证据类型要有利于对能力进行客观、有效的评价。

任务模型：任务模型描述了能够为教师理解、实践或创设作品等提供证据的活动和情景，其本质是通过特定活动来产生和采集证据。核心设计是指定该项任务的具体要求，包括任务内容、任务必备要素以及情境等，这些任务要有利于对证据模型中指定的证据形式及其质量的观察与判断。

从能力模型到证据模型再到任务模型的设计逻辑，为构建能力与证据间的关联、能力与任务间的对应关系提供了一种可行的转化与操作思路，使得基于证据对教师能力进行诊断与评估的认证规范开发获得了合理推论路径。接下来，重点对证据模型和任务模型作一些解释，具体阐释如何将精确界定的能力转化为任务、证据，并使之相互关联呼应，继而清晰地展示相关要素如何共同促进我们对每一项微能力的理解与评估。

(1) 证据模型

提出教学框架(Framework for Teaching，简称 FFT)的夏洛特·丹尼尔森(Charlotte Danielson)认为，教学实践证据有两个主要来源：直接观察和作品检查。直接观察适用于教师与学生在课堂上的互动等可观察的方面，包括计划与准备、课堂环境以及课堂教学等；作品检查适用于难以观察或无法在课堂中呈现的项目，比如准确记录的能力或与家长沟通的能力，后者用一份班级通讯、一份电话日志或一封给家长的关于新学期课程安排的信等就能说明教师与家长的沟通能力。对于教师能力的评估而言，真实工作场所中的观察应当是最为可靠的评估技术，然而，不可否认的是，直接观察需要一些基本条件，例如专业的观察者和评估者以及他们一定时间的专业投入，同时也受到一些约束限制，包括需要能够全面观察教师教育教学活动过程且不会对教师和学生表现造成影响的环境。因而在一些领域，作品检查往往能够作为一种不错的替代性评估工具，尤其是在反思和评估计划与准备、专业职责方面，作品检查或许能够提供最好的证据形式。①

由于教育教学实践的复杂性，教师在不同情境下的实践作品形式必然会存在较大差异，这种差异为教师能力评估提供了多样化证据来源。美国马萨诸塞州 2015 年更新的教育者评价体系中，教育者需采集的实践成果证据可以是课程单元、课程计划、课程开发样例、需求分析、评估方案、数据分析等；教育者实践信息证据可以是家长与教师交流日志，学生或同事的反馈评价，学生和教师、教师和管理者之间复杂、协作、有意义的互动成果等。② 美国课程开发与监督委员会(Association for Supervilion and Curriculum Development，简称 ASCD)发布的教学框架中，“计划与准备”的实践证据包括课程/单元学习计划、与家长沟通的记录(会议、电话日志、进度报告、班级契约、电子邮件、网站、信件、班级通讯等)、项目描述、家长/学生调查、同伴观察记录、技术

---

① Danielson C.Handbook for Enhancing Teaching Practice [DB/OL]. [2019-02-12]. http://www.ascd.org/publications/books/106035/chapters/Evidence-of-Teaching.aspx.

② Massachusetts Teachers Association.Evidence Collection Examples [DB/OL]. [2018-10-11]. http://maldenps.org/wp-content/uploads/2015/08/Appendix-D-Evidence-Collection-Final-MTA.pdf.

使用制品(演示文稿、网站、程序等)、年度目标的反思与分析等。① 数字承诺推出的教师专业能力认证中，依据认证能力的差异采用了不同的证据组合，主要包括课程计划、课程录像、课堂观察记录、教学资源或工具、教师反思、学生作品或学生反思等。②

结合教师能力的内涵与实践特征，本书提炼分析了教师实践行为，并对其可能产生的证据形式进行归类。依据证据产生的情景和环节，将证据分为设计文档、教师/学生叙事性材料、过程性记录、课堂或活动实录/操作示范、作品分析/数据分析、学生作品/设计成果、评估模型/评估工具七个大类，如表 3 - 4 所示。

表 3 - 4　教师专业能力的实践证据类型

证据类型	示例
设计文档	分析计划、课程计划、实施计划、评估计划等
教师/学生叙事性材料	教师说课、教师反思、学习故事、学生感想与反思等
过程性记录	课堂观察记录、家长日志、研讨会笔记、活动简报等
课堂或活动实录/操作示范	课堂或活动的实录、工具/设备/操作示范、动作示范等
作品分析/数据分析	学生成绩分析、学生作品点评等
学生作品/设计成果	学生成绩、学生作品、评估工具、观察记录表格、设计方案等
评估模型/评估工具	学生分析模型、课堂分析模型、数据分析工具等

上述证据类型中，学生感想与反思、学生作品等证据类型要求，是一种体现学生视角的证据选择方式。从本质上来看，教师教育能力提高最终是为了促进学生的学习，然而以往采用的纸质考试、绩效评估、问卷自查等教师评价方

① The Danielson Group. Possible Artifacts for Danielson Domains One and Four [DB/OL]. [2018 - 12 - 20]. https://www.portnet.org/cms/lib6/NY01001023/Centricity/Domain/60/PWPACexamplesinDanielsonDomains.pdf.

② 魏非，闫寒冰，祝智庭.基于微认证的教师信息技术应用能力发展生态系统构建研究 [J].电化教育研究，2017，38(12)：92 - 98.

式，重点关注教师自身的观点、行为和表现。显然，有效的教师能力评价，有必要将学生发展的证据纳入考查范围。

（2）任务模型

证据是教师实践行为表现的成果，而任务则是推动教师在真实情景中产生具体成果的实践活动，为教师采集实践证据提供了真实情景和活动载体，典型任务所引发的教师行为表现及行为结果能够反映教师的信息技术应用能力发展水平和状况。

我们可以从更为宏观的教育教学视角来审视教师日常的任务类型，例如有研究者认为，教师日常工作可分为六类任务：计划、开发与组织教学，即上课之前对课堂流程、模式以及评价等进行有效规划；班级管理与学生记录，即记录出勤情况、成绩等；学生行为管理，即应用规则和策略对课堂和学生进行管理；实施课堂教学，即根据计划开展课堂教学活动，并注意采用真实表扬、等待时间等有效的工具；评价学生学习，即衡量学生是否已经掌握了教学内容；履行专业义务，即满足学校、学区、州以及区域等的认证要求等。①

结合已有的研究与评估实践，本书将教师教育教学的实践性任务分为以下六大类：

① 开发性任务：依据教育教学活动需求选用、修改或自主开发教学资源、工具，以及构建教学环境的任务。

② 设计性任务：对教学活动或学习活动的内容、环节、策略、资源等进行规划设计的任务。

③ 实施性任务：根据设计方案开展教育教学活动，并采用恰当的策略和工具确保学生参与和活动实施成效的任务。

④ 管理性任务：对教学活动以及学生的学习过程和行为进行记录、跟踪和分析的任务。

⑤ 评价性任务：根据活动目标对学生行为、成绩、作品成果和活动进行分析、评价，以及提供反馈支持的任务。

---

① Kelly M. Important Daily Teaching Tasks [EB/OL]. (2019 - 11 - 20) [2020 - 12 - 26]. https://www.thoughtco.com/top-teacher-tasks-8422.

⑥ 学习性任务：教师参与听评课、专业社群、自主学习等各类专业发展活动，提升个人专业能力的任务。

不同的证据形式借由不同的任务而产生，同时可观察与体现不同的能力，以教师信息技术应用能力为例，“能力—证据—任务”的对应关系如图 3－5 所示。

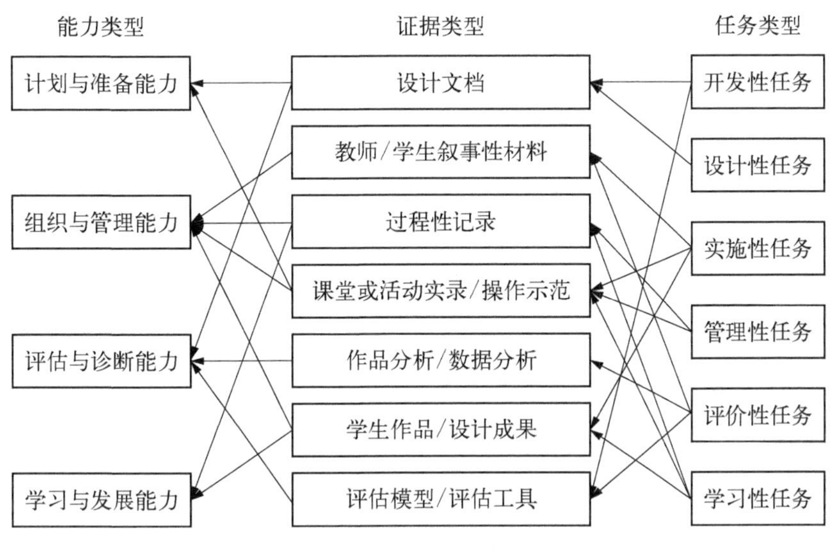

图 3－5 “能力—证据—任务”的对应关系

上述从能力类型的确认到证据类型的选用再到任务类型的选择是一个环环相扣的推论过程，证据作为中介的作用明显，尽管与能力和任务之间均为多对多的对应关系，但相对有限与明确，因而能够较好地发挥任务设计的启发性和指导性的价值，同时也能有助于达成精准评估相应能力的目标。

还需说明，明确的任务设计虽然可以帮助评估者获得所期望的证据和数据，但也可能由于过于具体而限制教师的自主探究，而自主探究往往是激发教师自觉意识、提升专业能力的重要渠道。因此，在确保任务的内容和核心要素等要求外，还必须为教师预留一定的探索空间，认可教师在既定任务下的多样化、自主性探索，保证能力与评估目标之间的张力。

3. 微认证规范开发要领

“能力模型—证据模型—任务模型”开发框架有助于厘清认证规范开发的

基本思路，将意欲认证能力的要求初步勾勒出来，包括能力描述、证据类型以及任务类型，然而，倘若要凸显充分发挥、有效提升教师实践能力与智慧、创新教师专业发展范式的微认证应用初衷，还应在开发过程中关注更多的要点以体现专业性和严谨度，包括有效表达认证要求、提升认证的外部信度、丰富启发和改进实践行为的内涵等，其中，证据质量考量与评价标准设定是证据模型构建及认证规范开发中的两个要点：依据证据质量的差异优化证据类型选用，基于微认证的实践价值导向设定评估标准。

（1）证据的评估质量考量

如前所述，每一项能力都可通过多种类型证据得到体现，但不同类型证据在说明某一项能力时可能匹配度和准确性会存在差异，这种差异就体现为证据的质量，即证据在考查教师某项能力时的充分性。证据形式的选择无疑将直接影响能力评估结果的可靠性和科学性，正如有研究者指出，始终有必要确认证据的资质：证据的相关性、可信度和效力。①

以中小学教师信息技术应用能力为例，基于表 3-4 中的证据类型，参照更新的布鲁姆认知目标分类，我们对各类型证据的质量进行了排序，如图 3-6 所示。位于金字塔底端的证据类型为能力评估效力相对较低的事实性信息，以及

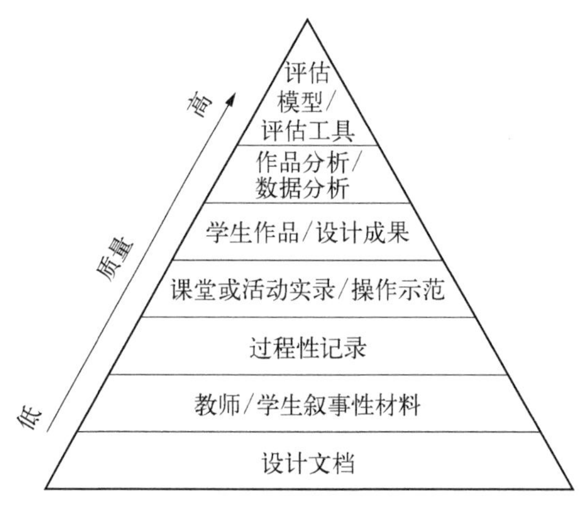

图 3-6　证据质量的金字塔

① Mislevy R J, Riconscente M M. Evidence-Centered Assessment Design: Layers, Structures, and Terminology [EB/OL]. [2018-12-10]. https://padi.sri.com/downloads/TR9_ECD.pdf.

容易复制模仿的材料；而位于金字塔顶端的证据类型为能力评估效力相对较高的成果性信息，一般指向教育教学对象学生的成绩或实践成果，以及具有一定通用借鉴意义的分析评价模型或工具。

当然，上述证据形式的质量设定必须与具体能力特性进行匹配思考，质量往往是相对的，例如对教师设计与规划能力的评估，用设计文档就是一种较为合宜的证据形式；而对教师组织与管理能力而言，设计文档可能就不够充分，用未经剪辑的课堂实录有更高的信度。此外，任何一种证据在用于具体评估某项能力时，其视角仍存在局限性，因此需要综合运用多种证据对教师能力进行评估判断。正如研究者在教师评价相关文献研究基础上所总结的那样，教师评价是一个多维度的过程，它应该利用在一定时间内收集到的多种证据来源，没有一个单一的证据来源能够为教师质量提供足够广泛和准确的洞察。① 因此，建议每个能力点设计两三种证据形式要求，例如，在对“技术支持的总结提升”能力的认证中，可采用教学设计、课堂实录、教师反思材料三种证据形式组合；“微课程设计与制作”能力的认证中，可以同时运用设计方案、微视频以及学生学习体会三种证据形式；而“跨学科学习活动设计”能力的认证中，教师可以通过提交学习活动方案、学生成果及点评以及教师反思材料来实现能力认定。

(2) 评价标准的意义及设定

教师评价具有导向、激励、审核和展示等功能，可以促进教师自我教学效能的提高，并为教师专业发展指明方向。② 为了达成为教师专业发展指出问题、不足以及提供解决方案的评估目的，每一项证据的评价标准的核心要义并不在于将证据和教师进行分等评级，而重在体现其对教师实践活动与专业发展的启发性、引领性意义。教师通过评价标准的学习与理解，不仅可以强化对认证能力的认识，同时也能在个人实践成果的自我评价和反思中发现不足，进而作出改进。

---

① Borg S. Teacher evaluation: Global perspectives and their implications for English language teaching: A literature review [R]. London: British Council, 2018.

② 张进宝，杨雪萍，裴纯礼.关于中小学教师教育技术能力评价的思考［J].中国电化教育，2007(04)：1-4.

在设计评价标准时，要注意以下要点：首先，证据的评估标准要周全体现任务的核心要素，确保与能力描述相呼应，即隐含可观察的、重要的能力变量；其次，评价指标的选择要尽量考虑对实践的指导意义，如聚焦于重要的、可操作的以及能够解释的一些实践要求；再次，尽量采用分级描述的方式，譬如分为优秀和合格进行指标的具体描述，通过不同等级的描述对比，帮助教师进一步理解特定等级以及对应的表现，可以此为参照明确个人差距，进而确定改进实践、提高能力的支点；最后，标准的描述要通俗易懂，反映实践应用常态。例如，对于“评价量规设计与应用”能力点中的量规，评价标准如表 3－5 所示。

表 3－5　“评价量规设计与应用”评价标准

量规：提交一份量规，至少要包括评价指标、评价等级、指标的分级描述等要素	
优　秀	合　格
① 量规要素完整、格式规范美观； ② 量规中的指标体现了学习重点和评价要点； ③ 分级描述具体、准确、区分度高，操作性强； ④ 能发挥对学生学习的启发和引导作用。	① 量规要素完整、格式规范； ② 量规中的指标体现了学习重点； ③ 分级描述全面、合理，具有可操作性。

五、体系构建策略与要领

构建微认证体系是开展微认证应用的基础和前提，是富含研究意味的专业性工作，需要更多研究者和实践者的关注、参与与持续深化研究。我们认为构建和完善微认证体系需要遵循如下的策略与要领：

第一，面向用户的敏捷设计。源自软件开发领域的敏捷设计(agile design)方法目前已经广泛应用于教育领域，如英国开放大学利用敏捷设计方法开发开放教育资源。[①] 微认证开发过程中，需要不断面向一线教师检视研究成果的合理性和可用性，这种开发路线正是契合敏捷开发的递增思路。因而，敏捷设计

① Pieters L. An Agile Approach to Systems Analysis and Design Teaching and Learning [EB/OL]. [2018－05－10]. https://pdfs.semanticscholar.org/6a2d/9d0b0891884d9285a715362c81c8e5774286.pdf.

是微认证体系构建的重要指导思想，微认证体系构建过程中应当不受严格规则的约束，也应摒弃最佳实践的概念，最重要的是秉持面向用户、面向实践的持续反馈和及时响应理念，同时吸纳教师的实践智慧。

第二，循环往复的迭代优化。微认证开发过程模型指出，角色分析、能力分解、认证规范开发以及调研试用构成了一轮完整的微认证体系开发循环，每一轮循环都是对微认证指向领域开展研究与再认识的形成性过程，是迭代过程中的“不断修正”，每一次迭代产生的研究结论可能并不完美，但重要的是借由研究驱动、多轮迭代的循环前进，逐步判定分解能力以及认证的实践价值，无限逼近对微认证领域关键能力及其内涵本质的准确认识，进而使构建的微认证体系能够真正推动和提升认证者的自主学习与专业实践。

第三，理念与实践的互动共生。在微认证体系构建过程中，既需要以既有的理论研究与实践研究的成果作为逻辑起点和展开基础，同时又需要在动态的应用实践中借助复杂现场、鲜活案例、多方参与等形式不断地检视和完善已有成果，是一个理论与实践充分互动的生成过程。实践需求是微认证体系构建的重要设计依据，推动认证者的实境学习是应用微认证体系的目标指向，而研究是确保微认证发挥引领与指导作用的航标，在处理理论与实践的关系时，应特别注意的是避免落入从研究到实践的单向思维窠臼中，应在研究理论和成果的观照之下尽可能地彰显立足实践、面向实践、服务实践的价值主张，在理论与实践的双向互动中确保微认证目标的有效达成。

第三节　基于微认证的教师发展体系构建

尽管微认证是一种创意的实践，破解了当前教师专业发展中割裂实践、过于封闭、挤压个性等问题，但作为一种新生事物，问题永远会比答案多，而问题的解决也将形成微认证在更为广泛的区域和领域中发展的张力：第一，微认证强调对具体的可观察能力的认证，所认证的能力均为“微能力”，而当我们将一项复杂的、抽象的、综合的能力分解为多个“微能力”之时，为了不违背教师教育教学情景的综合性特征，我们需要明确：分解的依据是什么？“微”的标准是什么？最恰当的粒度是什么样的？对于能力的分解显然是影响微认证科学性的核心问题。第二，当前微认证的认证能力尽管已经有几百项，但显然并未覆盖教师所有的专业要求，倘若要支持教师全面而持续的专业发展，需要形成一个相对完整或体系化的能力认证图谱，那么我们该如何选择设计与开发的依据？第三，微认证的有效性与公信力是影响微认证继续发展的关键要素，当越来越多的组织采用了微认证方式时，我们如何才能确保微认证的高质量？第四，在数字承诺的体系中，教师能力认证的结果也只有通过与不通过两种状态，二元化的评价结论尽管提升了认证的操作性、降低了评价标准的开发难度，但显然不利于鼓励教师从合格走向优秀或卓越，如何在认证操作性与最大化认证价值之间达到一个更好的平衡？第五，学习资源是体现认证即学习的一个要素，如何用认证过程中产生的优秀案例丰富学习资源，现有的微认证体系并未给出合理的答案。

能力本位教育理念有助于解决当前教师专业发展中过于理论化、脱离教学实践等重要问题。事实上，关注教师能力的培养并非新视角，然而因其比较复杂、难以操作，使得教师能力培养与评估实践饱受诟病。党的十八届五中全会提出的开放发展理念成为“十三五”期间教育改革与发展的指导方针，创新理念、资源整合、内涵深化、协同共享的开放格局也应该成为教师发展体系建设的新方向。聚焦于教师实践能力发展的微认证从项目设计、认证形式以及个性化适应等角度都为我们构建教师开放发展体系提供了新的思考角度。然而，和任何一种教师发展制度一样，对微认证价值和意义的准确认识，以及基于微认证构建的教师发展体系、制度，都将直接影响微认证的应用成效。

一、明确微认证的价值和意义

微认证是一种能力的识别和认证方式，为专业教育者提供一种新方式来识别他们正在发展的能力，并使得他们在整个职业生涯中掌握的技能能够得到认可。[①]

---

① Digital Promise. Developing a system of micro-credentials: Supporting deeper learning in the classroom [EB/OL]. [2016 - 12 - 12]. http://digitalpromise.org/wp-content/uploads/sites/4/2016/02/mc_deeperlearning.pdf?nocdn=1.

但微认证又不仅仅是一种单纯的认证形式。巴尔的摩学区的案例通过微认证变革了学校的教师专业发展方式，证明了微认证与专业学习体系和教学创新进行链接能够有很多方式，在提升教师个性化教学实施能力的同时，还有助于实现学区发展的愿景。星期五教育创新机构在面向教师的“学习差异”慕课课程中，为了支持教师有效应用差异性教学策略，与数字承诺合作启动了“差异性教学”能力微认证开发与实施工作，并将能力微认证作为慕课课程的一部分，使得教师在课程学习时开展真实课堂中的策略应用，提升实践能力。因而更准确地说，微认证是一种教师专业发展范式，体现了成果导向的教育理念，以能力为认证成果，推动教师的实践与应用，促进教师的自主学习和发展。因此，微证书有可能成为教育工作者有效学习的重要来源[①]，具有变革教师专业发展的潜力[②]，是一种新的学习形式，是教师专业学习历程的自然延伸[③]。

既然微认证既是一种能力认证形式，也是一种教师专业发展范式，那么基于当前实践需求，微认证至少可以产生三种应用形式：第一，将微认证作为一种能力认证方式，认可教师通过培训或其他方式获得发展的能力。第二，准确认识微认证改进教师实践能力的优势，将其作为现有教师专业发展活动的一个有益补充，整合教师的实践情境，鼓励教师将学习与应用有机结合起来，促使教师对自己、对专业活动以及相关物、事有更为深入的理解，继而实现研修与实践的真正融合。第三，承认非正式学习的合理性并发挥非正式学习的潜能，充分发挥教师在非正式学习情境中的主动意识和自主能力，鼓励教师利用实践作为学习方式、学习情境以及学习资源的特性，通过实践和体验实现能力提升。

---

① Crow T. Micro-credentials for impact：Holding professional learning to high standards [EB/OL]. [2017 - 01 - 01]. https://learningforward.org/report/micro-credentials-impact-holding-professional-learning-high-standards/.

② Berry B，Airhart K M，Byrd P A. Microcredentials：Teacher learning transformed [J]. Phi Delta Kappan，2016，98(03)：34 - 40.

③ Digital Promise. Educator micro-credentials [EB/OL]. [2016 - 12 - 12]. http://digitalpromise.org/initiative/educator-micro-credentials/.

二、构建教师发展的生态系统

在教师专业发展研究中，生态取向的观点认为教师发展不能脱离专业生活境域，与专业图景中各因素的关系如组织环境、合作文化、发展制度等紧密相关。美国微认证应用短时间内获得大家认可的一个重要原因是发布者、拥有者以及承认者三个角色共同组成了微认证的生态系统。发布者是一些非营利组织或大学等，如数字承诺及合作开展微认证内容的单位；拥有者是教育者，如课堂教师、图书馆员、教学教练、校长等，他们追求微认证，并开发和提交学习证据以取得微认证证明；承认者是赋予微认证价值并接受其作为学习证据的单位，一般为学区、州和其他能够确定微认证在教育者专业生涯中具有价值的单位。三个角色构建的生态系统使得微证书的取得、设计与应用形成了完整的循环，例如在马里兰州巴尔的摩公立学校学区案例中，两个微证书相当于马里兰州教育局的一个教师继续教育学分，学区也同时启动实施了取得微认证即成为"区域教师领导者代表"的工作，并将微认证作为关联和确定专家教师人才的方式。①

教师能力、教师质量和教师资格证在每个国家都至关重要，并且存在着相互依存的关系。在我国，教师能力的考核评价与教师专业发展活动情况处于弱链接状态，也缺乏合理的互动机制。对教师专业能力认定最为权威的渠道是职称评定，然而，职称认定主管单位与专业发展主管单位的分署设置使得教师参与专业发展活动成果难以直接转换为职称认定的相关指标，可以说，培养教师能力和提升教师质量的教师专业发展活动与教师资格认定的分裂格局成为阻碍教师发展体系完善的重要原因。在面对教师发展中的挑战之时，我们需要深刻理解教师能力、教师质量与教师资格之间的关系，认真分析教师发展体系中相关者的职能与关系，并将构建和谐的教师发展体系作为一项核心工作，以"微认证"为基础的教师发展范式同样不例外。参考数字承诺的观点，本书认为微认证教师发展生态体系应由教师、行政单位、微认证机构三个核心角色构成，第三方监管

① Digital Promise. Micro-credentials: Igniting impact in the ecosystem [EB/OL]. [2016-12-12]. http://digitalpromise.org/wp-content/uploads/2016/03/dp-microcredentials-igniting-impact.pdf.

机构和教师教育的研究机构在这个生态体系中扮演着重要角色，合作、信息流动、影响与制约、动态平衡都将是该生态体系的基本常态，如图3-7所示。此外，在基于微认证的教师发展生态系统之中，对认证结果的认可采纳是推动系统形成闭环的关键。建议相关的教育主管单位加强对微认证的关注和肯定，将微认证结果纳入教师继续教育学分管理系统与教师的学历晋升、资格认定、职务评聘、薪酬管理等教师职业生涯管理之中，并通过实践参与、研究鼓励、管理支持等方式推动微认证生态体系的稳定运作。这样，在微认证中，个人、行政单位、评估机构等教师专业发展环境中的不同要素相互信任、相互合作，阶段的关联以及要素的合作使得基于微认证的教师发展体系具有统一整体的特征，为推动教师主动实践继而形成教师能力持续发展的良性循环奠定了基础，具体表现为：微认证开放了能力发展的多样化渠道，允许教师直接参与认证，或在各类教育项目间、在正式学习活动与非正式学习活动中进行自主选择；在教育主管单位的支持下，微认证打通了教师认证与资格认证、评优奖励、薪酬提升之间的通道，使得教师学习与实践成果能够与教师发展自然连接，并使他们能够在更广范围内通过更为多元的方式得到认可。

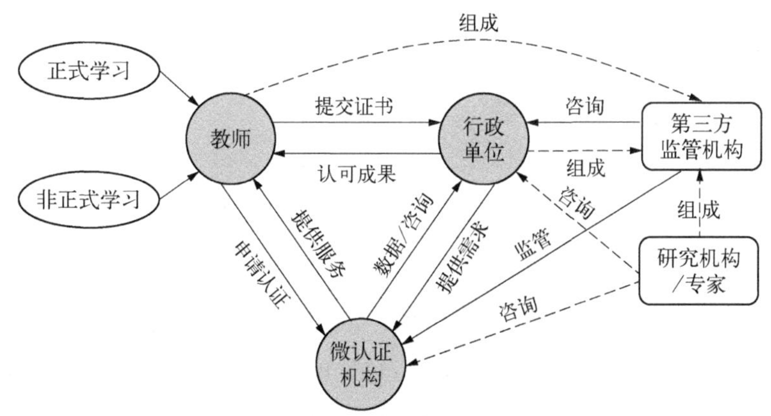

图3-7　基于微认证的教师发展生态系统

三、评估认证中心及评估团队建设

评估认证中心是对教师能力认证申请材料进行评价的单位。在数字承诺的微认证实践中，数字承诺既是微认证项目的开发者，也是申请材料的评价审核者。由于我国幅员辽阔，教师人数众多，为确保微认证能够在各省实际推行，在教师信息技术应用能力认证体系中，微认证项目的开发与实施可以在国家和地方、教师培训机构与教师等角色间适当分工，既确保认证项目的科学性，同时又能让利益相关者真正参与到项目之中。而对于认证评估中心的认证工作以及认证结果，设立第三方评估机构进行过程监管也是确保认证项目公信力的重要举措。

对于评估团队的组成与建设，在数字承诺的微认证中除了专家，还有已经通过该项微认证的教育者。在詹姆斯·麦迪逊大学(James Madison University，简称JMU)的NETS－T(National Educational Technology Standards-Teachers)认证项目中，评估员通常拥有丰富的技术支持教学的经验，参加过评估员的专业培训。① 一般而言，评估员可由相应领域中专业能力突出的专家及已经获得微认证优秀等级的教师担任，所有的评估员均需要经过专业、严格的培训，能够对认证材料作出专业而严格的判断。让教师参与认证评估工作是具有多层意义的，既能够扩大评估队伍缓解认证评估压力，同时也为参与过认证的教师增加持续反思与总结实践行为的机会。

四、设计并严格使用数字徽章

一旦教师获得了微认证，他们将获得数字徽章。数字徽章是一种数字化认证手段，相对于传统实物的徽章或证书，数字徽章具有更多潜在优势，例如非常便于展示和搜索，能够提供更多信息，如数字徽章颁发者、掌握的具体能力等。② 理查德·费迪格(Richard Ferdig)和克里斯廷·佩塔什(Kristine Pytash)将数字徽章定义为掌握某项技能或知识之后的数字识别③；艾米莉·福特(Emily

① 赵俊，闫寒冰，祝智庭.让标准照进现实——国内外教师教育技术相关标准实施的比较［J].现代远程教育研究，2013(05)：51－59.

② Brandon B. Open badges：Portable credentials for learning［EB/OL].［2016－12－12]. http：//www.learningsolutionsmag.com/articles/1094/open-badges-portable-credentials-for-learning.

③ Ferdig R，Pytash K. There's a badge for that［J].Tech & Learning，2014，34(08)：24－30.

Ford)等研究者将数字徽章描绘为其所有者成就、技能或性情的可视化表现[①]；也有研究者认为数字徽章是一种新的获取和交流一个人所知道的内容并能够证明的方式[②]。芬兰拉赫蒂大学、美国纽约州立大学都将数字徽章作为非正式学习成果认定的一种形式[③]；卡内基梅隆大学的计算机科学学生研究网(Computer Science Student Network，简称 CS2N)用数字徽章鼓励学生的进步、掌握以及参与[④]；可汗学院、多邻国、网络同伴互助对等大学(Peer - 2 - Peer University，简称 P2PU)等运用数字徽章激励学生、追踪学习过程[⑤]。

对于数字徽章的数据元素，乔纳森·芬克尔斯坦(Jonathan Finkelstein)等人认为，数字徽章核心部分是证明其有效性、真实性、来源及价值的信息，包括接受者、发布者、标准及标书、证据、授予日期、有效期、证书或声明等[⑥]。由美国宾夕法尼亚州立大学、美国国家航空航天局、美国国家科学教师协会三家单位合作开发的教师学习日程(Teacher Learning Journeys)数字徽章系统中的徽章元数据包括了专业发展活动的任务描述、学习者掌握的证据和专家从业者的反馈意见等[⑦]。

参照成熟的数字徽章系统，并考虑到教师专业发展体系特点，教师发展的数字徽章元数据至少需要包括：

（1）拥有者：通过微认证的教师或教育者个人信息，如姓名、性别、邮件、照片等。

（2）颁发者：颁发徽章的个人或组织，如组织名称(个人姓名)、性质、简介等。

---

① Ford E，Izumi B，Lottes J，et al. Badge it!：A collaborative learning outcomes based approach to integrating information literacy badges within disciplinary curriculum [J]. Reference Services Review，2015，43(01)：31 - 44.

② Finkelstein J，Knight E，Manning S. The potential and value of using digital badges for adult learners [EB/OL]. (2013 - 07 - 16) [2016 - 03 - 20]. https://lincs.ed.gov/publications/pdf/AIR_Digital_Badge_Report_508.pdf.

③ New Media Consortium. The Horizon Report 2016 edition [EB/OL]. [2016 - 12 - 24]. http://www.nmc.org/publication/nmc-horizon-report-2016-higher-education-edition/.

④ Abramovich S，Schunn C，Higashi R M. Are badges useful in education?：it depends upon the type of badge and expertise of learner [J]. Educational Technology Research and Development，2013，61(02)：217 - 232.

⑤ 同③.

⑥ 同②.

⑦ Ifenthaler D，Bellin-Mularski N，Mah D K. Foundation of Digital Badges and Micro-Credentials [M]. Cham：Springer International Publishing，2016：216.

(3) 能力描述：准确说明数字徽章代表的微能力项及能力界定，如“分析和解读数据信息”的能力。

(4) 标准：说明接受者需要在教学中做什么以及需要在课堂中表现出什么样的状态才能获得徽章。

(5) 证据及反馈：接受者提交的认证材料信息(提供 URL)以及评价者对该份认证材料的反馈评价。

(6) 标签：说明该认证能力特征的一些关键词，例如概念图、微课、自主学习等。

(7) 日期：徽章被授予的日期。

(8) 有效期：认证不再有效的日期(若有)。

(9) 声明：对该项认证的补充说明，如认证结果为优秀可作补充说明，并通过徽章颜色或增加标识进行区分。

使用数字徽章形式对教育者获得的能力进行认证的重要意义在于：第一，数字徽章包含了证书简介、证书颁发者、证书拥有者以及学习过程、能力等级等信息，使得学习历程可追踪、可验证，与传统学位和课程学分相比，是一种能够更加全面查看持有者能力的认证手段[①]；第二，体现了终身学习时代特征，为认可、评估教师通过非正式学习渠道发展的能力提供了合理的方式，而这些意义将远远超出传统测试、通常意义上教师专业发展学分的概念及我们对教师专业发展方式的认识。

和任何一个认证评价系统一样，严谨性、有效性和公信力都是关乎系统发展的核心问题。当越来越多的组织参与到微认证的开发和实施中时，数字徽章的使用和管理就成为关系其持续发展的关键问题。首先，要确保其透明度，数字徽章的一个优势是利用技术可以增加认证过程的透明度。如果简历是一组声明，那么徽章就是一组证据[②]，根据教师专业发展以及能力认证需要，一个数

---

① 胡小勇，李馨，宋灵青，等.在线学习的创新与未来：数字徽章——访美国宾西法尼亚州立大学凯尔·派克(Kyle Peck)教授 [J].中国电化教育，2014(10)：1－6.

② Guzman M. The future of credentials: Will degrees and resumes make room for the badge? [EB/OL]. (2013－04－27) [2016－12－12]. http://www.seattletimes.com/business/technology/the-future-of-credentials-will-degrees-and-resumes-make-room-for-the-badge/.

字徽章至少需要提供的证据信息包括证书名称、认证能力简介、可以访问证书取得标准的 URL、证书颁发者信息、证书持有者信息、证书颁发时间等。其次，管理要严格。任何徽章系统的严格性取决于评价标准的严格性和发布徽章组织的可信度，发布者要记录相关历史信息并接受管理单位的定期审查、培训以及复查，同时公开微认证的认证要求，接受公众及专业组织的共同监督。当越来越多机构参与到微认证工作中、越来越多教师申请微认证之时，认证机构评估专家队伍的专业能力、教师认证申请的诚信行为、专业机构对认证工作的指导、第三方机构对认证结果的监管都将构成公信力维护的重要力量，认证体系中的多元角色应当不遗余力确保认证质量。因此，建立对数字徽章的统一管理机构成为监管体系中非常重要的一项工作。

第四章　教师信息化教学能力微认证体系构建实践

形成微认证构建的方法策略，并将之应用于广泛实践是本研究的初衷。立足于教育信息化发展的国家战略需求，结合近年来华东师范大学教师发展学院承担项目规划与实施的情景，应用微认证体系构建的理论和方法，笔者主持建立或参与建立了多个微认证体系，包括中小学教师信息化教学能力微认证体系、幼儿园教师信息技术应用能力微认证体系、师范生课堂教学能力微认证体系、教师设计思维微认证体系、教师计算思维认证体系等，并开展了广泛的应用实践。本章以前两个微认证体系为代表，全面呈现微认证研发构建的过程，同时结合微认证规范的实例呈现构建的结果。尽管都面向教师发展，但具体领域与构建旨向的差异化使得构建过程和方法有所区别，在具体情景中做了灵活调整。

第一节　中小学教师信息化教学能力微认证体系构建

一、教师信息化教学能力的研究与界定

信息化教学能力是信息技术与教育教学深度融合的关键，自信息技术在教育领域应用以来就备受关注，但在不同研究中界定有些不同，例如：教师信息化教学能力是指教师在利用信息与传播技术，通过教学设计、教学实施和教学评价等方式促进学生学习方式转变和学生信息素养提升过程中对学习资源和学

习环境的综合利用水平[①]；教师信息化教学能力是以促进学生发展为目的，利用信息资源从事教学活动、完成教学任务的综合能力[②]；教师信息化教学能力是真实的教学情景下，教师基于个体对教育教学的认识和理解，合理地运用信息技术手段转化学科知识，设计、组织并实施教学，促进学生有效学习所需的知识和能力的综合体[③]。仔细辨析上述不同定义之后可发现，尽管认识和理解角度不同，但形成的共识是，教师信息化教学能力直面课堂教学的真实情境和问题，重点关注教师应用信息技术支持教学活动设计、实施与评价等教学核心环节，其主要目的在于促进教师的“教”与学生的“学”。

与教师信息化教学能力密切相关的另一个概念是教师信息技术应用能力。有学者指出，已有研究大多将信息化教学能力等同于信息技术应用能力进行阐述[④]。但事实上，两者存在一定的区别。联合国教科文组织颁布的《教师信息与通信技术能力框架》、美国国际教育技术协会持续更新的《面向教师的教育技术标准》以及我国 2014 年出台的《中小学教师信息技术应用能力标准（试行）》（以下简称《能力标准》）等代表性规范文件中，对教师信息技术应用能力作了较为全面的界定和要求。

教师信息技术应用能力是信息化社会教师必备专业能力[⑤]，是中小学教师运用信息技术改进其工作效能、促进学生学习成效与能力发展，以及支持自身持续发展的能力[⑥]，其指向是使教师在教学活动中有效地应用信息技术，解决教学问题，提升学生学习质量。[⑦] 依据教育部 2014 年颁布的《能力标准》，教师信息技术应用能力分为“优化课堂教学”的基本要求和“转变学习方式”的

---

① 赵健，郭绍青.信息化教学能力研究综述 [J].现代远距离教育，2010(04)：28 - 31.

② 王卫军.信息化教学能力：挑战信息化社会的教师 [J].现代远距离教育，2012(02)：45 - 53.

③ 左明章，卢强，雷励华.困惑与突破：区域教师信息化教学能力培训实践研究 [J].中国电化教育，2016(05)：104 - 111.

④ 唐烨伟，范佳荣，庞敬文，等.人本服务理念下区域中小学教师信息化教学能力精准培训策略研究 [J].中国电化教育，2019(11)：113 - 119.

⑤ 中华人民共和国教育部.中小学教师信息技术应用能力标准（试行） [EB/OL].（2014 - 05 - 28）[2018 - 03 - 12]. http://www.moe.gov.cn/srcsite/A10/s6991/201405/t20140528_170123.html.

⑥ 祝智庭，闫寒冰.《中小学教师信息技术应用能力标准（试行）》解读 [J].电化教育研究，2015(09)：5 - 10.

⑦ 郭绍青.《中小学教师信息技术应用能力培训课程标准（试行）》解读 [J].电化教育研究，2015(09)：11 - 15.

发展性要求，“优化课堂教学”重点关注教师利用信息技术进行讲解、启发、示范、指导、练习与反馈等教学活动所应具有的能力，“转变学习方式”重点关注教师利用信息技术支持学生开展交流合作、探究建构、自主学习与个性化发展等学习活动所应具有的能力。同时，根据教师教育教学工作与专业发展主线，教师信息技术应用能力分为技术素养、计划与准备、组织与管理、评估与诊断、学习与发展五个维度。①

纵观20多年学校信息化与教师技术应用实践后不难发现，充分应用信息技术支持教学和学习活动的深度和成效不够显著，同时在创新性方面也较为欠缺，是信息技术应用中的难点问题。为此，2019年3月教育部启动“能力提升工程2.0”，在该工程1.0的基础上进一步聚焦教学应用，强调要提高教师信息化教学能力，包括应用信息技术进行学情分析、教学设计、学法指导、学业评价等能力。② 同时，基于当前学校信息化环境发展情况，我们将信息化环境分为多媒体教学环境、混合学习环境、智慧学习环境三类，以更加明确不同信息化环境下技术应用能力的要求。

二、构建过程与方法

针对教师信息技术应用能力微认证体系构建需求，本研究选择了教育设计研究作为基本的方法论，同时在过程中综合运用了文献研究、案例研究、访谈研究、问卷调查等多种研究方法，并基于问卷调查数据对研究成果进行信效度验证，如图4－1所示。

1. 教育设计研究

教育设计研究的理论取向特征不仅说明理论是教育设计研究的基础，也是

① 中华人民共和国教育部.中小学教师信息技术应用能力标准(试行)[EB/OL].(2014－05－28)[2018－03－12]. http://www.moe.gov.cn/srcsite/A10/s6991/201405/t20140528_170123.html.

② 中华人民共和国教育部.教育部关于实施全国中小学教师信息技术应用能力提升工程2.0的意见[EB/OL].(2019－03－21)[2020－06－30]. http://www.moe.gov.cn/srcsite/A10/s7034/201904/t20190402_376493.html.

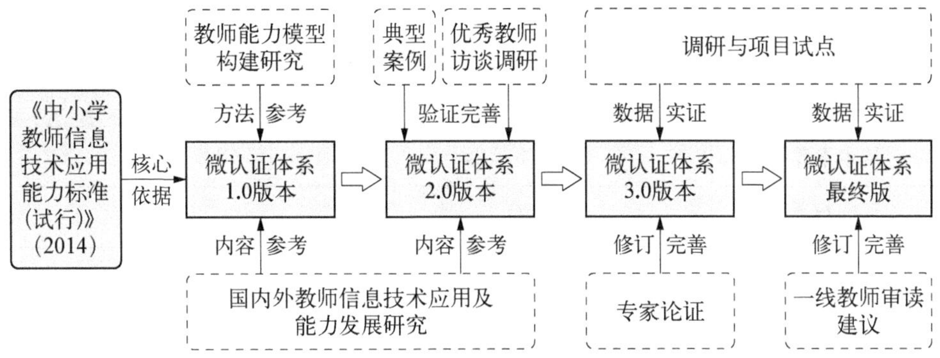

图 4-1 研究过程与主要研究方法

教育设计研究的结果[①]；是一个以开发目标为起点，逐步提取设计原理的过程。[②] 教育设计研究是一种特别适合于研究解决特定教育问题的方法[③]，既能输出理论性成果，又可以产生实践性成果。在本研究中，经由分析、设计、开发和评价等过程推动研究进程，同时借助过程中的迭代互动不断验证和完善研究成果，并提炼输出具有普适意义的微认证体系开发过程模型。

2. 文献研究

首先，基于《能力标准》进行能力分解，之后，根据案例研究、访谈研究以及调研分析结果进行针对性文献研究，获取理论或研究成果支持，在此基础上迭代完善微能力框架以及认证规范。文献研究贯穿于整个微认证体系构建始终。

按照《能力标准》，教师信息技术应用能力分为了技术素养、计划与准备、组织与管理、评估与诊断、学习与发展五个维度共计 45 项要求，如表 4-1 所示。不仅聚焦于课堂与教学，而且还包括了技术支持的管理与教师专业发展。

---

① 王文静.创新的教育研究范式：基于设计的研究［M].上海：华东师范大学出版社：2011.

② Reeves T C. Design Research from the Technology Perspective ［C］ // Akker J V D, Gravemeijer K, McKenney S, Nieveen N. Educational Design Research. London: Routledge, 2006: 86-109.

③ Diamond J, Gonzalez P C. Digital Badges for Professional Development: Teachers' Perceptions of the Value of a New Credentialing Currency ［C］ // Ifenthaler D, Bellin-Mularski N.Foundation of Digital Badges and Micro- Credentials. Switzerland: Springer International Publishing, 2016: 391-410.

表 4-1 《中小学教师信息技术应用能力标准》框架

	Ⅰ. 应用技术优化课堂教学	Ⅱ. 应用技术转变学习方式
技术素养	C1～C5	C1～C5
计划与准备	C6～C11	C6～C11
组织与管理	C12～C16	C12～C16
评估与诊断	C17～C20	C17～C20
学习与发展	C21～C25	

在形成“微认证体系 2.0 版本”过程中，研究团队对比分析了美国在 2017 年发布的第五版《教育者教育技术标准》。该标准从教育者作为学习者、领导者、公民、合作者、设计者、促进者和分析师七个角色阐明了教育者如何利用信息技术成为赋权增能的专业人士。① 本书对该标准进行了能力要求的解析，并丰富微认证分解结果，如表 4-2 所示。例如，增加了创造真实学习情境、创造性学习与表达等能力点。

表 4-2 基于美国《教育者教育技术标准》的微能力分析

角 色	能 力 体 现
学习者	技术支持的教学反思、技术支持的自主学习
领导者	信息化发展愿景推进、多样化学习需求满足、模型构建和应用
公 民	培养在线学习能力、培养学生信息素养、培养学生信息道德、培养学生信息安全
合作者	支持学生发现与解决问题、创造技术支持的真实学习体验、技术支持的家校合作与交流
设计者	面向学生差异化需求的个别化指导、创造技术支持的真实学习体验、建构与应用学习空间

① International Society for Technology in Education. ISTE Standards: For Educators [EB/OL]. [2017-12-20]. https://www.iste.org/standards/for-educators.

续 表

角 色	能 力 体 现
促进者	学生自主学习能力培养、学生学习过程管理、学生创新性解决问题支持、创造性学习与表达
分析师	学生创造性展示支持、伴随性学习评估、评估数据的可视化分析

此外，近年来新媒体联盟发布的基础教育版地平线报告中一直提及要重塑教师的角色，如表 4－3 所示，指出教师应具备与新角色一致的技术应用能力，如分析和使用学生数据、创设学习环境、利用技术应对差异化兴趣、推动个性化学习等。①②

表 4－3 基础教育版地平线报告中的技术与趋势

年 份	技 术	关 键 趋 势	重 要 挑 战
2016 年	创客空间、在线学习、机器人、虚拟现实、人工智能、可穿戴设备	学习空间设计、学校运行机制、协作学习、深度学习策略、编程素养、学生成为创客	实景学习体验、教师角色、数字化公平、教学创新、缩小成绩差距、个性化学习
2017 年	创客空间、机器人、分析技术、虚拟现实、人工智能、物联网	创新文化、深度学习、学习测量、学习空间重新设计、编程素养、STEAM 学习	实景体验式学习、数字化素养、计算思维
2018 年	分析技术、创客空间、自适应学习技术、人工智能混合现实、机器人	学习测量、重新设计学习空间、开放教育资源、新型跨学科研究兴起、促进创新文化、跨校和跨部门之间的协作	真实的学习经验、提升数字素养、为适应未来的工作而调整组织设计、促进数字公平、经济的和政治的压力、重新思考教育工作者的角色

① New Media Consortium. The Horizon Report 2016 edition [EB/OL]. [2016－12－24]. https://www.nmc.org/publication/nmc-cosn-horizon-report-2016-k-12-edition/.

② New Media Consortium. The Horizon Report 2017 edition [EB/OL]. [2016－12－24]. https://www.nmc.org/publication/nmccosn-horizon-report-2017-k-12-edition/.

续 表

年 份	技 术	关键趋势	重要挑战
2019 年	移动学习、分析技术、混合现实、人工智能、区块链、虚拟助理	重新思考教育机构的工作、模块化和拆分式学位、推进创新文化、不断增长的对于学习评估的关注、重新设计学习空间、混合式学习设计	提高数字流畅性、不断增长的对于数字化学习体验和教学设计专长的需求、教员在教育技术战略中的角色演化、成就的鸿沟、推进数字化平等、重新思考教学实践

3. 案例研究

本研究选取案例为“能力提升工程 2.0”实施中专家遴选并编写的 34 个优秀信息技术应用学科案例。借助案例分析，以验证和分析能力分解成果和认证规范开发成果与实践的匹配情况，同时吸收有助于改进教育教学的信息技术应用方式，继而优化和改进微能力分解成果，例如在“微认证体系 1.0 版本”基础上，经过案例分析发现，学习目标确定、培养学生信息道德、培养学生信息安全意识、档案袋评价、听评课、教师学习空间构建与应用等能力点未在现有案例中得到充分体现，因此拟先删除，同时增加技术支持的家校交流与合作、技术支持的展示与交流等能力点。同时，经由案例研究，进一步丰富对能力点的认识和理解。

4. 访谈研究

本研究邀请了三十名具有信息技术应用专长的学科优秀教师参与深度访谈，以进一步挖掘中小学教学实践需求。访谈以面对面、电话、微信以及邮件等方式开展。访谈记录显示，教师们普遍认为，信息技术应当在支持学生学习以及评估中发挥更大的作用，同时教师应具备持续学习与研究新媒体新技术的能力。例如：某市教研员认为，教师应在技术支持学习的整体思路下，具备技术选择、技术应用与成效分析、学生信息技术应用能力培养等能力；某物理特级教师认为，教师在备课环节应具备资源检索与下载能力、教学资源处理与整合能力、基于需求的教与学资源整合能力、技术支持的学习需求分析能力；某数学特级教师认为，教师应具备面对新媒体新技术的驾驭能力、内容碎片化的重构与深度融合设计能力、教学空间与时间的协调管理能力、教学评价可视化反馈能力、高阶思维与低阶思维在学习空间内的交互引领能力。

三、微认证体系模型验证与框架阐释

1. 模型构建结果

经过多轮迭代，最终形成了由 30 项微能力构成的教师信息技术应用微认证能力模型，如表 4 - 4 所示。

表 4 - 4 教师信息技术应用微认证能力模型

维　度	信息技术应用环境		
	多媒体教学环境	混合学习环境	智慧学习环境
学情分析	A1 技术支持的学情分析	B1 技术支持的测验与练习	
教学设计	A2 数字教育资源获取与评价 A3 演示文稿设计与制作 A4 数字教育资源管理	B2 微课程设计与制作 B3 探究型学习活动设计	C1 跨学科学习活动设计 C2 创造真实学习情境
学法指导	A5 技术支持的课堂导入 A6 技术支持的课堂讲授 A7 技术支持的总结提升 A8 技术支持的方法指导 A9 学生信息道德培养 A10 学生信息安全意识培养	B4 技术支持的发现与解决问题 B5 学习小组组织与管理 B6 技术支持的展示交流 B7 家校交流与合作 B8 公平管理技术资源	C3 创新解决问题的方法 C4 支持学生创造性学习与表达 C5 基于数据的个别化指导
学业评价	A11 评价量规设计与应用 A12 评价数据的伴随性采集 A13 数据可视化呈现与解读	B9 自评与互评活动的组织 B10 档案袋评价	C6 应用数据分析模型 C7 创建数据分析微模型

2. 模型验证

对能力内涵与实践意义进行分析并开展能力分解是面向实践提取关键能力

的过程，因而也是一种能力模型的构建过程。为了验证该模型的合理性和科学性，本研究采用了专家法进行检验。参与验证的专家共计 18 位，来自高校、中小学以及开展教师信息化教学能力培训的机构，均为研究生及以上学历，其中具有博士学位或硕士生导师资质的有 7 位，占比 38.89%。问卷采用李克特五级量表计分，选项分为“完全同意”“较同意”“不清楚”“较不同意”“完全不同意”5 个等级。在开始验证之前，均向专家具体解释了构建的目标、依据以及过程。调研数据统计结果表明，专家对模型总体认同度较高，持“非常认同”和“比较认同”态度的人数占 88.98%，结果说明本研究建立的教师信息化教学能力模型获得了专家们的普遍认可。

3. 模型阐释

(1) 四个维度解释

《教育部关于实施全国中小学教师信息技术应用能力提升工程 2.0 的意见》(教师〔2019〕1 号)指出：提高教师应用信息技术进行学情分析、教学设计、学法指导和学业评价等的能力，破解教育教学重难点问题，满足学生个性化发展需求，助力学校教学创新。① 学情分析、教学设计、学法指导和学业评价是“能力提升工程 2.0”对教师信息技术应用场景的进一步阐释。

学情分析：学情分析是以学定教、精准教学的关键，一般包括对学生的学习经验、知识储备、学习能力、学习风格以及学习条件的分析。信息技术可以丰富学情采集内容、拓宽学情采集渠道、扩大学情采集范围、创新学情分析和结果呈现形式、提升学情分析的有效性和效率。多媒体环境下，课前、课中、课后的一个或多个环节均可以开展学情分析，技术有助于深化学情分析扩大分析内容的范围，同时推动学情分析从经验范式走向数据范式。

教学设计：按照美国教育心理学家罗伯特·加涅(Robert Gagné)的观点，教学系统设计是对教学系统进行具体计划的系统化过程。② 我国学者邬美娜指

① 中华人民共和国教育部.教育部关于实施全国中小学教师信息技术应用能力提升工程 2.0 的意见[EB/OL].(2019-03-21)[2020-06-30]. http://www.moe.gov.cn/srcsite/A10/s7034/201904/t20190402_376493.html.

② 加涅.教学设计原理 [M].皮连生，等译.上海：华东师范大学出版社，2000.

出，教学设计是运用系统方法发现和分析教学问题和确定教学目标，建立解决教学问题的策略方案、试行解决方案、评价解决方案、评价试行结果和对方案进行修改的过程。[①] 根据上述定义，为达到最优的教学效果，使学生的知识和技能发生预期的变化，教师需根据教学目标，采用系统方法，准备学习内容，设计学习活动，设计学习评价以及构建教学环境，并需重点考虑技术应用的流畅性问题和技术资源获取的公平性问题。

学法指导：所谓学法指导，是教育者通过一定的途径对学习者进行学习方法的传授、诱导、诊治，使学习者掌握科学的学习方法，并灵活运用于学习之中，逐步形成较强的自我获取知识的技能及可持续学习的能力。其目的是解决学生“能学、愿学、会学”的问题。学法指导包含两个层面的含义：一是在具体的学习情境中引导学生掌握不同的学习方法；二是引导学生认识具体学习方法的适用范围，使学生能够在不同的学习环境中恰当选用。

学业评价：学业评价是指在多元价值理念指导下，基于一定标准，采用多种评价方法，多主体参与，对学生学习过程进行价值判断，从而促进学生全面发展并导向教师改进教学评价的过程。学业评价的内容包括知识、技能、学习过程和方法、情感态度价值观。学业评价具有诊断、激励和导向的功能。科学合理的学业评价，一方面能够帮助学生明确自身不足和努力方向，进而促进学生发展，另一方面能够通过评价后的肯定、鼓励和表扬，以及通过评价发现的学生的优势和长处，激发学生的内在学习动机。此外，评价结果有助于教师了解学生情况，开展针对性指导，并促进教师反思，改进教学方法，提高教学能力。

（2）三种环境的解释

教师应用信息技术有环境要求与限制，本研究将信息技术应用环境分为多媒体教学环境、混合学习环境以及智慧学习环境三种。多媒体教学环境对应于《能力标准》中的“优化课堂教学”情境，包括简易多媒体教学环境、交互多媒体教学环境两类情境，信息技术重在支持教师开展集体教学。混合学习环境对应于《能力标准》中的“转变学习方式”情境，包括多媒体计算机网络教

① 陈丽.远程教育学基础［M］.北京：高等教育出版社，2004.

室、网络教学环境、移动学习环境等，信息技术应用从支持教师“集体教”逐步转向支持学生的“集体学”。此外，在《能力标准》研制和颁布后的几年中，科技的快速发展推动了课堂教学环境的变化，智慧教育成为教育信息化发展的高端形态，教育部印发的《教育信息化 2.0 行动计划》中强调要构建智慧学习支持环境，利用智能技术加快推动人才培养模式、教学方法改革，探索泛在、灵活、智能的教育教学新环境建设与应用模式。因而本研究在《能力标准》的基础上，增加了“智慧学习环境”的应用环境类型，突出在智能教育设备支持下，对个性化学习与差异化学习提供支持的能力要求。从多媒体教学环境到混合学习环境再到智慧学习环境的变化，体现了教育环境在技术支持下的逐步优化和改进，对教师的能力要求，重点也从基于技术传递教学内容，逐渐转向了创设环境与资源、支持学生解决问题、推动产生深度学习以及对学习过程进行监控和评估等。

多媒体教学环境：包括简易多媒体教学环境与交互多媒体教学环境等类型，重点支持教师实施集体教学。简易多媒体教学环境主要由多媒体计算机、电视、投影、实物展示台等构成，以媒体和信息呈现为主。计算机主要用作存储与处理多种媒体素材(图片、音频、视频等)，丰富教学资源；电视、投影等设备作为数字教育资源呈现工具，扩大资源的可视范围。教师通过操作计算机控制资源展示，调用资源方便，操作简便直观。适用的教学软件主要是办公软件和通用工具(音视频处理软件)，这些软件可以在不联网的情况下使用。该环境适合集中讲授、强化学习。在该环境中，教学活动与传统课堂中的学习活动衔接方便，教师可以应用数字资源创设丰富的学习情境，学生以观看、思考、模仿为主。简易多媒体教学环境主要有三种设备组合方式：多媒体计算机＋电视、多媒体计算机＋投影、多媒体计算机＋实物展示台＋投影。交互多媒体教学环境主要由多媒体计算机、交互式电子白板、触控电视等硬件构成，在支持数字教育资源呈现的同时，还能实现人机交互。教师可结合学科教学软件(如几何画板、虚拟实验软件、Painter IX 绘画软件等)进行重难点讲解和技能训练，设备、软件可离线使用。该环境下的教学仍以教师控制教学设备为主，在教师的主导下完成一系列学习活动。在学习过程中，学生有机会操作设备进行展示或体验，如学生操作交互式电子白板中的几何画板软件，通过改变函数参数，动态呈现不同的函数图形等。交互多媒体教学环境主要有两种设备配置方式：多媒体计算机＋交互式电子白板、触控电视。

混合学习环境：混合学习环境，顾名思义就是支持开展混合式学习的环境，我们采用了《混合式学习》一书中的定义："混合式学习是正规的教育项目，学生的学习过程至少有一部分是通过在线进行的，在线学习期间学生可自主控制学习的时间、地点、路径或进度；学生的学习活动至少有一部分是在家庭以外受监督的实体场所进行的；学生学习某门课程或科目时的学习路径模块要与整合式的学习体验相关。"①基于此我们可以看出，混合式学习属于正式学习的范畴。混合学习环境一般包括网络教学环境、移动学习环境等，学生拥有计算机、上网本、平板电脑等学习设备，可联网开展同步或异步的教学与学习。常见的设备配置方式有：多媒体计算机机房、交互多媒体教学环境＋平板电脑、交互多媒体教学环境＋上网本等类型。同时，随着移动互联网的普及，很多家庭也具备了开展线上学习的条件，家校可以开展协作共同构建混合学习环境，例如在统一设计之下，学生在学校完成集中学习的任务，回家完成线上学习的任务等。

智慧学习环境：智慧学习环境是有智能教育设备支持的学习环境，能够支持学生实现个性化学习与差异化学习。在智慧学习环境中，智慧学习系统和学习终端是必备的软硬件条件。该环境下，每位学生均拥有一台学习终端（如平板电脑、上网本、可穿戴设备等），通过学习终端或其他设备以任何形式均能够接入学习空间获得持续的服务，开展随时随地的学习。学生数据和行为数据均通过学习系统汇集，通过数据分析和预警机制引导学生的学习，帮助学习者进行精准决策，并为教师开展个性化指导提供证据支持。总体说明，智慧学习环境需要凸显体验为中心、服务为中心、学生为中心、数据为中心的理念。

基于三种环境的定义和描述，我们将三种信息化教学环境的软硬件配置要求归纳如下，见表 4 - 5。

---

① 迈克尔·霍恩，希瑟·斯特克.混合式学习：用颠覆式创新推动教育革命［M］.聂风华，徐铁英，译.北京：机械工业出版社，2017.

表 4 - 5　三种信息化教学环境配置比较

多媒体教学环境	混合学习环境	智慧学习环境
● 计算机＋投影仪/交互式电子白板/触控电视/实物投影仪/电视(有一种或多种) ● 信息化设备可单机或离线使用	● 平板电脑/上网本/计算机(学生每人一台，在需要时可使用)，同时有系统支持终端数据使用 ● 教师的信息化设备可贯穿活动始终使用 ● 网络支持	● 平板电脑/上网本/可穿戴设备等终端(学生每人一台) ● 终端均可以上网 ● 有一套信息化系统，可获得终端的学习数据 ● 数据相互关联，并可持续记录与积累 ● 系统可提供支持协作会话、远程会议、知识建构、内容操作等多种功能的学习工具

四、微认证规范开发

遵循“有依据、可评估、易采集、能互证”的微认证规范开发原则，本研究针对每一项微能力开发微认证规范，在微认证规范开发框架基础上，结合教师信息技术应用能力发展情景，增加了能力维度、所属环境两个要素，最终形成了包含能力维度、所属环境、实践问题、能力描述、提交指南和评价标准、实践建议六个维度的规范框架。

1. 能力维度

明确本能力点指向的应用环节，分为学情分析、教学设计、学法指导、学业评价。在本微认证体系中，一个能力属于一个维度。

2. 所属环境

明确本能力点适合的技术环境类型，分为多媒体教学环境、混合学习环境、智慧学习环境三种。

3. 实践问题

当前教育教学中应用信息技术的难点或常见问题，重在促进教师的自省和反思。而这些难点或常见问题与本能力发展目标相呼应。例如，针对“A7 技术支持的总结提升”，实践问题表述为：

（1）有哪些技术工具可用于课堂中的总结提升环节？怎么用？

（2）如何利用技术促进学生形成知识的整体性概念？

4. 能力描述

对该能力行为进行界定和描述，明确能力提升的方向和目标。能力描述强调解决的教育教学问题，因此更多体现的是学理逻辑而不是技术逻辑。例如，针对“A3 演示文稿设计与制作”，能力描述为：

根据教育教学需要设计与制作演示文稿，从而：

（1）灵活组织、应用多种媒体素材，提升教学内容的解释力；

（2）采用可视化方式清晰地展示知识结构和逻辑关系，促进学生认知发展；

（3）有序推进课堂教学环节的展开；

（4）丰富师生互动的方式。

5. 提交指南和评价标准

明确了教师参与评估考核时需要完成的实践任务、实践成果形式和实践成果的具体要求等，以及用明确的指标描述优秀和合格两个等级的评价要求。例如，针对“B2 微课程设计与制作”能力点，要求教师提交三个任务成果，分别为：微课程设计方案、微视频以及学生体会。针对微课程设计方案，要求教师自主选择一个知识点或技能点，撰写微课程设计方案，包括主题、教学目标、教学对象、教学流程与内容设计以及实施思路。针对微视频，要求依据上述方案开发并提交微视频，视频长度不超过10分钟，并提供了评价标准，如表4-6所示。

表4-6 “B2微课程设计与制作”微视频评价标准

优　秀	合　格
□ 讲解准确清晰、语言富有亲和力，深入浅出，启发引导性强； □ 内容呈现形式与讲解新颖；	□ 讲解准确清晰，语言富有亲和力；

续 表

优　　秀	合　　格
□ 媒体应用合理，能有效支持内容表达； □ 使用文字、标注、变焦等提示性信息促进学生理解重难点； □ 注重使用提问、测验等交互方式； □ 视频清晰流畅，声画同步。	□ 媒体应用合理，能有效支持内容表达； □ 视频清晰流畅，声画同步。

6. 实践建议

基于当前实践成果，结合技术工具，为教师开展应用、发展该项能力提供案例、路径等参考。例如在中小学教师信息技术应用能力微认证之“B6 技术支持的展示交流”认证规范中，针对该项能力要求以及教育教学实践中的需求，测评规范提出的实践建议是：

学习与成果的展示交流能促进学生的思维碰撞、经验分享与自评和互评能力发展。借助信息技术，展示交流的效率、形式以及深度都能得到极大的优化。例如：在数学课堂中，教师可利用几何画板支持学生观察静态图形的动态变化规律，在交流讨论过程中利用 UMU 互动学习平台，实时镜像分享学生的学习过程，即时收集课堂交流与反馈信息；在科学教学中，教师利用 WISE 在线平台进行科学探究活动的发布，实施建模、合作学习等创新活动，并通过在线讨论功能实现师生、生生间的多维互动交流；在计算机教学中，教师引导学生以小组形式借助 Scratch 编程软件创作作品，完成交互式项目设计并将作品上传至在线社区，实现与学习伙伴的实时分享与协同创造；在英语教学中，教师要求学生练习朗读并录制音频上传到网络电台中，相互学习共同进步。

五、教师微认证规范示例

本部分重点选择了“B9 自评与互评活动的组织”微认证规范及案例，以此呈现微认证的具体要求以及教师参与微认证活动的实践成果。

1.“B9 自评与互评活动的组织”测评规范(如表 4－7 所示)

表 4－7 “B9 自评与互评活动的组织”测评规范

<table>
<tr><td>能力维度</td><td colspan="2">□学情分析 □教学设计 □学法指导 √学业评价</td></tr>
<tr><td>所属环境</td><td colspan="2">□多媒体教学环境 √混合学习环境 □智慧学习环境</td></tr>
<tr><td>能力描述</td><td colspan="2">在信息化环境中或利用信息技术开展自评和互评活动，从而：
● 推动自评和互评活动有序开展；
● 扩大学生之间相互学习与交流的范围和深度，提升学生参与积极性；
● 持续跟踪和记录自评和互评的活动过程；
● 为学生创造自我反思与自我认知的机会，提升学生的评价能力；
● 鼓励学生在活动中学会欣赏和学习他人的长处。</td></tr>
<tr><td rowspan="6">提交指南和评价标准</td><td colspan="2">1. 评价工具及说明：提交一份工具及说明，包括：(1) 选择/设计的自评或互评工具(结合学习目标、学习环境、学生情况、活动过程等)；(2) 描述该工具将如何支持学生开展自评或互评。若为文本，请以 PDF 形式提交。</td></tr>
<tr><td>优 秀</td><td>合 格</td></tr>
<tr><td>□ 工具设计合理，契合学习目标；
□ 工具使用方法明确，规则清晰，简明易懂，符合学生特点，能提高学生的参与积极性；
□ 工具有助于学生观察与思考学习过程和学习结果，推动学生深化对学习目标和学习内容的理解；
□ 工具的应用能够帮助学生经历合理的评价过程，掌握科学有效的评价方法；
□ 教师针对实施过程可能出现的问题做了预案，能够保证活动的顺利进行；
□ 评价工具原创性高、操作性强，或应用方式新颖、可迁移可借鉴。</td><td>□ 工具设计合理，符合学习目标，并与学习过程相适应；
□ 工具使用方法明确，规则清晰，符合学生特点；
□ 工具有助于学生对学习目标和学习内容的理解；
□ 工具操作便捷。</td></tr>
<tr><td colspan="2">2. 学生活动案例：请用视频方式记录 2 名学生/一个小组应用该工具开展自评或互评的过程，或由 2 名学生描述应用评价工具的过程，原则上不超过 10 分钟。</td></tr>
<tr><td>优 秀</td><td>合 格</td></tr>
<tr><td>□ 案例真实，效果良好；
□ 应用自评或互评工具的过程呈现完整；</td><td>□ 案例真实；
□ 应用自评或互评工具的过程呈现完整；</td></tr>
</table>

续 表

<table>
<tr><td rowspan="2">提交指南和评价标准</td><td>☐ 对工具要求理解准确，应用工具方法得当；
☐ 工具的应用有助于评价活动的展开，依据评价工具对学习过程和结果进行了反思和总结；
☐ 视频清晰流畅，画面稳定，音质好，无冗余信息。</td><td>☐ 对工具的要求理解比较准确；
☐ 工具的应用有助于评价活动的展开；
☐ 视频清晰流畅，画面稳定。</td></tr>
<tr><td colspan="2">3. 教师反思：请回顾你所开展的自评或互评活动实施过程：是否出现过一些你意想不到的状况？技术在实施中发挥了什么作用，还存在哪些问题？以 PDF 形式提交。</td></tr>
<tr><td>实践建议</td><td colspan="2">自评与互评是有益的学习体验，是学会学习的重要内容，可以帮助学习者不断调整学习过程与学习策略，提高学习能力，也是落实过程性评价理念的重要载体。
支持开展自评与互评的工具可以是学习契约、量规、档案袋、概念图、评估表、观察记录表等，使用时需要自然地嵌入到学习过程中，例如在某个单元教学结束时，用概念图的形式梳理单元知识点及相互之间的关系，在此过程中，概念图就成为学生学习反思与评价的工具。
在自评与互评活动组织中，建立评价标准与评价规范是非常重要的一项工作。评价标准可以是评价要点，也可以评价量规的形式出现。评价规范需要明确学生的评价步骤、评价方法与评价过程中的注意事项。在实施自评与互评活动时，若让学生参与评价标准与评价规范的制定过程，将有助于学生充分理解相关要求。在评价活动结束之时，教师需要组织学生一起对整个过程进行回顾与总结，同时让学生有机会充分表达自己的观点，这个过程有助于学生加深自我了解，发展批判性思维，帮助他们成为积极主动的自我成长者。</td></tr>
</table>

2. 案例呈现

本案例《定格动画》源自上海市洋泾中学彭老师执教的面向高一年级学生的美术项目化课程。教学目的是让学生在学习定格动画知识和制作方法的基础上，分小组完成定格动画的设计制作。该活动以项目学习的方式开展，学生借助技术工具和资源学习定格动画制作方法，并自主分组进行定格动画的设计制作，最后由学生自己主持、分组展示学习成果，利用评价量规、学习单、云盘电子档案袋在智慧教室（smart classroom）信息化环境下完成自评与互评。本案例呈现的是课题学习的最后一个课时，即学习成果展示与评价的实施。本案例的教学环境是移动学习环境。

(1) 评价工具及说明

本课题以学习单为学习线索，以评价量规为主要评价工具，借助智慧教室课堂练习工具和平板电脑完成自评与互评活动的组织，工具及使用方法如下：

① 学习单跟踪学生学习全过程。学习单包含基本信息(主题名称、班级、小组名称、指导教师、小组成员、组长、起讫时间)，大纲构思(制作类型、素材、技术、动画时长、内容梗概)，详细的分镜头脚本，任务分工，阶段性成果自评、互评、师评，终结性成果自评、互评、师评，撰写课程学习体会。学习单支持学生前期设计、过程性成果、终结性成果的全程自评与互评。

② 评价量规分成四块内容：前期设计、制作过程、视频、成果展示。前期设计主要包含基本信息、大纲构思、详细的分镜头脚本；制作过程主要包含云盘空间构建以及学习单过程记录；视频主要包含剧本创作、角色设计、场景道具设计、动画拍摄、配音和音效。成果展示主要包含展示内容，讲解、展示风格以及形式。评价量规支持学生对照标准进行量化的真实性自评与互评。

③ 智慧教室的课堂练习工具以及教室自带的平板电脑。借助智慧教室的课堂练习工具，课代表操纵主控台，下发评价表至每组成员的平板电脑进行评价打分，再统一收卷形成数据报表，然后统计分数。智慧教室的课堂练习工具以及平板电脑支持终结性成果的自评与互评。

工具应用过程如图 4-2 所示。

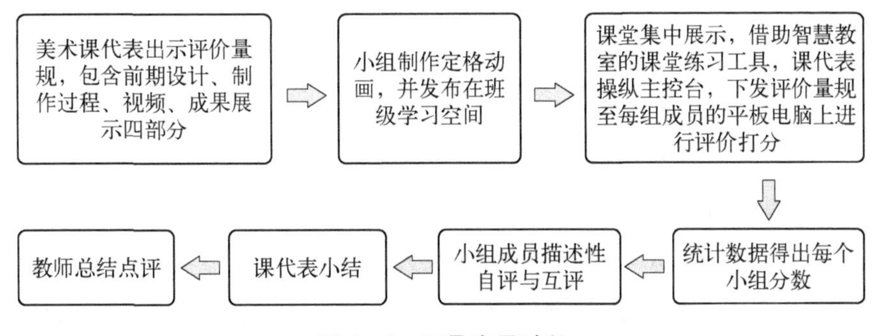

图 4-2 工具应用过程

此外，该课题在实施过程中还使用了问卷星和云盘电子档案袋。问卷星用于课前了解学情以及课后学习评价。云盘电子档案袋用于及时存储学生的学习过程和学习成果，其构建伴随着学习全过程，要求每个小组都建立一个云盘电子档案袋，写上作品和小组名称，将过程性成果、拍摄花絮、学习单电子稿等及时存入档案袋，标注日期。云盘电子档案袋能够支持学生的过程性自评与互评。

(2) 学生活动案例

本案例展示的是单元课的最后一个课时：学习成果的展示与评价。首先再次明确评价规则，接着分组展示学习成果并互评打分，然后各组根据学习过程和互评结果进行描述性自评与互评，最后进行活动总结。活动由美术课代表主持。

步骤一：课代表出示评价量规

量规分为四个部分，分别是定格动画前期设计(如表 4-8 所示)、定格动画的制作过程、定格动画的视频以及小组在展示定格动画时的展示评价。在课代表的主持下，一起学习评价量规的内容，并明确活动要求和评价规则。

表 4-8　定格动画前期设计评价表

指　标	评　价　量　规	完全符合	符合	一般	需努力
基本信息	1. 主题明确有创意。				
	2. 小组名称有个性，成员分工明确。				
大纲构思	1. 制作方法和制作素材交代清晰。				
	2. 内容梗概简洁明了。				

步骤二：小组成员上讲台展示各自的成果

第一小组，制作了《夜行者》的第九工程工作室。

小组代表发言：大家看一下我们在微云空间里面的学习单，我们是这样一群志同道合的人，相聚在了一起，在我们选择题材的时候，曾经有人说我们要做魔幻的，但是我觉得我们的技术达不到；有人说我们要做日常的，但是我觉得这个题材做不深。所以，我们觉得还是选一个比较折中的类型，所以就选择了“夜行者”这个题材。

当我们做脚本的时候，我们把所有的时间都标了上去，非常详细。这是我们的任务分工，在制作的过程中，我们小组也邀请了其他小组和老师对我们的脚本提出改进建议。我们小组针对这些建议进行了反思和改进。最后，我们小组进行了总结，写出了这些体会。

我们的小组成员。右边的叫雨辰，中间的叫潘书燕，左边的叫潘梦瑶。雨辰负责制作背景板，潘书燕负责出镜的夜行者的手，潘梦瑶负责加油。

在后期制作的过程中，我们遇到了许多困难。我们使用的软件有 EV 剪辑、After Effects，这些软件都是非常复杂的软件，界面上有许多东西都是英文的。然后我的组员帮助我弄懂了这些软件，查阅了许多资料以及看了很多的视频，最终我们才能把这样的作品展示在大家的面前。好，谢谢大家！

步骤三：小组成员描述式自评

课代表：接下来进入打分环节。现在下发评价表，评价表已经发送给了每个人。开始打分！现在开始统一上交评价表。

从他们的分数来看，他们的评价多为 A 和 B，说明大家对他们的作品还是比较认可的。

现在有请他们组的潘书燕同学来进行自评！

潘同学：我觉得，第一个缺点是我们呈现出的照片有点瑕疵，没有很好地处理。然后，故事叙述得不是很完整，有些观众可能没有看懂。优点是我们小组十分认真地把这个作品完成了。

步骤四：其他小组成员描述式互评

某同学：他们这组从分数上看集中在 A 和 B，所以说他们的成绩应该是蛮好的。我给他们评的大多也是 A 和 B。他们刚刚播放了板绘和手绘相结合的一个短片，短片里面他们团队的合作非常默契，背后的那些花絮可以看出他们是很用心的。我觉得他们是个很棒的团队！

课代表：别的同学还有什么意见吗？

某同学：我觉得他们有时间可以再做多一点，他们的短片画面有点不太连贯，对情节的理解有点偏差，可以做得更精细一点。

步骤五：课代表总结点评

从分数来看，同学们对这一小组的作品还是很满意的。我也觉得这一小组的作品非常有新意，那么，对他们组的学习成果评价就到此为止。

(3) 教师反思

技术在实施中发挥的作用：

在自评或互评活动实施过程中，技术发挥了重要作用。智慧教室的课堂练习工具以及平板电脑的使用，体现出智慧教室云环境下的互联互通优势，呈现公开、透明、高效、可视化的特点。从实施情况来看，总体较为满意，基本达成自评与互评目标：能推动自评和互评活动有序开展；扩大学生之间相互学习与交流的范围和深度；提升学生参与积极性；能持续跟踪和记录自评和互评的活动过程；为学生创造自我反思与自我认知的机会，提升学生的评价能力；鼓励学生在活动中学会欣赏和学习他人的长处。

在实施过程中出现的一些意外情况及应对措施：

学生的评价比较片面。无论是自评还是互评，学生总是习惯性地仅仅对终结性的视频进行评价，而忽视过程性评价。尤其前面几组学生，自评的学生播放一下视频，围绕视频的制作过程介绍一下就结束了，互评的学生也仅仅局限于对视频进行点评，对学习单、云盘空间建设等过程性成果容易忽视。遇到这种情况，教师就要出面干预，要求学生补充对过程性成果的评价，力求自评与互评活动的完整公正。

学生的主观评价容易随意发挥。尽管教师设计了多种评价工具，但在主观评价时，学生还是经常脱离评价工具随意发挥。遇到这种情况，教师要及时干预，要求学生对照评价量规作出量化的真实性自评与互评，以便使评价更加科学合理。

课代表操作不熟练。课代表在自评与互评环节中充当小老师的角色，需要操纵主控台，下发评价量规至每组成员的平板电脑进行评价打分，要密切关注学生打分情况，及时收缴试卷，形成数据报表，当场组织学生统计分数，还要针对每一组的成果以及得分情况进行点评小结。尽管教师课前对每个班级的美术课代表进行了培训，也在课上进行了示范，但刚开始课代表还是会出现这样那样的问题，通过几次实践，这些小老师的业务能力日渐精进、工作做得越发出色。

还存在的问题：

技术的实施还是存在一定的局限性，比如课堂练习工具在导入评价表时，只能输入 20 道题目；课堂练习工具针对每一组的评价都会生成数据报表，但后续小组与小组之间的排序仍然需要人工统计等。

第二节　幼儿园教师信息技术应用能力微认证体系构建

一、幼儿园教师信息技术应用能力的研究与界定

信息技术与教育领域的深度融合，对幼儿园工作提出了更高的要求。2012年教育部颁布《幼儿园教师专业标准(试行)》[①]，明确了幼儿园教师必备的专业理念与师德、专业知识和专业能力，提出幼儿园教师的专业能力包括环境创设与利用、一日生活的组织与保育、游戏活动的支持与引导、教育活动的计划与实施、激励与评价、沟通与合作、反思与发展，并指出幼儿园教师应具有一定的现代信息技术知识。

学前领域的信息技术应用与中小学的信息技术应用存在非常大的差异，幼儿园教师信息技术应用能力需要体现教育对象以及教育情景的特殊性。

本研究在中国知网以"幼儿园""信息技术""学前教育""信息化"等为主题词进行检索，搜索到2000年以来的相关期刊论文500余篇。文献发表数量的年度趋势也体现了研究者们对信息技术有效融入幼儿园教育和保育工作的重视程度越来越高。通过对文献作综合分析发现，幼儿园信息技术应用主要体现在以下几个方面：辅助教师教学，改善教学效果；支持园所管理，提升管理水平；开展家园共育，促进家校有效沟通与合作；支持幼儿成长记录与评价，以及教师专业成长。张红分析了信息技术在幼儿园教育教学中的应用，包括利用信息技术丰富教学内容、优化教学过程、创设教学情境、开展教学评价和推动家园合作。[②] 于开莲和曹磊从信息技术意识、信息技术知识、信息技术能力和信息技术道德四个方面构建了幼儿园教师信息技术素养评价指标体系，其中

---

① 中华人民共和国教育部.教育部关于印发《幼儿园教师专业标准(试行)》《小学教师专业标准(试行)》和《中学教师专业标准(试行)》的通知 [EB/OL].(2012-09-13) [2020-06-30]. http://www.moe.gov.cn/srcsite/A10/s6991/201209/t20120913_145603.html.

② 张红.探究信息技术在幼儿园教育教学中的应用 [J].中国新通信，2020(06)：213.

信息技术能力包括设备资源应用等基本能力，环境创设、电子档案袋评价等一日活动融合能力，应用技术记录幼儿表现、与家长网络沟通等家园共育能力，以及教师自我发展的能力。① 邢西深和许林认为学前教育信息化是指在幼儿教育教学活动中，适当应用信息技术开展家园共育、优化教育教学活动、促进教师专业成长、培养幼儿良好行为习惯、促进幼儿健康成长的过程。②

2016 年，华东师范大学教师发展学院针对幼儿园信息技术应用需求，在文献研究、案例研究以及专家访谈研究的基础上，构建了包含信息技术支持的幼儿园管理、微课程构建教研资源、信息技术推动家园共育、云时代的个人知识管理、巧用多媒体开展有效教学、信息技术支持的幼儿发展评价六个领域的教师培训课程体系，如图 4－3 所示。六大领域涉及信息技术在幼儿园中的方方面

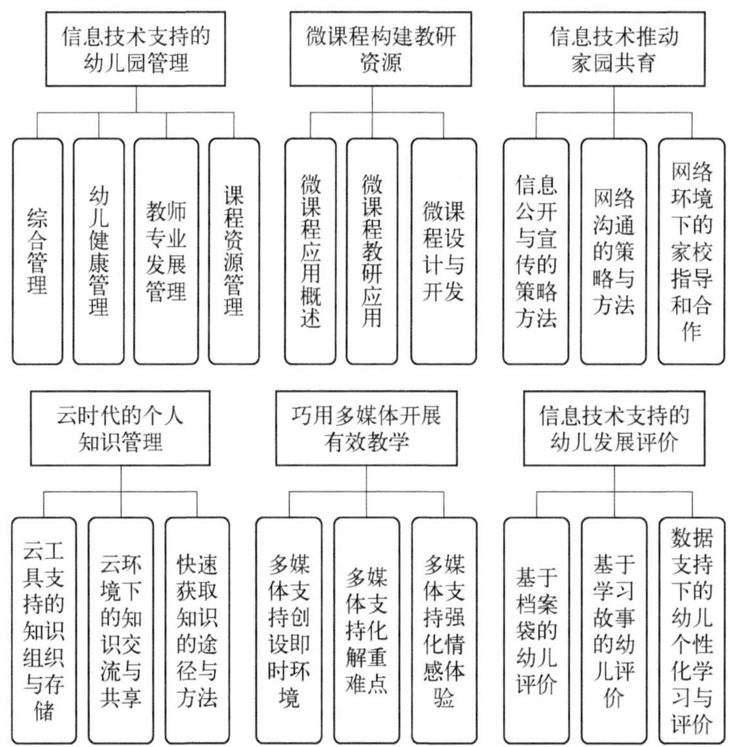

图 4－3　华东师范大学幼儿园信息技术应用能力提升课程

① 于开莲，曹磊.教育信息化 2.0 时代幼儿园教师信息技术素养评价指标体系构建研究［J］.电化教育研究，2021(08)：51－58.

② 邢西深，许林.2.0 时代的学前教育信息化发展路径探究［J］.中国电化教育，2019(05)：49－55.

面，其中，家园共育、知识管理、多媒体教学与发展评价和教师深度相关，是教师信息技术应用中需要重点探索和实践的方向。

为不断提升学前教育内涵质量，上海市教委委托上海市教委教研室牵头研制的《上海市幼儿园办园质量评价指南(试行稿)》于2020年发布，体现了全方位、立体式的质量评价，包括幼儿园结构性质量(如幼儿园管理中的队伍结构、办园条件等要素)、过程性质量(如保教实施过程中的师幼互动、家园互动等)以及结果性质量(如幼儿发展状况)。其中，在园所管理、保教实施和办园条件中，对于幼儿园和教师应用信息技术，也作出了明确的要求，如表4-9所示。①

表4-9 《上海市幼儿园办园质量评价指南(试行稿)》中信息技术应用描述

领　域	子领域	描　　述
园所管理	财务与资产管理	利用信息化手段，实施财务与资产管理，体现节俭高效。
	家园社区	运用信息化手段(如网站、公众号等)，按要求实现园所信息公开。
保教实施	设计与组织	探索信息技术在教学活动中的合理应用。
	观察与评估	形成观察习惯，在客观记录的基础上，通过信息化手段，对幼儿发展水平进行定期分析、评估，并调整教育行为。
	环境与资源	有效开发利用社会、自然、信息技术等资源，丰富各类活动。
卫生保健	健康检查	利用信息化管理平台，做好日常卫生保健工作，建立幼儿健康电子档案。
	膳食营养	运用信息化手段定期进行营养分析。
队伍建设	专业发展	提供信息化培训资源，加强相关教职工信息技术培训。
办园条件	幼儿园用房与设施设备	配备桌椅、饮水设备、玩具柜等主要设备及必要的信息技术设备。

① 上海市教育委员会.《上海市幼儿园办园质量评价指南(试行稿)》[EB/OL].(2020-09-07)[2020-11-09]. http://edu.sh.gov.cn/xxgk2_zdgz_xqjy_02/20201106/v2-f98607f498b24909b7d8141f82c66373.html.

综上所述，本研究认为，幼儿园教师除了在教学活动中应用信息技术外，在家园共育、幼儿发展评价以及个人专业发展方面有效应用信息技术也是非常重要的。因此，本研究将幼儿园教师信息技术应用能力界定为：幼儿园教师在教学活动、家园共育、幼儿发展评价方面有效应用信息技术促进幼儿健康、快乐且有意义成长，以及应用信息技术持续促进自身专业发展的能力。

从实践来看，上述五个领域的信息技术应用已经成为了实践的热点，结合幼儿发展特点，在应用中还需要坚持以下四个原则。

人文关怀：面向儿童时要注意“度”，且需要凸显人文关怀，以教师使用为主，避免儿童直接操作电脑等电子设备，尽量减少儿童的电子产品暴露时间。

倡导体验：幼儿园在园活动以丰富幼儿体验为主，信息技术应用应在最大化儿童真实体验的基础上，拓宽儿童视野，丰富儿童探究体验。

最小代价：最小代价原则是信息技术在教育教学中应用的通用原则，必须坚持包括教师投入、资金投入以及精力投入等的最小代价。

内涵追求：关注信息技术应用的内涵与质量，而不仅仅注重形式与效率。

二、微认证体系框架阐释

根据幼儿园教师实际工作场景和工作内容，以幼儿成长为关切，准确把握幼儿园信息技术应用的科学定位，以最大化幼儿体验与提升管理效率为关注重点，本研究依据微认证开发过程模型构建了包含 4 个应用情景、18 项微能力的幼儿园教师信息技术应用微认证能力模型，旨在发展幼儿园教师应用信息技术优化集体活动、开展家园沟通与合作、实施幼儿发展评价，以及促进个人专业发展。

活动优化：指教师在幼儿园一日活动，特别是集体教学活动中利用信息技术优化活动设计和活动组织。

家园共育：指教师利用信息技术促进有效的家庭教育、家园沟通与合作。

发展评价：指教师利用信息技术采集、分析幼儿行为数据，及时、全面、客观地掌握、记录幼儿发展情况。

专业成长：指教师借助信息技术开展自主学习、教育反思、教研交流等专业成长活动，有效提升幼儿保育和教育能力。

此外，Y1～Y4 作为基本能力，可支持活动优化、家园共育、发展评价以及专业成长等学科领域需要，故该四项能力作为多情景适用的通用微能力单独列出。最终形成的幼儿园教师信息技术应用微认证能力模型如表 4－10 所示。

表 4－10　幼儿园教师信息技术应用微认证能力模型

活动优化	家园共育	发展评价	专业成长
H1 技术支持的情境创设 H2 技术支持的重难点突破 H3 技术支持的幼儿参与	J1 技术支持的学情分析 J2 技术支持的家园共育活动组织 J3 技术支持的展示交流	F1 评价量规设计与应用 F2 技术支持的幼儿行为观察与分析 F3 电子档案袋评价 F4 数据可视化呈现与解读	Z1 技术支持的专业自主学习 Z2 技术支持的教育反思 Z3 技术支持的教研参与 Z4 新媒体新技术应用研究
Y1 数字教育资源获取与评价　Y2 演示文稿设计与制作　Y3 数字教育资源管理 Y4 微视频的设计与制作			

三、微认证规范示例

表 4－11　“H2 技术支持的重难点突破”认证规范

应用情景	√活动优化　□家园共育　□发展评价　□专业成长
实践问题	● 哪些技术工具或资源有助于重难点的突破？ ● 如何利用信息技术满足幼儿的认知特点，突破重难点问题，实现活动目标？
能力描述	教师借助合适的信息技术手段设计与优化教学内容，突破重难点，从而： ● 有助于将抽象的问题形象化与直观化； ● 通过多种方式建立活动内容和幼儿经验之间的关联； ● 有助于幼儿认识和理解重难点内容，拓展核心经验； ● 为幼儿的知识理解和建构提供丰富的学习支持； ● 关注幼儿的不同需要； ● 激发幼儿感知、记忆、想象、创造等思维活动。

<table>
<tr><td rowspan="7">提交指南与评价标准</td><td colspan="2">1. 活动方案：请提交一份集体活动中应用技术突破重难点的设计方案，须包括活动主题、所属领域、活动内容及分析、活动对象及特点、活动目标、活动过程、所选技术以及技术使用的目的等。以 PDF 形式提交。</td></tr>
<tr><td>优　秀</td><td>合　格</td></tr>
<tr><td>□ 活动设计要素完备，表述清晰，设计科学合理，活动序列具有高度的连贯性；
□ 结合主题、内容以及幼儿特点清晰地阐明了技术工具选用的目的；
□ 技术工具的使用体现了领域教学特点和幼儿认知规律，帮助幼儿丰富核心经验；
□ 为幼儿认知和思维发展提供丰富的学习支持；
□ 针对不同个体和群体的幼儿有差异化的考虑；
□ 技术工具的选用具有创新性，值得学习与借鉴。</td><td>□ 活动设计要素完备，表述清晰，设计合理，活动序列较为连贯；
□ 结合主题、内容以及幼儿特点阐明了技术工具选用的目的；
□ 技术工具的选用体现了领域教学特点和幼儿认知规律；
□ 为幼儿认知和思维发展提供了支持。</td></tr>
<tr><td colspan="2">2. 活动实录：依据上述活动方案，选取活动中具有代表性的实录片段(须同时出现教师和幼儿)，视频原则上不超过 10 分钟。</td></tr>
<tr><td>优　秀</td><td>合　格</td></tr>
<tr><td>□ 教师讲解准确生动、深入浅出；
□ 技术使用激发了幼儿的学习兴趣；
□ 用形象化和直观化的方式表达活动内容或建立知识经验关联，有效突破了重难点；
□ 具备不同经验的幼儿均能参与到活动中；
□ 教师信息技术应用娴熟，工具使用的方法具有学习与借鉴价值。</td><td>□ 教师讲解准确生动；
□ 技术使用激发了幼儿的学习兴趣；
□ 用形象化和直观化的方式表达活动内容，促进了重难点内容的理解；
□ 教师信息技术应用较为熟练，应用过程比较流畅。</td></tr>
<tr><td colspan="2">3. 活动反思：该讲解活动实施效果如何？信息技术的作用是否不可替代？是否存在值得改进的地方？请就活动设计与实施情况进行总结反思。以 PDF 形式提交。</td></tr>
<tr><td>实践建议</td><td colspan="2">所谓重点是指在达成活动目标过程中最基础的、关键性的、重要的内容，是学习的主要线索；而难点是从幼儿的实际水平出发，对幼儿来说是难以理解或领会的内容，对于不同幼儿难点可能有所不同。信息技术有助于丰富学习内容的表现形式，建立活动内容与幼儿经验之间的关联，</td></tr>
</table>

续 表

实践建议	继而帮助幼儿认识和理解活动内容中的重点和难点，同时有助于丰富学习认知，拓展核心经验。 例如通过呈现花儿开放的慢镜头视频、烟花绽放视频、折纸过程的动态视频等，让幼儿直观地感知某个事物或事物变化的过程；利用图片创设故事情景，引导幼儿思考其中的重要知识内容；利用电子白板的媒体存储与播放功能和聚光灯、放大镜、遮罩等功能使绘本“动”起来，吸引幼儿的注意力，激发其好奇心。

第五章　微认证应用模式及整校推进组织策略

通过应用微认证并创新构建教师发展模式，促进教师能力的发展和提升，这既体现了研究成果的学术价值，也展现了实践价值。作为一种能力认证方式，微认证在实践中衍生了多种应用模式，其中以自主学习模式、课程绩效评估模式以及整校推进模式三种模式为代表，三种模式适应不同对象、不同情景的需求。教师发展与学校发展缺少关联、教师所学很难应用于实践是当前教师培训与发展领域面对的一大困境，也是影响教师培训成效的关键性问题，为此，“能力提升工程 2.0”中广泛应用了整校推进模式，并在全国实践中获得了较为显著的成效。本章在具体分析了三种应用模式之后，重点分享了两个整校推进组织实施案例，之后，借助解释结构模型对整校推进运作机理进行了深入剖析，以理解整校推进模式支持教师发展和学校发展的机理，并在此基础上提炼了整校推进关键策略。

第一节　面向在职教师的微认证应用模式

一、自主学习模式

自主(autonomy)一词是源于希腊文“autos”(自我)和“nomos”(法律)的

组合，它的基本含义是自己指导自己，不受他人约束。[①] 成人学习具有独立性和自主性，其学习是基于经验的，而且带有明确目的。教师作为成人，对于学习目的、发展需要有强烈的自我意识和驱动性。同时，伴随着教育改革的深入，当培养学习者的学习自主性已成为社会共识之时，教师作为学习者自主学习的引路人，必须提升自主学习意识和能力，进而可以为学习者提供更为充分的自主学习支持。2011 年《教育部关于大力加强中小学教师培训工作的意见》提出了“鼓励教师自主选学，在培训课程内容、培训时间、培训途径、培训机构等方面，为教师提供个性化、多样化的选择机会”要求[②]；2022 年 4 月教育部等八部门印发的《新时代基础教育强师计划》中再次强调要优化培训内容、打造高水平课程资源，建立完善自主选学机制[③]。可见，教师自主选学是教师培训改革的重要方向。

常见的教师自主学习方式有：书籍自学、教学反思、行动研究、同伴互助等。近十年来，信息技术的发展和广泛应用为教师开展自主学习提供了技术支撑，慕课自主学习、在线学习社群、基于开放教育资源的学习等都成为了常见方式。互联网背景下的培训模式更能突出支持学习者自主学习的特征，从技术支持层面实现“学习者中心”的现代教育理念。网络学习空间和教师学习者的个性特征互相适应，实现了对学习者的主体性赋权，让学习者得以自主把控学习进度、实现个性化学习。

近年来，各地实践中也涌现了不少尊重教师自主学习需求、激活教师自主学习动机、赋予教师自主学习权力的教师学习模式，例如浙江省自主选学模式[④]、北京市朝阳区“互联网＋自主学习”区域教师培训模式[⑤]、基于开放教育

---

① 裴希山.论自主学习中的教师自主 [J].湖北社会科学，2010(09)：159－162.

② 中华人民共和国教育部.教育部关于大力加强中小学教师培训工作的意见 [EB/OL].（2011－01－04）[2020－05－28]. https://www.gov.cn/gongbao/content/2011/content_1907089.htm.

③ 中华人民共和国教育部，等.教育部等八部门关于印发《新时代基础教育强师计划》的通知 [EB/OL].（2022－04－22）[2020－05－28]. https://www.gov.cn/zhengce/zhengceku/2022-04/14/content_5685205.htm?eqid=e61c499800016de000000006645c57a8.

④ 徐建华.中小学教师培训自主选学的浙江实践及推进路径 [J].中国教育学刊，2023(07)：91－96.

⑤ 胡秋萍，桑国元.基于“互联网＋自主学习”的区域教师培训模式构建 [J].教育科学研究，2022(12)：82－87.

资源(OERs)的职前教师自主学习模式[①]等。

微认证“非正式学习、自我导向”的特征，非常有力地支持构建基于微认证的教师自主学习模式。参与微认证的基本步骤包括：选择、收集、提交和分享四个环节，这种设计强调发挥教师的主动性和能动性，并为教师根据自我需求选择学习内容提供了较大空间，实现以个人学习、研究与实践为主体的教师发展。基于微认证形成的自主学习模式如图 5-1 所示。

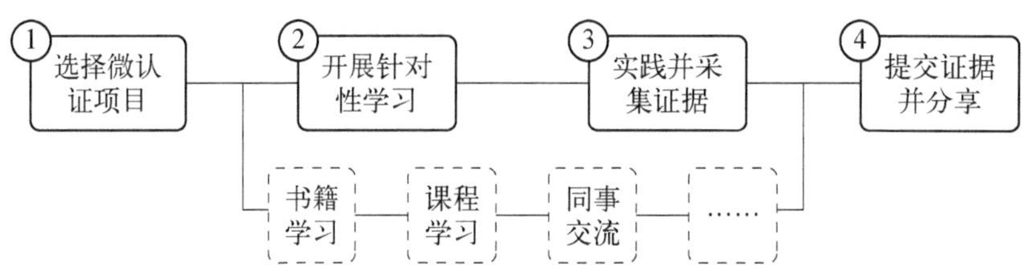

图 5-1 基于微认证的自主学习模式

(1) 选择微认证项目：教师根据自己兴趣或者教育教学实践需求选择需要学习和参与的微认证项目，同时充分理解微认证测评规范的具体要求。

(2) 开展针对性学习：根据微认证测评规范要求，选择自己适合的方式开展针对性学习，例如书籍学习、在线课程学习、同事交流研讨、参与学习社群等，掌握该微认证所需的知识、技能等。

(3) 实践并采集证据：开展应用实践，并收集和打磨实践证据。在此过程中，可以根据实践问题寻找学习资料，解决问题并改进实践成果质量。

(4) 提交证据并分享：提交实践证据，并获得认证证明，例如数字徽章。

微认证的自主学习模式允许学习者自主确定学习方式和学习节奏，能够较好地满足学习者自主学习需求，并体现学习方式的灵活性。同时，也能够较为灵活地融入教育教学实践中，实现基于工作岗位的嵌入式学习。

尽管从学习内容、学习方式、学习计划安排等方面，自主学习模式在一定程度上能够满足教师自主学习需求，但是由于缺少专业指导和制度支持，仍存在一些影响学习成效的挑战，例如在项目选择上，可能由于教师自我认知局限

---

① 邓国民.职前教师基于 OERs 的自主学习模式及效果探析 [J].继续教育研究，2017(12)：80-84.

影响认证项目的选择，也可能由于功利思想导致所选择的认证项目过于简单进而造成学习资源浪费，或者由于缺乏专业支持，教师遇到困难和疑惑后容易陷入成效不高、滞阻不前或倍感孤立无援的境地，甚至也可能出现辍学等现象。此外，对于持续性的专业能力提升，在赋予一定的自主空间外，还需要形成合理的发展规划，明确认证项目的具体计划，这对教师的自主规划能力与专业性也提出了更高的要求。

二、课程绩效评估模式

微认证既是一种专业发展新范式，同时也是一种创新评估方式。在具体应用中，可与课程结合，利用微认证变革课程评估方式。例如星期五教育创新机构在面向教师的慕课课程中，将微认证作为慕课课程学习的一部分，要求教师通过微认证开展真实课堂中的策略应用，提升实践能力①，目前微认证已日益成为慕课生态系统的重要组成部分，与更成熟、更正式的学术学习途径紧密联系在一起②；华东师范大学一流金课“信息化教学设计与实践”将微认证作为过程性作业，以促进学生在课程学习中的理论学习与实践转化，提升对技术应用的理解力和转化力。

用面向实践、基于能力的微认证评估优化或替代传统课程中的标准化测试、设计方案等考核形式，核心是帮助学习者理解实践需求，并在完成微认证实践和证据收集中提升理论向实践的转化力。设计的基本思路是：

第一，根据课程目标选择或开发微认证项目。可以设计多个微认证项目共同承载课程目标。换句话说，一门课程可供一个或多个微认证项目。

第二，在课程教学中引导学习者参与微认证项目，通过微认证项目的完成促进知识理解和实践应用，同时提升对实践需求和问题的认识深度。

---

① Digital Promise. Micro-credentials：Igniting Impact in the Ecosystem [EB/OL]. [2016-12-12]. http://digitalpromise.org/initiative/educator-micro-credentials/micro-credential-resources-hub/.

② Parsons D, Sparks H, Vo D, et al. MOOCS and Micro-Credentials as Launch Pads to Further Education：Challenges and Experiences [EB/OL].（2023-03-25）[2023-06-21]. https://www.intechopen.com/online-first/1128328.

第三，微认证项目应体现多样化和选择性，满足学习者的个性化学习需求，包括可以根据课程内容与目标设置一些拓展性的内容。

以美国星期五教育创新机构“学习差异”慕课课程为例①：

美国星期五教育创新机构是北卡罗来纳州立大学的专业教育机构，专注于通过教学、学习和领导力来推进 K－12 教育创新。该机构汇集了教育专业人士、研究人员、政策制定者和其他社区成员，通过多方角色的合作以改善教育。教育类“学习差异”慕课课程于 2014 年秋季首次推出。

随着人们对教育工作者在课堂上个性化实践的期望日益提高，“学习差异”慕课教育课程旨在帮助教育工作者了解每个学生的不同需求，并支持他们在课堂上的成长。为此，课程探讨了与学习差异相关的三个理论构念。

- 工作记忆：长时间保持信息并加以利用的能力。
- 执行功能：组织、行动和排序信息的能力。
- 学习者动机：促进认知任务的内在和外在因素。

参加此课程的教育工作者将深入学习差异化教学的重要内容，内容涵盖发展心理学的前沿研究和学生案例分析，并开展课程模拟。课程不仅提供专业的学习资源，还帮助教育工作者将所学内容有效应用于课堂，通过实际操作激活知识，提升教学效果。

星期五教育创新机构希望找到一种方法来支持所有参与“学习差异”课程的教育者，帮助他们在课堂上有效地实施差异化教学，例如通过在线论坛收集教育者如何将课程内容融入课堂的反馈。然而，要捕捉教育者在教室中的实际应用情况并提供支持反馈，依赖于他们在在线论坛上的参与程度和分享的实践证据。由于教育者地理位置分散以及在线论坛参与度的不一致，为每个教育者提供实时、个性化指导是一个巨大的挑战。此外，如何将内容转化为实践所需的个性化、嵌入式方法也是机构面临的一大难题。

针对上述难题，2015 年夏天，机构与数字承诺合作，推出了三个与“学习差异”课程内容一致的微认证：工作记忆、执行功能和学习者动机，见表 5－1

① Digital Promise. Micro-credentials: Igniting Impact in the Ecosystem [EB/OL]. [2020－08－21]. https://digitalpromise.org/wp-content/uploads/2017/09/dp-microcredentials-igniting-impact.pdf.

所示。这些堆栈阐明了一系列有序的技能，可促进有效的差异化教学，并为星期五教育创新机构提供了可扩展指导。

表 5－1　美国星期五教育创新机构面向学习差异的微认证设计

执行功能	微认证示例
工作记忆：支持每个学生独特需求的能力，以便获取和保存信息以备后用	增强学习者工作记忆能力
	数据驱动的工作记忆决策制定
执行功能：鼓励学习者自主和自我指导学习的能力	数据驱动的执行功能决策制定
	执行功能的实践基础
学习者动机：平衡内在动机和外在动机，以激发学生成就的能力	运用策略支持激发学习者动机
	与同事共同提升学习动机

事实是，即使有很出色的专业发展基础，教育工作者面临的多重要求也使得将专业发展内容转化为课堂实践具有挑战性。然而，通过微认证的课堂作品，教育工作者能够展示自己的能力证据，从而被激励将所学应用于日常工作中。通过将微认证与“学习差异”慕课课程三个核心单元对齐，星期五教育创新机构为教育工作者提供了支持，以发展他们的课堂实践进而更好地尊重学生学习差异。

此外，微认证中增加了更多反思和评价结构，包括要求教育工作者分享他们从所提供的资源中学到的东西，以及分析在实施时取得成效的原因，这种促进元认知和自我评价的方式促进了更严格的学习。

基于微认证的课程绩效评估模式有多方面的优势和特点：

首先，微认证优化和创新课程的评估，使得课程更多体现应用需求，提升了课程的实践价值，提高了学习者面对真实情境和任务的应用能力。而微认证的灵活性，也为课程帮助学习者快速应对社会发展变化提供了一种可操作的路径。

其次，课程免费开放尽管满足了更多学习者的学习需求，促进了教育公平，但由于行为不受约束，再加之学习周期太长，不可避免削弱了学生坚持完成学习任务的决心，造成极高的辍学率。微认证的短小聚焦、及时反馈等特征，可以在一定程度上保持和强化学习者的成就感，进而进一步提升学习动机和学习韧性。

第三，面向实践的构建特征，使得课程学习与行业合作水到渠成，学习者课程学习结束之后就可以获得行业专业机构授予的证书，提升了学习内容的吸引力。

此外，可选的微认证项目设计，也为满足学习者差异化和个性化学习需求提供了更多的实现路径。

三、整校推进模式

在教师信息技术应用能力发展中，各地较多采用大规模、自上而下的培训组织形式，然而规模化、集中式培训容易割裂教师的学习与应用情境，忽视学校愿景、教学模式、资源储备、组织制度等对教师学习与发展具有激励和制约作用的环境文化要素，进而导致针对性不强、学用脱节、缺乏持续性、教师群体共生意识与行动不够[①]等问题。学校是教师专业发展的基地[②]；向学校教师提供高质量的、持续的及嵌入工作的专业学习对改善教学具有积极影响[③]；有关知识的形成更多地来源于教师在情境性的教育现场和丰富的教育实践活动中形成的个人经验[④]，等等，这些研究成果为改进与创新教师信息技术应用能力发展模式提供了新思路。

2019 年教育部启动的“能力提升工程 2.0”，要求“建立各地整校推进教师信息技术应用能力提升的工作机制”。“整校推进”中每所学校对照自身的愿景与目标，明晰信息化发展规划，并立足校本推动教师信息技术应用能力发展。教师信息技术应用能力的整校推进模式，体现了学校全体教师作为共同主体的能力提升思维范式，更加贴近学校的真实需求、更加符合教师的发展需求，也能够更有效地解决教学实践中的关键问题。[⑤]“能力提升工程 2.0”实施三年多

---

① 赵可云，亓建芸，陈武成.基于 B－PDS 的中小学教师信息化教学能力培养模式研究［J］.电化教育研究，2015，36(05)：114－120.

② 郑东辉.学校本位教师专业发展的内涵解读［J］.教育发展研究，2011，33(18)：57－62＋72.

③ 徐晓东，李王伟.工作嵌入式教师学习的历史线索与理论视野［J］.现代远程教育研究，2021，33(03)：44－52＋62.

④ 张丽文，郭凤敏，曲琳.指向教师专业发展的学校组织变革［J］.现代教育管理，2020(03)：65－70.

⑤ 沈书生.教师信息技术应用能力提升的“整校推进”策略［J］.电化教育研究，2022，43(07)：12－18.

来，“整校推进”从培训教师个体到助力学校发展变化，创新了教师培训模式，引领了教师培训专业化发展方向。[①]

基于微认证的整校推进模型如图 5－2 所示，包含了学校确定信息化发展愿景和目标、学校设定教师能力点选择与参与要求、教研组依据学科细化要求、教师选择能力点参与学习与测评四个步骤，其中步骤 3 为可选。该模式实现教师发展与学校发展的协同与整合，显著地体现了“以校为本”的教师专业发展特征，破解教师个体发展与学校发展割裂的问题。

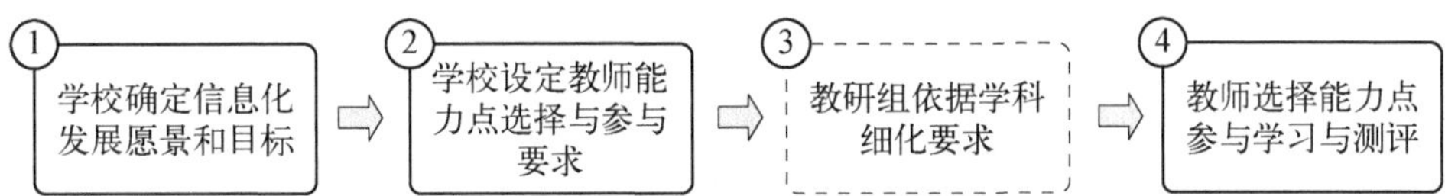

图 5－2 基于微认证的整校推进模型

表 5－2 以三所学校为例，具体解释了依据整校推进模式形成的“能力提升工程 2.0”实施规划。

表 5－2 三所学校整校推进模式规划

步 骤	学校基本情况		
	学校 A ● 普通小学 ● 多媒体环境 ● 优化教学模式	学校 B ● 区级优质初中 ● 混合学习环境 ● 翻转课堂模式	学校 C ● 重点初中 ● 互联网＋基础教育变革校 ● 数据驱动教学
第一步：愿景描述	用信息技术优化课堂，给学生高效的学习体验	实践翻转课堂，提升学生自主学习能力	用数据驱动教学，用个性化的指导为学生发展赋能
第二步：学校计划	A1 技术支持的学情分析 A5 技术支持的课堂导入	B1 技术支持的测验与练习 B2 微课程设计与制作	A1 技术支持的学情分析 A11 评价量规设计与应用

① 刘增辉.能力提升工程 2.0 将进入提质增效新阶段——专访教育部教师工作司副司长宋磊［J］.在线学习，2021(08)：41－44.

续 表

步 骤	学校基本情况		
	学校 A ● 普通小学 ● 多媒体环境 ● 优化教学模式	学校 B ● 区级优质初中 ● 混合学习环境 ● 翻转课堂模式	学校 C ● 重点初中 ● 互联网＋基础教育变革校 ● 数据驱动教学
第二步：学校计划	A6 技术支持的课堂讲授 A7 技术支持的总结提升 A8 技术支持的方法指导 B1 技术支持的测验与练习	B3 探究型学习活动设计 B5 学习小组组织与管理 B6 技术支持的展示交流 B9 自评与互评活动的组织 A11 评价量规设计与应用	A12 评价数据的伴随性采集 A13 数据可视化呈现与解读 B1 技术支持的测验与练习 C5 基于数据的个别化指导 其中，A13 是每位教师必选能力点
第三步：教研组要求	数学教研组：A7 为必选能力点	英语教研组：B2 是每位教师必选能力点	
第四步：个人示例	某数学教师选择计划：A1、A6、A7	某英语教师选择计划：B1、B2、A11	某语文教师选择计划：A11、A12、A13

根据实践需求，建议：

1. 学校确定的能力点数量一般以 6～10 项为宜，以兼顾教师个体需求与学校工作重点。

2. 学校可根据本校实际与工作重难点，选择 1～2 项能力点作为全校突破项，借此聚力达成学校核心目标。

3. 在学校确定范围之后，可以发挥教研组的力量，由教研组根据学科需求确定本组的研修要求，以此彰显学科特色，充分体现校本研修的优势。

从上述模式可见，整校推进模式不仅适合教师信息技术应用能力提升，也有助于学校信息化发展目标实现。一方面，从信息技术应用环境、课堂教学环节两个维度分解的 30 项微能力极大地满足了教师和学校的差异化和个性化发展需求，理论上讲，从 30 个能力点中选择 3 个能力点，可以形成 4 060 种方案。另一方面，“基于微能力点的整校推进模式”建立了教师发展与学校发展的关联路径，有效解决了教师信息化教学能力发展与学校信息化发展之间的割裂问题，既为教师发展构建了合适的平台，同时也为各校开展信息化建设提供了操作路径。

第二节　整校推进组织实施的典型案例

尽管上述三种模式具有不同情境的适应性，但就教师信息技术应用能力发展的具体需求，整校推进模式能够很好地关照教师个体需求与组织需求，同时获得教师所在团队、学校以及区域的支持，且比较容易组织管理开展规模化实践，因而是较为适宜的模式。在国家推进“能力提升工程 2.0”的过程中，各地涌现了不少以整校推进为基本思路的优秀组织实施案例，这些案例充分体现了以校为本、应用驱动的明显特征，为各地促进信息技术与教育教学融合提供了较好的范例。“能力提升工程 2.0”连续三年开展了典型案例遴选，本书选取了其中的两个案例对“基于微能力点的整校推进模式”进行完整阐释。

一、南宁市位子渌小学整校推进案例

南宁市位子渌小学是广西壮族自治区首府南宁市的一所少数民族聚集的学校，生源来自广西全区各地，其中进城务工人员子女占 76%，少数民族学生占 55%，分属壮、瑶、苗、彝、毛南、京等少数民族。学校以“办一所充满地域民族色彩的信息化学校”为发展愿景，以“让孩子与美好未来紧紧拥抱”为核心理念。

然而，在教育信息化建设过程中，学校面临并需要破解三个挑战：第一，以学习者为中心的新型课堂教学模式如何实施？基于学生发展素养的课程如何构建？第二，基于微能力的教师信息化能力发展路径如何常态化保持，并能持续推动教师能力发展？第三，如何通过“能力提升工程 2.0”的项目实施，提升学校的管理水平和办学品质？

1. 工作展开思路

基于“能力提升工程 2.0”实施的要求，结合学校办学愿景和困难挑战，学校确定了问题解决思路，即通过整校推进、混合研修、应用考核三个聚焦，扎实推进项目实施，不断探索学校高品质发展的创新路径。

（1）整校推进，构建“1＋2＋3”推进机制

“1”即定位一个新目标。明确以学习者为中心的教学改革创新目标，以项目化学习的研究与实践为抓手，通过信息技术应用推动学生核心素养的提升，并促进学校治理能力、教学流程再造以及教师研训模式创新。

“2”即建优建强两支团队。建优具有规划设计力、教学创新力、指导评价力的信息化管理团队，建强主动适应智能技术变革的研究型教师团队，推动学校教育教学从教育手段信息化向教育理念信息化的转变。

“3”即确定三个研修维度。学校将校本研修聚焦在课堂、课程、课题三个维度。各学科组根据学科、年段等要素，自行组建 4～6 人研究团队、自定研修专题，形成校级微课题，课题一年一结题，滚动推进。教师根据课题和自身的差距、兴趣点确定个人微能力点，并依据微能力的“能力描述”“实践建议”等规范内容对标开展研修和课堂应用，进而让所有学科所有教师都参与到“能力提升工程 2.0”学习与研究之中，如图 5－3 所示。

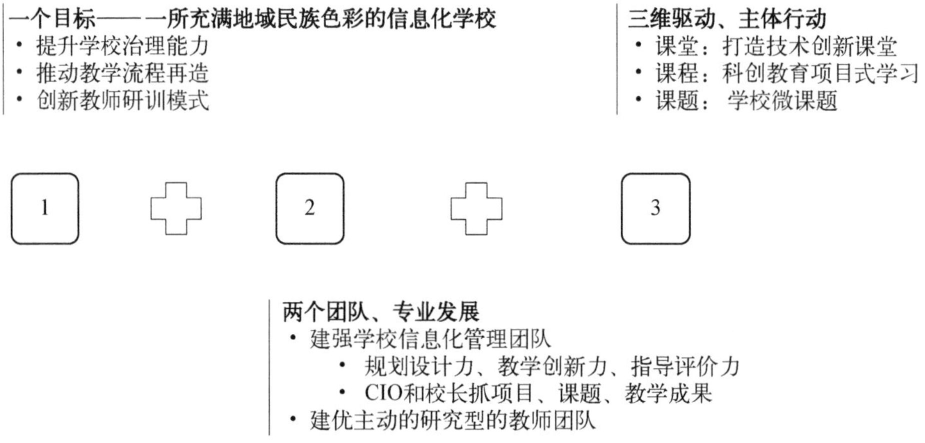

一个目标——一所充满地域民族色彩的信息化学校
- 提升学校治理能力
- 推动教学流程再造
- 创新教师研训模式

三维驱动、主体行动
- 课堂：打造技术创新课堂
- 课程：科创教育项目式学习
- 课题：学校微课题

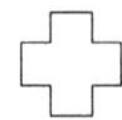

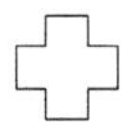

两个团队、专业发展
- 建强学校信息化管理团队
  - 规划设计力、教学创新力、指导评价力
  - CIO和校长抓项目、课题、教学成果
- 建优主动的研究型的教师团队

图 5－3　南宁市位子渌小学“1＋2＋3”整校推进机制

部分校级课题如表 5－3 所示，在课题研究的同时探讨微能力的学习与实践，深化技术应用研究。

表 5－3　南宁市位子渌小学融入微能力点的校级课题

序号	学科组	课　题　名　称	微 能 力 点
1	语高组	如何利用微课进行小学高年级学生作文片段指导的研究	B1、B2、A6、B6、A13
2	数低组	应用数字化学习工具提升学生发现与解决问题能力	A3、B4、B1、A13、A6
3	英语组	利用手机 App 提升小学英语听说能力的研究	A3、A13、B1、B6、B5
4	体育组	龙狮民族传统体育项目在小学体育课程中的开发与实施	A3、A6、B2、B6、B7
5	音乐组	趣味发声练习在小学高年级中的运用	A3、A6、B5、B6、C1

(2) 创新引领，形成“3＋4＋3”的校本研修模式

在推动教师信息技术应用能力发展过程中，微能力的学习与评估是关键事项，为此，学校采取“3＋4＋3”校本研修模式，如图 5－4 所示，即采取三次

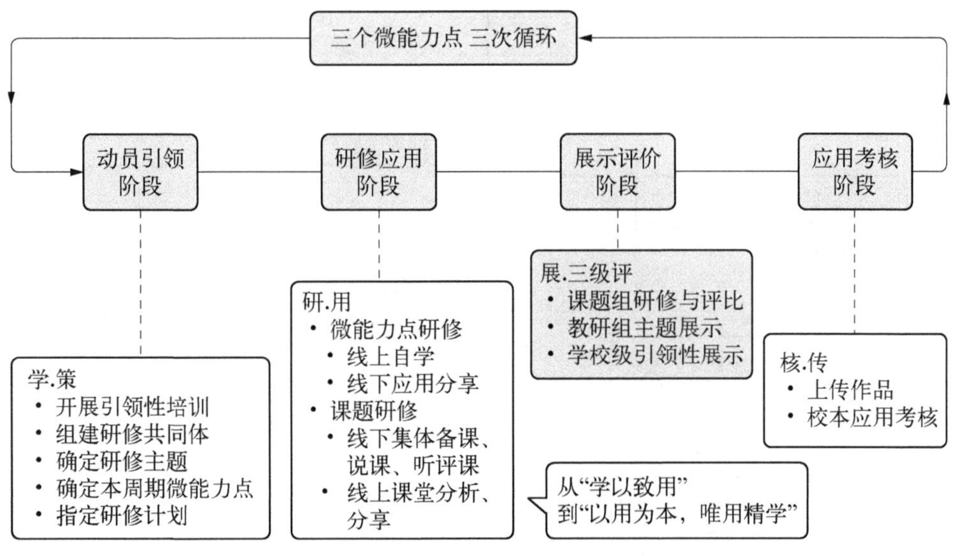

图 5－4　南宁市位子渌小学“3＋4＋3”融合式校本研修模式

循环开展微能力点的“学研展核”，每个微能力点都要经历动员引领、研修应用、展示评价、应用考核四个阶段，同时设置课题组、教研组、学校三级展示分享平台，让微能力点真正能在教学中融会贯通。

在动员引领阶段，校长解读相关政策，主管领导、骨干教师逐一解读校选微能力点。在研修应用阶段，组内教师自建课题组，梳理教学中存在的问题，确定研修课题和微能力点。网络学习后，课题组推选一名教师应用微能力点上示范引领课，确定本组基本教学模式，其他组员在研究课的基础上，发现存在的问题，下节研究课逐一改进，形成较为有效的教学模式。在展示评价阶段，课题组推选出一节优秀课例，进行团队打磨，逐级进行展示，并结合校本研修平台进行线上线下听评课。

(3) 精准测评，采取“2＋3＋2”考核机制

采取“2＋3＋2”校本应用考核机制，如图5－5所示，即注重过程性考核与终结性考核相结合；进行评课题组、评课堂、评教师“三评”，制订《“创智课堂”教学评价表》，加强对教师和课题组在教学实践、教研过程中的过程干预和行为改进指导；成立课题组、校本应用考核两级考核小组，逐级考核，评估教师常态化推进学校信息化应用的实施成效。

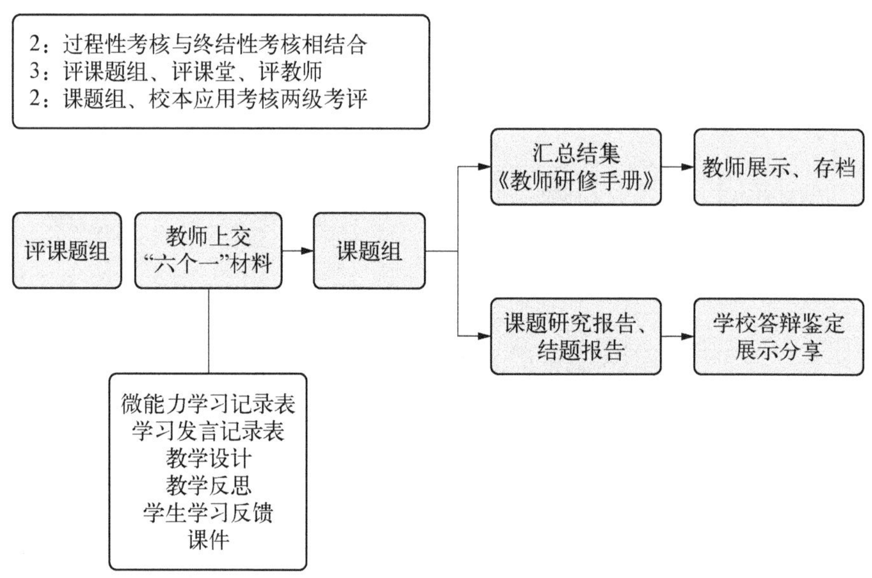

图5－5 南宁市位子渌小学“2＋3＋2”校本应用考核机制

2. 实施成效

学校逐步形成“面向未来、整校推进、研用一体、融合创新”的教师信息素养提升的整体推进机制，在微课教学、数据驱动教学、项目学习教学等方面的教学研究取得显著成效。学校案例在全国高研班进行展示，获得了全国各地的专家、同行的高度认可。基于实践成果和影响，学校于 2020 年 12 月、2021 年 4 月两次承办广西中小学教师信息技术应用创新与实践展示活动，为自治区的能力提升工程推进提供了典型案例。

在夯实应用信息技术优化学科教学能力基础上，学校教师利用交流平台和学习 App 采集并运用数据开展学生学习的设计、实施、评价及指导的能力显著提升，形成多个优秀课例和跨学科项目式学习案例。多名教师成为国培、区培授课专家，赴百色田林、崇左等地开展送教下乡和培训活动，多名教师在广西中小学教师信息技术应用创新与实践展示活动中获优秀课例奖。

3. 案例创新点

（1）基于微能力课堂评价创新

研制《“创智课堂”教学评价表》，作为教师信息化教学应用的评价工具，以学生学习行为、教师教学行为和微能力等为观察点，起到引领、规范的作用。

（2）教师评价方式创新

研制《教师研修手册》，让研修过程可视化。研修活动结束，教师收集整理研修过程材料，填写《教师研修手册》（“六个一”：一份微能力学习记录表、一份学习发言记录表、一份教学设计、一份教学反思、一份学生学习反馈、一份课件），课题组装订成册，形成研修成果。

二、烟台经济技术开发区实验中学整校推进案例

烟台经济技术开发区实验中学创办于 2003 年。学校始终秉承“养文明之气，求优质之学，育和谐之才”的办学理念，坚持“为学生的终身发展奠基”的办学宗旨，将“开发学生潜能，发展学生个性，让每一个学生得到全面充分

和谐的发展”作为学校的培育目标，全面贯彻党的教育方针，全面推进素质教育，努力培养学生的创新精神和实践能力。基于对全体教师信息技术应用能力的问卷和测评，学校应用 SWOT 分析法进行系统的现状分析，发现在教育教学技术应用中存在如下问题：

一是教师信息素养差异较大。学校的年轻教师占全体教师的 55%，有一定的信息技术应用意识，但实践经验不足；骨干教师对信息技术应用的理解仅停留在课件、微课制作与使用上；老教师信息技术应用水平整体相对较低。

二是技术应用碎片化。教师有使用信息技术辅助教学的意识，但不成系统，随意性强，同时无法对学生思维产生有效帮助。

三是融合水平浅表化。教师对微能力点的认识存在误区，较多表现为技术应用思路，同时，无法与学校当前所开展的大单元教学改革联系起来，信息技术与课堂教学的融合流于表层。

学校目前正在大力推进大单元教学，信息技术可以提供有效的助力，基于此，学校将“基于大单元教学的信息技术与课堂改革深度融合”作为提升目标。

1. 问题解决思路

秉承“基于素养落实，立足实际效用，统筹规划，分步实施”的原则，以“信息技术支持下的大单元教学策略研究”为引领方向，采用三级推进模式促进信息技术与课程的深度融合。

(1) 学校层面——突出种子先行，双向推进

组建校级核心团队，基于对课堂需求和学科特质的分析，确定适合校情的 8 个微能力点。选拔信息素养高的教师担任各学科组种子教师，架构起纵横联合的双向推进模式。8 个微能力的确定主要依据学校正在推动的大单元教学设计整体框架，确定思路如图 5－6 所示。

纵向上成立基于微能力点的二级项目组，由项目组负责人对教师进行培训、指导，及时收集、梳理成果，推广优秀典型。

横向上成立学科研究团队，学科组组长负责组织，种子教师负责推进学科研究。团队立足学科大单元教学实际，将各微能力点的研究与实施融入校本研修，推进信息技术与学科教学的融合。

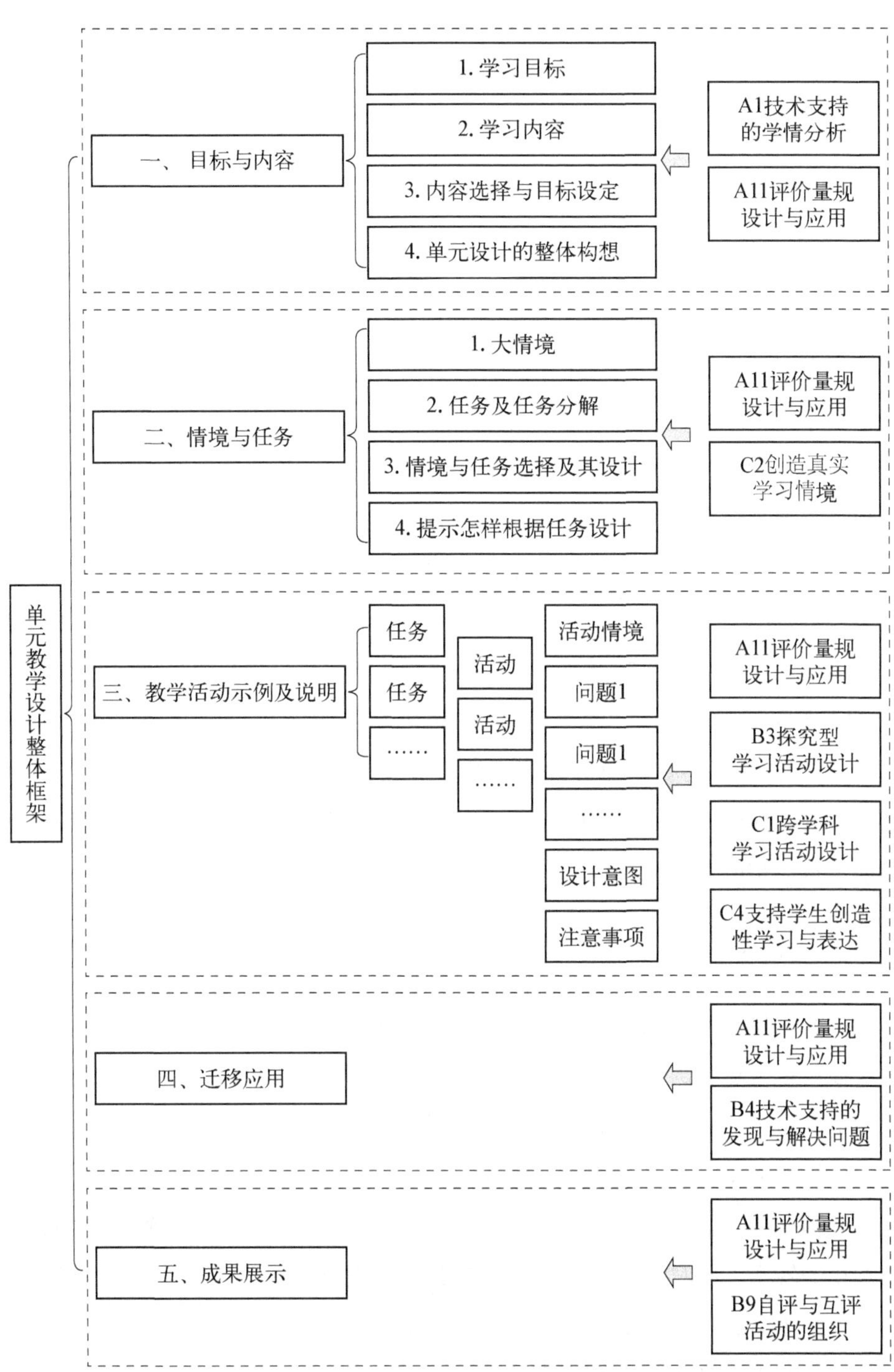

图 5－6　基于大单元的微能力选择规划

(2) 校学科组层面——突出骨干引领，团队共研

解读任务，制订规划。校学科组成立项目研修共同体，解读能力点任务，制订学科组发展规划，明确不同年龄段教师的研修任务和提升标准，组织教师开展在线研讨，促进理解。

主题研讨，内化提升。以“基于学科特质，关注学生发展，提高课堂效率”为标准，开展信息技术支持下的大单元教学设计策略、教学实施策略、教学评价策略等系列主题研讨。开展基于微能力点的课例打磨，梳理学科工具，利用智课系统大数据，进行切片诊断，实现微能力点与课堂教学的融合。

共享成果，示范引领。学科组开展“基于学生关键能力培养”的课例研讨，先后打磨 30 多节课例，发挥示范引领作用，有效改变了技术应用的碎片化现象，促进了学生思维的发展，同时丰富了微能力点校本资源库。

(3) 年级学科组层面——突出“以新促老”“一课三磨”

“以新促老”，进行结对互助。通过结对建立 22 个互帮小组，打造年级学科组内信息化教学微型创新团队，集中解决教师信息素养的差异化问题。

“一课三磨”，实现“深度融合”。聚焦主题“微能力点与学科课堂的应用”，打磨课例。一磨，种子教师执教示范课，带头分析课例，实现理念的引领；二磨，同课同构，推动微能力点在学科内的转化；三磨，同课异构，实现微能力点应用的灵活呈现。

2. 实践成效

(1) 学校技术应用影响迅速扩大

该校被遴选为国家教育信息化教学试验区试点校，在吉林、日照、威海、烟台等省市级“能力提升工程 2.0”会议上作经验交流。

(2) 教师信息技术素养明显提升

教师积极执教示范课，录制课例，实现了信息技术从被动用到主动用再到自觉用的转变，同时正在向“用得恰如其分”迈进。2021 年，共有 51 名教师在省市区级信息技术应用技能大赛获奖，占全校总人数的 30%。

(3) 学生信息素养和创新能力显著提高

学生在信息模拟环境中探究学习，实现知识架构、思维碰撞、能力达成和

精神锻造等方面的和谐统一。2021 年，共 37 名学生在市级信息技术设计、创新和实践类大赛中获奖。

3. 案例创新点

(1) 构建了“纵横联合”的双向推进新模式

纵向上成立基于微能力点的项目组，进行指导与评价。横向上成立学科研究团队，立足学科实际，开展校本研修，推进信息技术与学科教学的融合。实现“学校集体研修、校级学科组分学科研修、年级学科组实践研修”的层级推进。

(2) 确立了“信息技术助推大单元教学研究”的研修新范式

探索信息技术深度融合课堂校本研修机制，将学科核心素养融入单元教学设计，进行层级划分、阶段推进，设计学科优质大问题，启发学生有效思考，用信息技术促进学生的理解和思考，培养学生的高阶思维品质。

(3) 建立了在常态课中融合技术的科学标准

秉承“理解学科，理解学生，理解教育，理解自我，理解技术”的课堂建设理念，学校创新技术融入课堂的标准，突破学习时空局限，弥补现实条件的欠缺，变抽象为形象，助力学生突破学习阻碍，延展思维过程，助推学生思维发展，形成了一系列学科教学案例，真正让技术创新课堂。

第三节　整校推进运作机理分析

在提升教师信息技术应用能力过程中，“整校推进”组织模式为什么能够取得较好的成效？为了提炼和发现整校推进中的一些规律和特征，研究采用解释结构模型对 25 项关键成功因素进行关系梳理，探究因素之间的层次逻辑与作用机理。

解释结构模型(interpretative structure modeling，简称 ISM)是结构模型化技术的一种。它可以根据事物的实际逻辑关系建立模型，通过数学计算最终形成一个多级阶梯的结构模型，进而将模糊错乱的关系转化为直观的、有层次的关系模型。[①] 解释结构模型的分析思路是要在各个要素基本关系确立的基础上，建立邻接矩阵和可达矩阵，并对可达矩阵进行逐层分解，建立解释结构模型，确立各个要素之间的关系。[②]

一、关键成功因素识别与选取

关键成功因素法是企业、产业或项目管理中的一种战略分析工具，有助于高效率解决问题或获得竞争优势。在应用"整校推进"组织模式提升教师信息技术应用能力中，是否存在一些影响组织成效的关键成功因素？这些因素运作过程和机理是什么？本书拟运用关键成功因素思想，综合采用文献研究、案例分析、问卷调查等多种研究方法，分析和发现运用"整校推进"提升教师信息技术应用能力的关键成功因素，在此基础上通过解释结构模型探索因素关系和运作机理，继而深化立足校本提升教师信息技术应用能力规律的认识，并为学校信息化以及教师培训专业化发展提供参考。

关键成功因素(critical success factors，简称 CSFs) 指的是对企业成功起关键作用的因素，是商业管理领域中推动企业发展的重要方法，围绕着这些起决定性作用的关键和主要的因素进行规划能获得良好的绩效，实现企业目标和愿景，而忽视这些关键成功因素可能妨碍组织努力成效的发挥。[③] 关键成功因素法在教育领域也有较多应用，例如 K12 学校改进的关键成功因素研究[④]、发展中国家 e-Learning 的关键成功因素研究[⑤]等。本研究旨在通过文献研究、案例

---

① 张余钰，郝生跃.城市轨道交通 PPP 项目关键成功因素及作用机理研究——基于国内外典型案例分析 [J].土木工程学报，2020，53(07)：116－128.

② 张静，王欢.基于 ISM 的在线教育平台学习者持续学习行为的影响因素研究 [J].中国电化教育，2018(10)：123－130.

③ 闫希敏，李月琳.关键成功因素视角下的数字图书馆交互评估模型 [J].图书情报工作，2016，60(10)：24－32.

④ Man B. Identifying Critical Success Factors for School Improvement among Excellent Principals in High Performing Schools in Malaysia：A Case Study [D]. Kuala Lumpur：University of Malaya，2018.

⑤ Bhuasiri W，Xaymoungkhoun O，Zo H，et al. Critical Success Factors for E-learning in Developing Countries：A Comparative Analysis Between ICT Experts and Faculty [J]. Computers & Education，2012，58(02)：843－855.

研究、访谈研究以及专家研判等方法发现与归纳直接影响能力提升工程“整校推进”成效关键因素，帮助学校、区域等管理者关注优先和重点事项，确保目标的达成度。

关键成功因素的选择分为因素识别和因素选取两个步骤。因素识别是在文献研究基础上，综合多案例研究和实践者访谈汇聚、综合并梳理形成成功因素清单。因素选取阶段重在通过专家研判从多个成功因素中析出关键项。

1. 基于文献的成功因素研究

“整校推进”是以校为本的教师信息技术应用能力发展组织模式。从教师信息技术应用能力发展的客观规律来看，组织影响因素包括学校愿景、计划与相关政策，专业发展活动，信息化设备的可用性和可获性，技术支持，领导支持，时间、日程与工作负荷，学校文化等①；教师 ICT 应用行为影响因素包括外部因素、技术因素、个体能力因素、ICT 应用障碍、内部因素、服务支持等②；有助于教师 ICT 持续专业发展的三类因素为激励教师个性化发展、发展学校成为学习社区、影响更广泛教师专业发展供给等三类③。

2. 基于优秀案例的成功因素识别

截至 2021 年 8 月，全国能力提升工程执行办遴选并通过微信公众号发布了 11 个来自广西、山东、安徽、河北、浙江等十个省市中小学校的整校推进优秀案例。研究通过视频和文本材料，从人员、机制、资源和活动四个方面对特色和成功因素进行了提炼，归纳了管理团队、培训团队、学校信息化发展规划、教研组研修计划、校本研修、问题解决与指导等 37 个因素。

---

① Afshari M, Bakar K A, Luan W S, et al. Factors Affecting Elementary Teachers' Decision to Integrate Information and Communication Technologies (ICT) in an Egyptian international School [J]. International Journal of Instruction, 2009(02): 77 - 104.

② 张海，崔宇路，季孟雪，等.教师 ICT 应用影响因素模型与动力机制研究——基于扎根理论的探索 [J].现代远距离教育，2019(04)：48 - 55.

③ Daly C, Pachler N, Pelletier C. Continuing Professional Development in ICT for Teachers: A literature review [EB/OL]. (2009 - 06 - 01) [2021 - 06 - 21]. https://discovery.ucl.ac.uk/id/eprint/1561013/1/Daly2009CPDandICTforteachersprojectreport1.pdf.

3. 基于实践者访谈的成功因素识别

研究者对16名省、市、县以及教师培训机构负责能力提升工程项目规划与实施的管理者进行了电话、微信访谈，了解“整校推进”需要具备哪些关键性因素或条件。认可度较高的因素包括：校长领衔、学校规划、骨干示范带动、工作职责明确、区域支持和指导、教师考核机制、校本研修制度、区域督导等。

综合上述三种方法得到的结论，研究最终形成了覆盖顶层规划、团队构建、培训资源、研修活动4个类别的30个成功因素。接下来，研究通过专家问卷法分析出关键成功因素。

1. 问卷设计与发放

研究采用专家问卷法对成功因素的重要性排序，并提取关键成功因素。

问卷的第一部分是专家基本情况；第二部分是对成功影响因素的重要程度研判，问卷采用五级李克特量表打分法，从1到5分别为不重要、有点重要、重要、很重要、非常重要，为确保对每个成功因素理解一致，问卷中对每个因素进行了界定；第三部分是其他建议，专家可对关键成功因素进行补充、修订。

来自高等院校、研究机构、教师进修学院、教育学院教育行政单位以及中小学的37名专家对成功因素进行了研判，专家中具有高级职称的有22名，占比59.46%；学校校长和教研员4名，占比10.91%；其余11人为学校管理团队成员、培训机构项目负责人等。同时，研究对问卷进行了信度分析，通过反映内部一致性的指标Cronbach's α进行信度检验，Cronbach's α＞0.8，说明本问卷数据具有较好的可靠性和一致性，调查结果信度良好。

2. 统计分析与解释

根据专家们的建议，增加了“省市指导专家或培训团队”要素，并将“区域规划与组织实施”调整为“区域规划、组织实施与经费保障”，之后针对调整要素进行了第二轮评分。综合两轮结果之后对每一个要素进行了标准差计算，结果均低于 1.0，说明专家们对于影响因素的重要程度有较大共识。在此基础上以低于平均分一个标准差为筛选条件，学校过程沟通与评价制度、设备与技术配置更新制度、课题研究、跨校研修与校际帮扶、青蓝结对、信息化设备与工具应用学习资料六个因素低于该标准予以删除，最终保留了 25 项关键成功因素，见表 5 - 4 所示。

表 5 - 4　成功因素及专家评分结果

维　度	编号-关键成功因素-得分
顶层规划	F1 -区域规划、组织实施与经费保障- 4.78；F2 -区域指导与学校考核结果应用制度- 4.65；F3 -学校信息化发展目标与能力点选择- 4.78；F4 -学校校本研修方案与推进制度- 4.78；F5 -学校校本应用考核方案- 4.62；F6 -教师考核结果应用与激励制度- 4.32；F7 -学校项目团队职责与考核要求- 4.30
团队构建	F8 -学校管理团队- 4.97；F9 -学校测评及应用指导团队- 4.59；F10 -学校骨干教师团队- 4.49；F11 -区县培训团队- 4.46；F12 -省市指导专家或培训团队- 4.52；F13 -培训机构- 4.27
培训资源	F14 -培训课程资源- 4.57；F15 -典型案例- 4.78
研修活动	F16 -学校管理团队专项培训- 4.86；F17 -教师专题培训- 4.59；F18 -教师自主学习与个性发展支持- 4.22；F19 -教研组学习与研讨- 4.59；F20 -学科联动教研- 4.19；F21 -校内项目推进沟通协调会- 4.30；F22 -校内公开课展示和观摩- 4.46；F23 -研修成果研磨- 4.54；F24 -教师信息技术应用竞赛- 4.16；F25 -区域交流与辐射- 4.27

二、关键成功因素的邻接矩阵建模与层次关系划分

首先要识别两个因素之间是否存在“导致”关系。研究主要采用文献研究和专家访谈法，最终形成关键成功因素 25 阶矩阵-邻接矩阵 A，见表 5 - 5 所示，如果 F1 直接决定或较大程度上影响 F2，则在 F [1，2] 上标识 1，反之为 0。由于因素之间的关系较为复杂、相互作用，为避免重复计算，本研究只考虑直接决定或较大程度上直接影响关系，忽略间接关系。

表 5 - 5 “整校推进”关键成功因素的邻接矩阵 A

	F1	F2	F3	F4	F5	F6	F7	F8	F9	F10	F11	F12	F13	F14	F15	F16	F17	F18	F19	F20	F21	F22	F23	F24	F25
F1	0	1	1	1	0	0	0	0	0	0	1	1	1	0	1	1	1	0	0	0	0	0	0	0	1
F2	0	0	1	1	0	1	0	1	0	0	1	0	1	0	0	0	0	0	0	0	0	0	0	0	1
F3	0	0	0	1	1	0	1	0	1	1	0	0	0	1	0	0	1	1	1	1	0	1	1	1	0
F4	0	0	0	0	1	0	1	0	0	0	0	0	0	0	0	0	0	0	1	1	1	1	0	0	0
F5	0	0	0	0	0	0	1	0	0	1	0	0	0	0	0	0	0	1	1	1	1	1	1	0	0
F6	0	0	0	0	0	0	0	0	0	1	0	0	0	0	0	0	0	0	0	0	0	1	1	1	0
F7	0	0	0	0	0	0	0	1	1	0	0	0	0	0	0	0	0	0	0	0	0	0	0	0	0
F8	0	0	1	1	1	1	1	0	1	1	0	0	0	0	0	0	0	1	0	1	1	1	1	1	0
F9	0	0	0	0	1	0	0	0	0	0	0	0	0	0	0	0	0	0	0	0	0	1	1	1	0
F10	0	0	0	0	0	0	0	0	0	0	0	0	0	0	0	0	0	0	0	0	0	0	1	0	0
F11	0	0	0	0	0	0	0	0	1	0	0	0	0	0	1	0	1	0	0	0	0	0	1	0	1
F12	0	0	0	0	0	0	0	0	0	0	1	0	1	0	1	1	0	0	0	0	0	0	0	0	0
F13	0	0	0	0	0	0	0	0	0	0	0	0	0	1	0	1	1	0	0	0	0	0	0	0	0
F14	0	0	0	0	0	0	0	0	0	0	0	0	0	0	0	0	0	1	0	0	0	0	0	0	0
F15	0	0	0	0	0	0	0	0	0	0	0	0	0	0	0	0	0	0	0	0	0	0	0	0	0
F16	0	0	1	1	1	0	0	1	0	0	0	0	0	0	0	0	0	0	0	0	0	0	0	0	0
F17	0	0	0	0	0	0	0	0	0	0	0	0	0	0	0	0	0	0	1	0	0	0	1	0	0
F18	0	0	0	0	0	0	0	0	0	0	0	0	0	0	0	0	0	0	0	0	0	0	0	0	0
F19	0	0	0	0	0	0	0	0	0	0	0	0	0	0	0	0	0	0	0	0	0	0	1	0	0
F20	0	0	0	0	0	0	0	0	0	0	0	0	0	0	0	0	0	0	0	0	0	0	1	0	0
F21	0	0	0	0	0	0	0	0	0	0	0	0	0	0	0	0	0	0	0	0	0	0	0	0	0
F22	0	0	0	0	0	0	0	0	0	0	0	0	0	0	0	0	0	0	0	0	0	0	1	0	0
F23	0	0	0	0	0	0	0	0	0	0	0	0	0	0	0	0	0	0	0	0	0	0	0	0	0
F24	0	0	0	0	0	0	0	0	0	0	0	0	0	0	0	0	0	0	0	0	0	0	0	0	0
F25	0	0	0	1	0	1	1	0	0	0	0	0	0	0	0	0	0	0	0	0	0	0	0	0	0

邻接矩阵表示各因素之间的直接影响关系，而要分析各因素之间的直接和间接影响关系则需要计算可达矩阵。[①] 在 EXCEL 中应用布尔逻辑运算规则对上述邻接矩阵 A 进行计算得到可达矩阵 R。根据布尔运算法则，即 $0+0=0$，$0+1=1$，$1+0=1$，$1+1=1$，$0\times0=0$，$0\times1=0$，$1\times0=0$，$1\times1=1$，将邻接矩阵 A 加上单位矩阵并进行乘方运算，直到 $R=(A+I)^k=(A+I)^{k-1}\neq(A+I)^{k-2}\neq\cdots\neq(A+I)$，$k\leqslant n-1$，$n$ 为矩阵阶数。经过 5 次迭代，即 $R=(A+I)^6=(A+I)^5\neq(A+I)^4\neq\cdots\neq(A+I)$，得到可达矩阵 R。

引入可达集和前因集的概念进行关键成功因素的关系划分。可达集是指由可达矩阵第 Fi 行中所有元素为 1 所对应的关键成功因素的集合，常用 R(Fi)表示；前因集是由可达矩阵第 Fj 列中所有元素为 1 所对应的关键成功因素的集合，常用 A(Fj)表示[②]，具体数据见表 5 - 6。

表 5 - 6　关键成功因素关系划分

Fi	R(Fi)	A(Fj)	R(Fi)∩A(Fj)
F1	1～25	1	1
F2	2～11，13～25	1，2	2
F3	3～10，14，17～24	1～5，7～9，11～13，16，25	3～5，7～9
F4	3～10，14，17～24	1～5，7～9，11～13，16，25	3～5，7～9
F5	3～10，14，17～24	1～5，7～9，11～13，16，25	3～5，7～9
F6	6，10，22～24	1～9，11～13，16，25	6
F7	3～10，14，17～24	1～5，7～9，11～13，16，25	3～5，7～9
F8	3～10，14，17～24	1～5，7～9，11～13，16，25	3～5，7～9
F9	3～10，14，17～24	1～5，7～9，11～13，16，25	3～5，7～9
F10	10，23	1～13，16，25	10

① 牟智佳，张文兰.基于 Moodle 平台的网络学习动机影响因素模型构建及启示 [J].电化教育研究，2013，34(04)：37 - 42.

② 张余钰，郝生跃.城市轨道交通 PPP 项目关键成功因素及作用机理研究——基于国内外典型案例分析 [J].土木工程学报，2020，53(07)：116 - 128.

续 表

Fi	R(Fi)	A(Fj)	R(Fi)∩A(Fj)
F11	3～11，14，15，17～25	1，2，11，12	11
F12	3～25	1，12	12
F13	3～10，13，14，16～24	1，2，12，13	13
F14	14，18	1～5，7～9，11～14，16，25	14
F15	15	1，2，11，12，15	15
F16	3～10，14，16～24	1，2，12，13，16	16
F17	17，19，23	1～5，7～9，11～13，16，17，25	17
F18	18	1～5，7～9，11～14，16，18，25	18
F19	19，23	1～5，7～9，11～13，16，17，19，25	19
F20	20，23	1～5，7～9，11～13，16，20，25	20
F21	21	1～5，7～9，11～13，16，21，25	21
F22	22，23	1～9，11～13，16，22，25	22
F23	23	1～13，16，17，19，20，22，23，25	23
F24	24	1～9，11～13，16，24，25	24
F25	3～10，14，17～25	1，2，11，12，25	25

根据以下原则进行层次划分：若 Fi 是最上一级节点，则必须满足条件：R(Fi)∩A(Fj)= R(Fi)，故得到第 1 层关键成功因素集合为 L1= {15，18，21，23，24}。剔除第 1 层关键成功因素，按照上述原则，得到第 2 层关键成功因素为 L2= {10，14，19，20，22}。依此类推，可得到第 3～8 层关键成功因素分别为：L3= {6，17}；L4= {3，4，5，7，8，9}；L5= {16，25}；L6= {11，13}；L7= {2，12}；L8= {1}。

8 个层次中，第 1 层为直接导致项目成功的关键成功因素，第 2～8 层为间接导致项目成功的关键成功因素，层次越高作用路径越长。其中，F3、F4、F5、F7、F8 和 F9 的行和列相对应的要素是完全相同的，可作为一个整体进行分析，本研究将其统称为“学校规划”。

基于分层结果和关键成功因素之间的关系绘制关键成功因素层次关系图，如图5-7所示，箭头表示因素之间的二元关系，部分因素虽然跨层级，但相互之间存在较为显著的影响关系，例如“学校规划”与典型案例、学科联动教研、教师信息技术应用竞赛等。

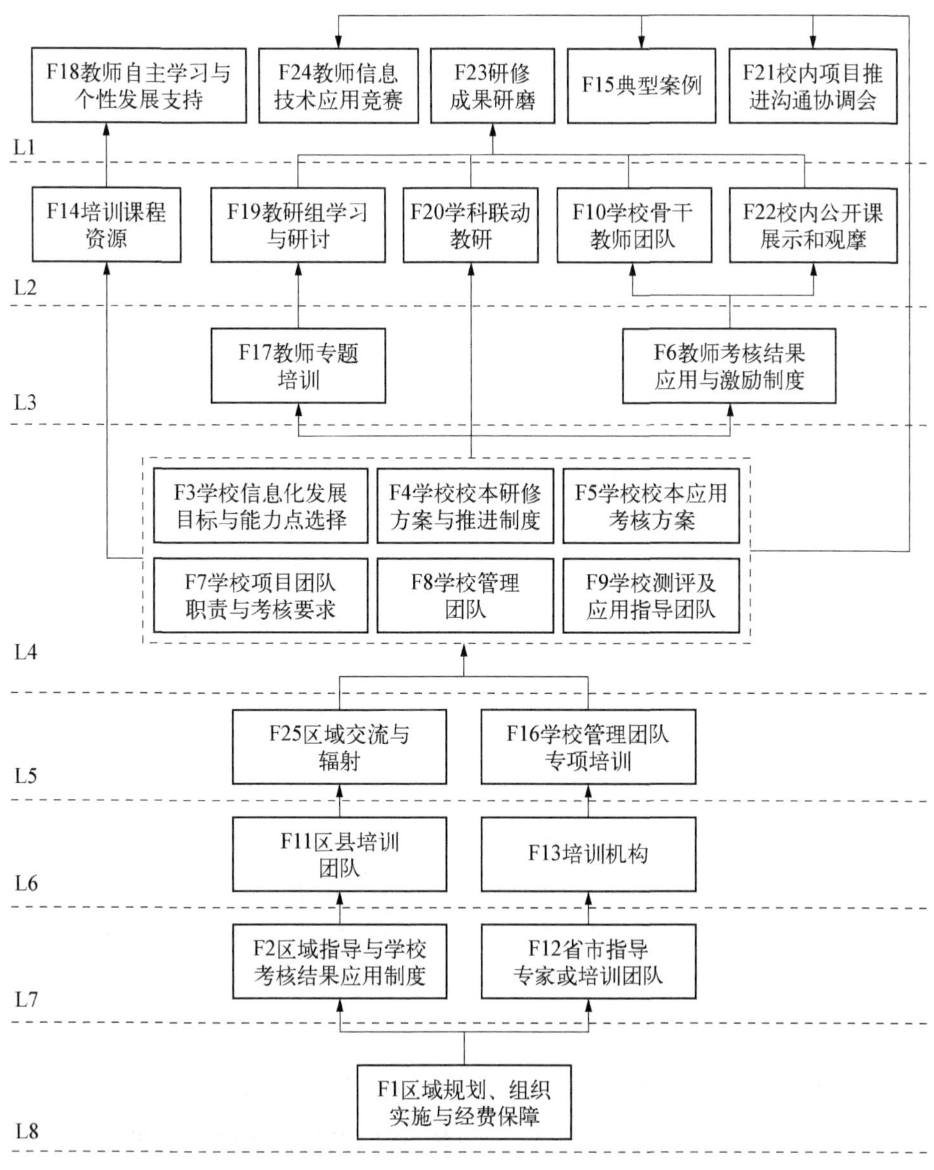

图5-7　关键成功因素层次关系图

三、模型分析与运作机理解释

根据层次关系图，影响“整校推进”成效最直接的因素是：典型案例、教师自主学习与个性发展支持、校内项目推进沟通协调会、研修成果研磨以及教师信息技术应用竞赛；影响“整校推进”成效最根本的因素是：区域规划、组织实施与经费保障。同时可发现，由于所处层次不同，各因素对“整校推进”工作的作用方式与影响程度也有较大差别，因素所处的层级越高，作用路径越长，影响范围和作用越大。通过对影响因素及其之间的关系和作用进行分析，明确“整校推进”模式形成的过程与机理，以寻求成效提升的路径与对策。

第 1 层和第 2 层因素主要属于学校组织推进工作范畴，即依据学校发展规划所进行的一系列活动与采用的策略，这是推动教师参与、学习、实践与反思的具体举措，也是学校组织文化构建与学习共同体建设的实践路径，其核心要义就是营造和构建教师实践情境和合作文化，提供信息技术应用能力提升的直接动力加持。此外，位于第 1 层的典型案例，可启发和引导学校的规划组织与教师的学习实践，该因素说明，能够解析理念和思路并能激发行动思考的典型案例是新模式规模化实践的重要支撑。因此，先行试点、萃取典型是工程取得成功的前提条件。第 1 层和第 2 层的因素直接影响整校推进成效，只要稍加关注即能带来明显的成效。

第 3、4 层可视为学校层面的顶层规划和全局机制，这八个因素构成了学校“整校推进”的顶层规划内容，为具体实施工作以及教师的个人计划提供蓝图，同时实现国家与区域层面的理念和要求对接。依据解释结构方程模型，位于第 4 层处于同一个回路的六个因素作为学校规划的核心内容，应进行系统、迭代思考，构建关联与互动的机制体系。同时这六个因素所构成的学校规划除了直接作用于第 3 层外，还跨级作用于第 2 层以及第 1 层的因素，同时是第 5～8 层区域要素的作用中介，可视作“整校推进”组织模式的中枢，因此，从学校组织视角看，应以规划为实施起点和推进线索；从区域推进视角看，在工程启动阶段，要将学校规划的合理性、科学性以及操作性作为重要关注内容，而在工程实施中，要始终将学校规划作为过程性与终结性评估的核心依据，以此强化学校的计划与执行意识。

第 5～8 层体现为区域视角，即区域的规划与组织实施举措，这些因素为学校实施与推进提供方向引领与正向激励，继而作用于教师。本研究中所指的区域主要包含了县、市等行政范畴，能力提升工程规划承载的教师信息技术应用能力提升和教师培训范式变革的理念、要求需要通过区域相关制度、活动予以传递与落实。位于因素层次图最高级的区域规划、组织实施与经费保障是推动整校推进工作根源性因素，同时也是工作启动的最前端，从项目管理角度来审视，通过把控根源因素会给项目带来最大收益。① 区域因素的出现以及其规划在整个组织运作机制中的根源性地位说明了，“整校推进”尽管非常强调学校主体性和能动性，但区域以及省市等外部环境发挥了战略性引导价值，这个结论同时也说明了，提升各级教育行政单位专业化管理能力的必要性和重要性。

第四节　整校推进组织策略

一、整校组织的主要思路

关键成功因素以及解释结构模型为我们从全局客观审视“整校推进”提升教师信息技术应用能力的机制和动因提供了依据和启发。结合能力提升工程三年多来的优秀案例经验和成果总结发现，要提升“整校推进”组织成效需要把握三个关键。

1. 学校规划：“整校推进”的逻辑起点及核心线索

“整校推进”组织模式是对以统一内容、节奏一致、自上而下的教师信息技术应用能力提升模式的反思和创新，借此突出和强调：在推进教师信息技术

① 张余钰，郝生跃.城市轨道交通 PPP 项目关键成功因素及作用机理研究——基于国内外典型案例分析［J］.土木工程学报，2020，53(07)：116－128.

应用能力中应从单独重视“个体需求”转向以“组织发展”为前提的“个体需求”确立，通过根植学校愿景、情境来滋养教师的信息化知能；通过规划使管理团队与普通教职工明确需要为之奋斗的共同愿景①；教师信息技术应用能力发展必须为解决本校教育教学问题服务②。基于此，研究建议可采用如图 5-8 所示的规划步骤实现个体需求与组织需求的链接，即通过学校信息化发展规划传达教师信息技术应用能力发展的目标、引导教师设定个人信息技术应用能力发展目标，进而实现学校发展与个体发展的关联和互动，并让教师获得归属感、力量感和整体意识。

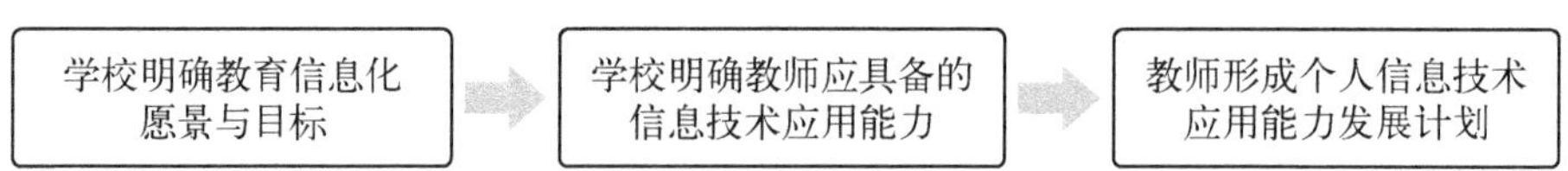

图 5-8 “能力提升工程 2.0”的整校推进规划步骤

2. 实境学习：“整校推进”的学习形态与内涵意蕴

实践应当是教师信息技术应用能力发展的起点，铺陈了教师信息技术应用能力发展的叙事逻辑③；要将新技术在教育教学活动中的应用融入教师专业发展的核心素养中，转化为每一位教师的日常教学行为，提升教师的获得感④。关键成功因素中有多项能够丰富教师知识和实践智慧的专业发展活动，这些活动构成了教师探讨、体验、经历与研究信息技术融合教育教学的情境，并推动教师形成了持续性、常态化的思考和实践，因而，开展实境学习是保障“整校推进”成效、发展教师信息技术应用能力的必然要求。

实境学习是将学习者置于真实的专业生活和实践中，通过行动、体验、合作交流等方式完成新知习得与建构。实境学习与情境化培训、工作嵌入式学习

---

① 褚宏启.规划未来：学校发展规划的制定 [J].中小学管理，2021(03)：60-61.

② 刘增辉.能力提升工程 2.0 将进入提质增效新阶段——专访教育部教师工作司副司长宋磊 [J].在线学习，2021(08)：41-44.

③ 魏非，闫寒冰，祝智庭.基于微认证的教师信息技术应用能力发展生态系统构建研究 [J].电化教育研究，2017，38(12)：92-98.

④ 梁凯华，黎加厚.极简培训：提升教师获得感的信息技术应用能力培训新方式 [J].电化教育研究，2021，42(04)：122-128.

等概念具有一致的内涵意蕴，均提倡走向真实实践场景的学习方式，回归校本、践行实境学习是让教师信息技术应用能力发展立足课堂和日常专业生活。课堂教学、教研组学习与研讨、学科联动教研、观课评课等活动就是教师真实的专业生活形态，教师信息技术应用能力培训与提升活动，应自然与教师专业生活，与学科教学、学生发展等研讨和实践充分地融合在一起，成为教育教学活动不可或缺的一部分，尤其是要将信息技术作为教育教学与学生发展问题解决的重要工具，主动探索和创新解决方案，避免将能力提升工程作为教师专业发展和学校发展的“另外”一件事。

3. 区域联动：“整校推进”的开放视角与制度合力

区域关注体现为一种社会学视角，是对教师发展中个人发展与社会情境关联关系的理性思考。区域联动重点不在研修目标、内容以及节奏的统一，而是帮助学校从单一封闭的校本培训走向开放融合的区域协同，同时强调区域管理和专业力量对学校“整校推进”工作的支持、监管。教育变革要取得实效，需要立足于区域的教育基础，促进教师专业发展也不例外，需要从区域层面进行整体规划设计。① 同时，区域联动也可以确保各个学校实施方向、路径的合理性与专业性，避免当前学校校本研修中出现的价值取向意识较为模糊②、内容随意化③、形式泛化缺乏针对性④、成效低下等问题，也可以降低单一的学校变革常常陷入变革动力不足、能力不强、外部支持环境不良等困境的风险。⑤

实现区域联动需要从政策制度和专业支持两个角度形成合力。在尊重学校各自的目标和特色基础上，通过制度设计明确学校“整校推进”成效的考核方式，激发学校自主、高位发展的动力；通过平台创设，包括采用公开课观摩、

---

① 郭炯，夏丽佳，张桐瑜，等.基于实践场的区域教师专业发展路径研究［J］.中国电化教育，2016(04)：106－112.

② 张丽文，郭凤敏，曲琳.指向教师专业发展的学校组织变革［J］.现代教育管理，2020(03)：65－70.

③ 李树培，魏非.中小学校本研修的问题、缘由与路径［J］.教师教育研究，2019，31(02)：37－41.

④ 张薇，杨淑平，李涵，等.基于知识转移的校本研修模式及效果研究［J］.电化教育研究，2018，39(01)：107－113.

⑤ 同①.

专题研讨、典型案例评选等交流方式促进学校之间有更多的经验成果互动与共享；通过区县培训团队建设与省级指导专家智慧引入，帮助学校理解国家政策的核心要义，并及时回应实践问题；通过教师培训机构，引入优质课程、平台等专业资源。同时，对学校的过程性评估与监管也是区域联动成效发挥的重要动力，可推动学校不断检视与完善行动方案，当前部分地区出现了学校目标定位低、选择学习简单能力点等应付现象，区域引导与监管缺失是一个重要原因。

二、整校组织的关键策略

由图 5－7 可见，从第 1 层到第 4 层，较为直接的因素都在学校层面，学校所采用的策略和方法直接决定了整校推进模式的成效。对这些因素以及典型案例进行综合分析之后，总结出六条关键策略：目标聚焦、规划合理、考核务实、校本有序、机制保障以及成果导向。

1. 目标聚焦

学校发展是持续性和长期性的，在学校愿景或中长期目标指引之下针对学校当前的问题和困难确定发展目标是整校推进模式成效得以发挥的关键。目标凝聚全校教师的共识，体现了在未来一定时期内所有人的共同责任和使命。同时，目标又成为所有研修活动设计与开展的依据。确认的目标需要能够体现学校问题解决或特色凸显，问题可以来自学校愿景推进中的重点或挑战，也可以来自一直以来学校意欲彰显的特色。不管是面向愿景的问题还是需要凸显的特色，均体现了学校整体规划的延续和深化，同时也体现了信息技术解决学校发展和教育教学问题的基本立场。同时，目标应该是准确、清晰的，即项目实施周期内具体需要达成结果的概括性表述，当然也可能表述为指向性一致的多个子目标，例如“促进课堂信息化设备的常态化应用，充分应用信息技术来创新教学模式”“显著提高教师数据素养，用精准教学为学生发展赋能”。

2. 规划合理

整校推进的组织规划是学校开展工作的指南。首先，规划方案要体现项目的核心目标和要求，但同时应能够与学校相关工作形成合力，例如，在组织实施能力提升工程之时，信息技术应用显然必须与教育教学实践融合，因此，能力提升工程的整校推进规划是需要体现学校教育教学改革和发展的主要使命。其次，整校推进规划不能局限于教师培训的单一活动，培训要发挥支持教师发展的价值，必须要立足于教师发展的视角进行系统设计，换言之，要结合设备、资源、环境、评价及管理制度等维度为教师发展提供全方位保障。此外，规划需要落实到各级行动中，建议在学校规划之下，学校再形成校本研修组织实施计划，教研组可建立工作计划，教师再建立个人学习计划，三项计划既是对学校规划的积极呼应，同时与规划之间存在严密的逻辑关系，为规划到行动的闭环提供完整的实施线索。

3. 考核务实

整校推进是学校层面的教师发展系统性规划工作，体现了以学校为单位的教师共同发展的核心思路。在实际推进中，需要结合具体的推进举措和路径设置多角色，并合理分工相互支撑。在整校推进中，围绕着教师发展可能存在着系统规划者、项目统筹者、示范指导者等多类角色。各角色任务要清晰界定，并保持任务、职责、时间节点之间的衔接和关联，实现管理要求的有序传达和相互支撑。此外，对于各类角色，均需要将这些考核要求转化为任务要求、学习要求，进而实现“学、用、评”一体化。

4. 校本有序

整校推进以校本研修为重要场景。尽管很多学校日常均开展校本研修，然而却比较多体现为一种常规活动布置与传达的例行公事，如常态化的备课、上课、评课交流活动，缺乏顶层规划、缺乏长期目标和阶段计划，基于主题或具体问题的深度持续教学研究较少。[①] 整校推进下的校本研修，强调要在学校发展的整体规划之下作系统性设计，将研修主题与学校目标关联、研修形式呼应学校教育教学变革方向。同时，校本研修活动要真正促进研修学习转化与迁

---

① 李树培，魏非.中小学校本研修的问题、缘由与路径 [J].教师教育研究，2019，31(02)：37－41.

移，要更多与实践任务结合起来，同时能够在活动中让教师更有专业上的参与感和获得感。

5. 机制保障

教师专业发展是多方面因素综合作用的结果，尤其是学校制度和机制，能够较好地唤起教师学习与发展的内驱力，因此，需要将整校推进的模式转化为学校组织实施的机制，方可保障教师参与研修的积极性，进而确保整校推进的质量和成效，包括组织管理架构、职责角色和任务、资源配给和支持、教师研修投入的认定等。例如上海市青浦区在推动大面积提高教学质量的教育改革实验的“行动教育”中，要求各校相继建立校本研修工作机制，设计“行动教育”的课程，融教学、研究、进修三位一体，实现自我反思、同伴互助、专业引领相结合，将规划、实施、考评、记载连贯一致，过程和结果记入教师业务进修档案。①

6. 成果导向

成果是达到目标的可外化、可量化的指标，成果导向的规划与实施是整校推进中需要坚持的重要思路，即将成果作为终点，也是起点，将成果产出作为项目实施的引领和检测依据。从学校层面看，需要在启动项目之前明确，体现目标达成(效果)的表现是什么？围绕着学校教育教学改革，可能包括学生学习成果、学生发展、教师设计与实践成果、构建和创新组织与教学模式等，例如产出 10 个较为优秀的跨学科学习活动设计案例、形成 20 节信息技术与教育教学融合的示范课、构建一套体现本校特色的数字化教研模式等。同时，成果还需要考虑形式易于分享、内容上能够被模仿等因素。

---

① 郑少鸣，姜虹，朱连云，等.教师“行动教育”——青浦实验新世纪探索［J].课程·教材·教法，2014，34(03)：3－12.

第六章　基于微认证的教师信息化教学能力发展监测体系

我们都认识到作为一种应用导向的专业能力，教师信息化教学能力具有静脉性、实践性与复合性属性，同时其发展具有动态、变化等特征。然而，对于如何跟踪与监测教师信息化教学能力发展与变化的情况，目前大多数解决方案局限于使用参与学习与教研的行为记录和设计成果的数据，与“能力”一词所应该具备的实践性、情境性、动态性意涵相距甚远。随着教育研究科学化的发展，教育测评正成为我们认识和评价教育现象本质和规律的重要方式，构建测评模型，基于大数据对教育现象的关键要素及其相互关系进行定量刻画和价值判断的方式正广泛应用于教育研究、决策与实践。[①] 建立教师信息化教学能力测评模型，能够突破当前定性描述模糊的“窠臼”，准确把握教师能力发展的成果与特征，有助于开展教师能力发展过程的监测，并可对其发展走向进行预测。同时，基于数据的定量化方式契合了教师专业发展支持体系智能化、数字化的变革与创新需求。

---

① 范涌峰，宋乃庆.大数据时代的教育测评模型及其范式构建［J］.中国社会科学，2019，12：139－155＋202－203.

第一节　测评模型构建范式研究

测评模型是科学、客观检测某一问题或行为能力的一种定量评价工具。[①] 当量化研究成为教育研究科学化发展的重要方向时，测评模型的构建与应用得到了众多研究者的关注，并成为教育政策制定的重要参考。从当前信息技术应用相关测评模型构建来看，存在着两种主要形式。一种为一套经过验证的测评问卷，通过描述指标构成的方式表达测评对象的结构关系，例如赵建华等提出的教师信息技术应用能力发展模型[②]，杨磊等提出的教师信息化学习力测评模型[③]。另一种为数学线性表达方式，例如张哲等基于整合技术的学科教学知识(technological pedagogical and content knowledge，简称 TPACK)模型提出的教师信息化教学能力评价计算模型[④]，李毅等构建的师范生信息素养测评模型等[⑤]。这些模型通过因子分析法、层次分析法、专家评分法等设定了各项指标的权重，对指标进行归一化处理。

对于数学线性测评模型，研究者们还对其构建范式进行了研究，范涌峰等提出了包括"确定教育测评模型构建的价值取向、明确教育测评对象的操作性定义、构建教育测评指标体系、确定教育测评指标权重与生成教育测评模型、验证和修正教育测评模型"5 个步骤构成的测评模型构建规范。本研究认为，构建的测评模型不仅需要揭示研究对象的构成及要素之间的关系，还要有助于

① 张和平，裴昌根，宋乃庆.小学生几何直观能力测评模型的构建探究 [J].数学教育学报，2017，26(05)：49-53.

② 赵建华，郭光武，郭玉翠.基于 ICDT 模型的教师 ICT 能力发展监测分析 [J].电化教育研究，2017，38(07)：122-128.

③ 杨磊，朱德全.教师信息化学习力测评模型的构建与应用 [J].现代远距离教育，2019，6：20-28.

④ 张哲，陈晓慧，王以宁.基于 TPACK 模型的教师信息化教学能力评价研究 [J].现代远距离教育，2017，6：66-73.

⑤ 李毅，邱兰欢，王钦.教育信息化 2.0 时代师范生信息素养测评模型的构建与应用——以西部地区为例 [J].中国电化教育，2019，7：91-98.

简洁、精确、科学地认识复杂的对象和规律。在教师信息化教学能力发展支持体系向精准化、智能化与个性化发展过程中，对相关要素进行研究并构建统一坐标系，有助于把握事物的特征与发展状态，更为直观地开展不同对象之间的横向比较和同一对象不同发展阶段的纵向比较。因此，本研究拟采用数学线性表达方式来构建教师信息化教学能力测评模型，同时综合考量不同研究者的线性数据化测评模型建构步骤，按照“能力测评模型构建的价值取向、模型的操作性定义、指标体系建构、指标权重确认与验证、测评模型的实践检验”5个步骤进行模型构建。

研究拟采用的构建思路为：在明确测评模型价值取向的基础上，基于文献研究确定教师信息化教学能力的操作性定义，根据“能力提升工程2.0”的信息化教学能力测评要求提炼指标体系；然后通过主观和客观组合赋权法对测评模型的指标进行赋权，并在赋权过程中，通过专家调查法对指数的各项权重进行确认，以实现对测评模型的专业研判，进而形成教师信息化教学能力指数。测评模型构建流程如图6-1所示。

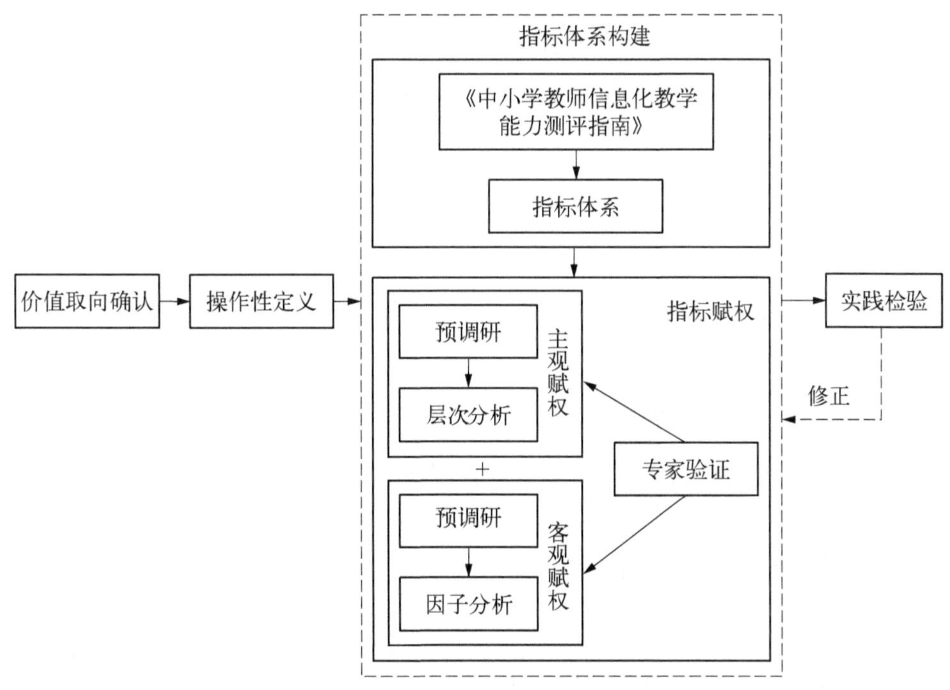

图6-1 测评模型构建流程图

第二节　教师信息化教学能力测评模型构建与验证

一、价值取向

教育测评模型构建的价值取向在某种程度上决定了模型构建的目的、理论框架、思路和方法。基于教师信息化教学能力发展的必要性与当前教师专业发展活动规划与实施的需求，教师信息化教学能力测评模型重在体现实践工具价值，实现对教师信息化教学能力客观、科学的检测，帮助教师清晰地认识现状与不足，同时帮助学校或区域发现当前教师发展的问题、需求，进而确定相关政策和支持。进一步地，在面向教育改革与教师信息化教学能力发展的现实需要基础上，通过构建科学的、量化的测评模型，全面客观地呈现教师信息化教学能力现状，挖掘测评结果内隐、潜在的特征和规律，基于此开展问题诊断、关联分析以及风险预测，进而为教师的学习与实践提供指导和专业支持，并为教师信息化教学能力发展环境构建贡献设计与决策依据。

二、操作性定义

操作性定义是用可感知、可度量的事物、事件、现象和方法对测评对象作出具体的界定、说明[①]，回答“是什么”的问题。教师信息化教学能力发展是一个动态过程，应用测评模型的目的在于勾勒其发展过程、特征和成效，揭示影响因素及相互关系。对信息化教学能力构成与评价的研究可为本定义厘清提供重要参考。

从构成来看，顾小清等认为教师信息化教学能力包括基本信息能力、信息化

---

① 范涌峰，宋乃庆.大数据时代的教育测评模型及其范式构建［J].中国社会科学，2019(12)：139－155＋202－203.

教学设计能力、信息化理念/职业道德/伦理及信息化教学实施能力①；王卫军指出教师信息化教学能力由信息化教学迁移能力、信息化教学融合能力、信息化教学交往能力、信息化教学评价能力、信息化协作教学能力、促进学生信息化学习能力构成②；刘喆等提出教学设计能力、实施能力与评价能力是教师信息化教学能力的三大内核③。从评价来看，张哲等④将信息化教学基础能力、信息化教学整合应用能力和信息化教学情境应用能力作为信息化教学评价指标结构模型中的一级指标；张妮等⑤从学科教学法知识、信息化教学设计能力、实施能力、管理能力、评价能力及反思能力六个维度设计了教师信息化教学能力量表。尽管上述信息化教学能力构成以及评价指标在关注重点和范围上存在一些差异，但利用信息技术支持教学设计、实施与评价都是研究者们长期以来认识的交集。

对于信息化教学能力的构成和评价，在教育部发布的政策文件中也有相关指导。2020 年 6 月，教育部教师工作司向各省级教育行政单位下发了《全国中小学教师信息技术应用能力提升工程 2.0 校本应用考核指南(征求意见稿)》，附件一《中小学教师信息化教学能力测评指南》(以下简称《测评指南》)对教师信息化教学能力测评提出了指导性建议，包括区分多媒体教学环境、混合学习环境以及智慧学习环境 3 类环境，以及学情分析、教学设计、学法指导、学业评价 4 个维度的能力发展要求，并建议基于 30 项微能力开展教师测评；2021 年 8 月在正式文件中提出了基于微能力的能力诊断和过程化测评要求。

结合已有文献，本研究认为《测评指南》中的学情分析、教学设计、学法指导和学业评价 4 个维度不仅清晰、全面地界定了教师在教学活动中应用与融合信息技术的要求，同时与中小学教师真实的教育教学情景吻合，3 类环境的区分充分尊重了我国教育信息化环境不平衡的现状，凸显了信息化环境中硬

① 顾小清，祝智庭，庞艳霞.教师的信息化专业发展：现状与问题 [J].电化教育研究，2014(01)：12-18.

② 王卫军.信息化教学能力：挑战信息化社会的教师 [J].现代远距离教育，2012(02)：45-53.

③ 刘喆，尹睿.教师信息化教学能力的内涵与提升路径 [J].中国教育学刊，2014(10)：31-36.

④ 张哲，陈晓慧，王以宁.基于 TPACK 模型的教师信息化教学能力评价研究 [J].现代远距离教育，2017 (06)：66-73.

⑤ 张妮，杨琳，程云，等.教师信息化教学能力量表的设计及检验 [J].现代教育技术，2021，31 (04)：81-89.

件、软件、网络以及系统对中小学教师专业能力的差异化要求，为不同学校、不同环境下教师的信息技术应用和个性化探索指明了努力方向，同时也能帮助中小学教师辨析信息技术的可用空间和方式，强化了立足教育教学真实情境提升专业能力的意识。因此，本研究重点依据《测评指南》拟定了教师信息化教学能力测评模型的可操作性定义：教师在学情分析、教学设计、学法指导和学业评价等教学活动中应用信息技术解决教育教学问题，以及开展教学创新的综合表现。

三、指标体系建构

统计学的多指标综合评价方法提出，在社会领域中，往往采用可反映被评价对象不同方面的、不存在统一的同变量因素的多个指标来进行综合评价。①依据操作性定义，研究拟通过一系列指标具体描述教师信息化教学能力的构成及要素关系，并对信息化教学能力发展的质与量进行解释。综合分析国际、国内的研究成果与当前教师信息化教学能力发展的实际开展情况可以发现，“能力提升工程 2.0”的教师信息化教学能力测评体系区分了不同地域、不同条件下教师所处的多样化技术融合环境，通过能力细分的方式阐明了教师信息化教学能力的具体构成，能够体现不同信息化环境与教育教学实践复杂、多维而灵活的特色。因此，本研究拟依据《测评指南》中的信息化教学能力测评体系提炼指标体系，共计 3 个一级指标、11 个二级指标、30 个三级指标(如表 6-1 所示)，一级指标对应《测评指南》中的 3 类环境，二级指标对应《测评指南》中的 4 个维度，三级指标对应《测评指南》中的 30 项微能力。

表 6-1　教师信息化教学能力测评指标体系

一级指标	二级指标	能 力 测 评 点
多媒体教学环境	学情分析	A1 技术支持的学情分析
	教学设计	A2 数字教育资源获取与评价、A3 演示文稿设计与制作、A4 数字教育资源管理

① 邱东.多指标综合评价方法的系统分析 [J].财经问题研究，1988(09)：51-57.

续 表

一级指标	二级指标	能 力 测 评 点
多媒体教学环境	学法指导	A5 技术支持的课堂导入、A6 技术支持的课堂讲授、A7 技术支持的总结提升、A8 技术支持的方法指导、A9 学生信息道德培养、A10 学生信息安全意识培养
	学业评价	A11 评价量规设计与应用、A12 评价数据的伴随性采集、A13 数据可视化呈现与解读
混合学习环境	学情分析	B1 技术支持的测验与练习
	教学设计	B2 微课程设计与制作、B3 探究型学习活动设计
	学法指导	B4 技术支持的发现与解决问题、B5 学习小组组织与管理、B6 技术支持的展示交流、B7 家校交流与合作、B8 公平管理技术资源
	学业评价	B9 自评与互评活动的组织、B10 档案袋评价
智慧学习环境	教学设计	C1 跨学科学习活动设计、C2 创造真实学习情境
	学法指导	C3 创新解决问题的方法、C4 支持学生创造性学习与表达、C5 基于数据的个别化指导
	学业评价	C6 应用数据分析模型、C7 创建数据分析微模型

在上述指标体系中，30 项三级指标由于信息化环境以及教学应用维度的区别，难易度以及支持学生发展的潜在价值存在差异。例如，混合学习环境下教师应用信息技术的要求相较于多媒体教学环境要略显复杂，技术与教学整合程度以及灵活度更高，对发展学生综合而复杂的能力更有意义；而应用信息技术支持学业评价的能力比教学设计能力更有挑战。这种差异性同时也体现了教师在不同信息化环境以及情景下运用信息技术解决教育教学实践问题和开展教学创新的综合性和创新性。因而，本研究拟将 3 类环境和 4 个维度中应用信息技术的难度纳入考量。基于上述分析，为充分合理表征教师应用信息技术支持教育教学的水平，本研究通过统计学综合评价指标中的主观赋权与客观赋权相结合的组合赋权法提出了教师信息化教学能力指数 K，其计算公式为：

$$K=\sum_{c=1}^{n}\omega_{ac}\omega_{bc}\omega_{c}Z_{c}$$

其中，a 代表教师信息化教学能力测评体系中的一级指标教学环境，b 代表体系中各教学环境下对应的二级指标教学维度，c 代表具体的微能力点，n 代表微能力总数，ω_{ac} 和 ω_{bc} 分别代表微能力 c 所在的一、二级指标权重，ω_c 代表每项微能力的客观权重，Z_c 代表每项微能力测评分值。由于考虑了微能力测评的难度、规模以及结果，上述公式计算出的能力指数 K 将是教师信息化教学能力发展的全面性、多样性以及复合性的综合表征。

四、确定指标权重

教师信息化教学能力指数 K 的表征关键在于各级指标权重的确认。

测评体系一、二级指标的权重主要采用主观赋权法，具体采用应用层次分析法来分析和确认。层次分析法是解决复杂实际问题的定性与定量相结合的决策分析方法，利用决策专家的经验来衡量各维度间的相对重要程度，并给出每个维度的合理权重。在本研究中，一、二级指标权重是专家对 3 类信息化环境下各教学维度中每项能力挑战程度的判断。ω_c 则采用客观赋权的方法计算，通过因子分析法(FA)来探索各项微能力的客观权重。因子分析法是通过相关分析，提取可以解释多数变量的共同因子，用各项在共同因子上的因子载荷表示其权重的分析方法。①

1. 各级指标难度权重确认

一、二级指标的难度权重确认主要分为建构层次模型、构建评分体系以及权重计算 3 个步骤。

第一，采用“层次分析—主观赋权”的方法，对教师信息化教学能力测评维度进行赋权。因整体体系将进行组合赋权，故层次分析仅分析到准则层。按照层次分析的一般步骤，首先构建层次模型，根据教师信息化教学能力测评指标体系一级和二级指标建构两层框架，以一级维度教学环境为第一层，分为多媒体教学环境、混合学习环境和智慧学习环境；第二层为不同环境下的教学维

① 蒲彩霞.基于博弈论组合赋权的师范生信息化教学能力评价研究［D].重庆：重庆师范大学，2019.

度，其中多媒体教学环境和混合学习环境包括了学情分析、教学设计、学法指导和学业评价 4 个二级指标，智慧学习环境包括了教学设计、学法指导与学业评价 3 个二级指标，如图 6－2 所示。

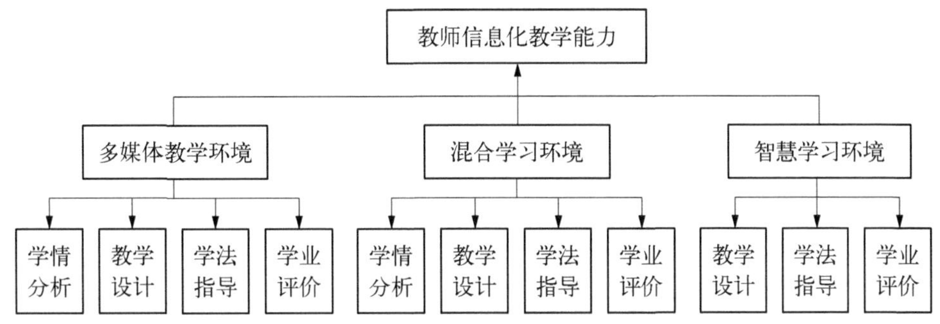

图 6－2　按信息化环境与教学维度划分的测评维度

第二，构建评分体系。评分体系采用 9 标度评分，从同样难度到极端难度，之后经专家判断，标度间难度差为 50%较为合适，各标度赋值情况如表 6－2 所示。

表 6－2　评分体系

标度 a_{ij} 赋值	定　　义
1	i 因素与 j 因素同样难
2	i 因素比 j 因素稍微难一点
3	i 因素比 j 因素难一些
4	i 因素比 j 因素难很多
5	i 因素比 j 因素难非常多
1.5/2.5/3.5/4.5	上述两相邻判断的中间状态
倒数	若 i 因素与 j 因素比较得到的判断为 a_{ij}，则因素 j 和 i 比较的判断 $a_{ji}=1/a_{ij}$

本研究邀请了 13 位教师信息化教学能力研究与实践领域的专家，根据难度评分体系，通过两两对比的方式对微能力点的难度进行评分。研究利用 YAAHP

软件对评分结果进行一致性检验和数据分析，其中有两位专家整体判断情况与其他专家存在明显偏差，视为无效判断，并予以删除。教学环境层次的模型一致性比例为 0.052 8，教学维度层次的模型一致性比例为 0.033 7，均达到拟合要求。其中，在一级指标教学环境层，多媒体教学环境权重为 0.13，混合学习环境权重为 0.25，智慧学习环境权重为 0.62；在二级指标教学维度层，学情分析权重为 0.13，教学设计为 0.19，学法指导为 0.26，学业评价为 0.42。通过主观赋权后，本研究又邀请专家对赋权结果进行确认，保障主观赋权的可靠性。

2. 各项微能力的客观权重确认

ω_c 体现了某项微能力对教师信息化教学能力的解释度，本研究采用了“因子分析—客观赋权”的方式来确认，分为问卷编制与发放、信效度检验、因子分析 3 个主要步骤。

首先，依据《测评指南》编制了调研问卷，将每一项微能力发展要求转化成 1～3 个具体的行为或能力描述，同时以可量化、可观测的语言进行表述，例如“我能够运用数字资源、学科教学工具、知识建构工具(如概念图、思维导图)等来组织学生梳理总结所学内容”。之后，面向中小学教师发放调研问卷，回收 1 150 份，剔除无效问卷 210 份，保留有效问卷 940 份，问卷有效率为 81.7%。

然后，对调研问卷进行信效度分析，信度分析显示 Cronbach's α 系数为 0.980，KMO 值为 0.981 水平达到 0.9 以上，Bartlett 球形检验的 χ^2 值为 31 015.070(自由度为 435)，伴随概率 p 值为 0.000 小于 0.01，达到了显著性水平，表明样本的相关矩阵中有共同因素存在，适合做因子分析，结构效度良好。

最后，对量表进行因子分析。因子分析是为了探究各项微能力对教师信息化教学能力的解释度，因此提取一个共同因素，计算各能力点在该因子上的成分得分系数矩阵。利用 SPSS 软件，通过降维—因子分析，提取一个主成分，并显示因子得分系数矩阵，得到各项微能力的成分得分系数，以该系数作为客观权重，30 项微能力的客观权重如表 6－3 所示。例如 B3 探究型学习活动设计的权重是 0.04，说明该能力点能够在 4%的水平上解释教师的信息化教学能力。通过客观赋权后，本研究又邀请专家对赋权结果进行进一步确认，保障客观赋权的可靠性。

表 6－3　30 项微能力的客观权重

环境维度	多媒体教学环境	混合学习环境	智慧学习环境
学情分析	A1(0.03)	B1(0.03)	
教学设计	A2(0.02)、A3(0.03)、A4(0.03)	B2(0.04)、B3(0.04)	C1(0.04)、C2(0.03)
学法指导	A5(0.03)、A6(0.03)、A7(0.03)、A8(0.03)、A9(0.03)、A10(0.03)	B4(0.04)、B5(0.03)、B6(0.04)、B7(0.04)、B8(0.03)	C3(0.04)、C4(0.04)、C5(0.03)
学业评价	A11(0.03)、A12(0.04)、A13(0.04)	B9(0.04)、B10(0.03)	C6(0.04)、C7(0.03)、

第三节　H 省 S 市教师信息化教学能力的监测及分析

对测评模型的有效性和合理性进行检验的重要方法是应用测评模型，实施发展监测，在真实情境中考查模型的可操作性、可靠性与延展性。本研究基于构建的测评模型，对 H 省 S 市 10 个市(县)区 112 所学校 9 174 位教师参与“能力提升工程 2.0”后的信息化教学能力进行诊断评价，并重点对区域之间、学校之间以及城乡之间的教师信息化教学能力进行了比较分析。

一、区域间教师信息化教学能力差异分析

本研究对 S 市 10 个市(县)区教师参与“能力提升工程 2.0”的实际微能力点选择情况与学习测评结果进行统计分析，结果如表 6－4 所示。依据 3 类环境

下能力点选择比例、合格率、优秀率等数据很难直接比较各市(县)区教师信息化教学能力水平。借助测评模型应用之后的能力指数 K，可直观地发现区域间的差异，例如多媒体教学环境能力点选择比例高的 S2 市、S4 区和 S9 区，通过能力指数 K 均值可知，三个市区的教师信息化教学能力在 S 市中相对较低；3 类环境下能力点选择比例相似的 S2 市和 S4 区，通过能力指数 K 均值可知，S4 区的教师信息化教学能力水平比 S2 市高。

表 6-4　S 市 10 个市(县)区教师参与“能力提升工程 2.0”微能力点测评情况

区域	学校数	能力点选择比例			合格率	优秀率	能力指数 K 均值
		多媒体教学环境	混合学习环境	智慧学习环境			
S1 区	29	68.21%	26.63%	5.16%	91.77%	8.23%	0.100 9
S2 市	2	80.50%	15.96%	3.55%	92.55%	7.45%	0.086 0
S3 区	7	68.03%	25.86%	6.11%	93.57%	6.43%	0.102 3
S4 区	2	79.97%	16.91%	3.12%	88.01%	11.99%	0.090 3
S5 区	5	70.23%	23.76%	6.02%	89.02%	10.98%	0.103 3
S6 区	23	72.79%	23.11%	4.10%	86.81%	13.19%	0.103 4
S7 区	36	72.07%	22.94%	4.99%	90.13%	9.87%	0.099 6
S8 县	3	78.00%	17.46%	4.54%	90.70%	9.30%	0.096 7
S9 区	2	84.10%	14.07%	1.83%	85.74%	14.26%	0.084 4
S10 市	3	62.52%	34.94%	2.54%	89.93%	10.07%	0.100 0

对 10 个区域教师的信息化教学能力指数进行方差分析可发现，多个区域教师信息化教学能力存在显著差异，如表 6-5 所示。例如 S9 区的信息化教学能力指数最低，且与 S1 区、S2 市、S5 区、S6 区、S7 区、S8 县和 S10 市存在显著差异；S6 区的教师信息化教学能力指数最高，且与 S3 区、S4 区以及 S9 区存在显著差异。具体分析可发现，尽管 S9 区优秀率最高，但选择多媒体教

学环境下能力点的老师达到了 84.10%，说明教师探索与创新意识比较薄弱，综合计算可知，教师信息化教学能力整体水平最低；S6 区选择混合学习环境和智慧学习环境下能力点的比例较高，优秀率也较为突出，综合计算后可见，教师信息化教学能力整体水平最高。

表 6-5　10 个区域教师信息化教学能力差异分析

	S1 区	S2 市	S3 区	S4 区	S5 区	S6 区	S7 区	S8 县	S9 区
S2 市	1								
S3 区	0.011*	0.011*							
S4 区	0.01**	0.005**	1						
S5 区	1	1	0.003**	0.001**					
S6 区	1	0.983	0.001**	0.000**	1				
S7 区	0.999	0.998	0.063	0.071	0.701	0.132			
S8 县	0.97	0.99	0.606	0.962	0.68	0.424	1		
S9 区	0.000**	0.000**	1	0.947	0.000**	0.000**	0.000**	0.003**	
S10 市	1	1	0.072	0.137	1	1	1	1	0.000**

注：**为 $p<0.01$；*为 $p<0.05$。

二、学校间教师信息化教学能力差异分析

对 S 市各学段教师信息化教学能力分析发现，小学教师选择的测评能力点覆盖面最为广泛，优秀率最高，且能力指数 K 均值最高，信息技术应用最为活跃，初中教师次之，高中教师和幼儿园教师分别排名第三和第四。同时通过表 6-6 可见，S 市各个学段教师信息化教学能力指数 K 的变异系数均超过了 0.1，说明 4 个学段教师信息化教学能力存在不均衡现象。

表 6-6　S 市 4 个学段教师信息化教学能力发展情况分析

学　段	涉及学校数*	能力点覆盖面	优秀率	能力指数 K 均值	极差	标准偏差	变异系数
小学	71	100%	10.36%	0.100 1	0.803 6	0.077 1	0.770 4
初中	35	96.70%	9.48%	0.099 6	0.595 3	0.077 4	0.777 0
高中	5	93.30%	8.90%	0.098 5	0.595 3	0.086 7	0.880 2
幼儿园	5	60%	6.25%	0.082 9	0.253 0	0.053 7	0.647 6

注：4 所学校同时拥有小学部和初中部，均作为单独的一所学校进行统计。

选择同属混合学习环境的 4 所学校进行横向比较，基本数据和测评结果如表 6-7 所示。通过能力指数 K 均值大小，结合学校能力点选择比例和优秀率可见，A 校多媒体教学环境能力点选择占比大，优秀率虽然高，但创新意识较低，教师信息化教学能力整体水平较低；B 校探索混合学习环境下技术应用的意愿非常强，但由于优秀率不突出，教师信息化教学能力整体水平还有待提升；C 校教师探索混合学习环境和智慧学习环境下技术应用的意愿较强，创新意识较为突出，信息化教学能力整体水平较高，未来也可以通过提升应用成效(即优秀率)实现高位突破；D 校教师较为关注混合学习环境和智慧学习环境下的技术应用，从优秀率可见擅长信息化教学的教师群体较大，信息化教学整体水平较高。

表 6-7　4 所代表性学校的测评结果

学校	多媒体教学环境能力点选择	混合学习环境能力点选择	智慧学习环境能力点选择	合格率	优秀率	能力指数 K 均值
A 校	83.54%	13.58%	2.88%	81.48%	18.52%	0.078 2
B 校	51.96%	42.16%	5.88%	87.25%	12.75%	0.113 7
C 校	58.79%	24.24%	16.97%	89.70%	10.30%	0.127 8
D 校	60.85%	29.84%	9.30%	76.74%	23.26%	0.129 3

三、城乡间教师信息化教学能力差异分析

如图 6－3 所示，城市学校教师的能力指数均值比城镇和乡村均高；乡村学校能力指数均值最低。结合城市、城镇和乡村学校的能力点选择情况以及测评结果可以发现，乡村学校虽然探索混合学习环境和智慧学习环境下的技术应用积极性高，但教师信息化教学能力和城市、城镇相比差距明显存在，同时与城市学校有显著差异，$p=0.008$。

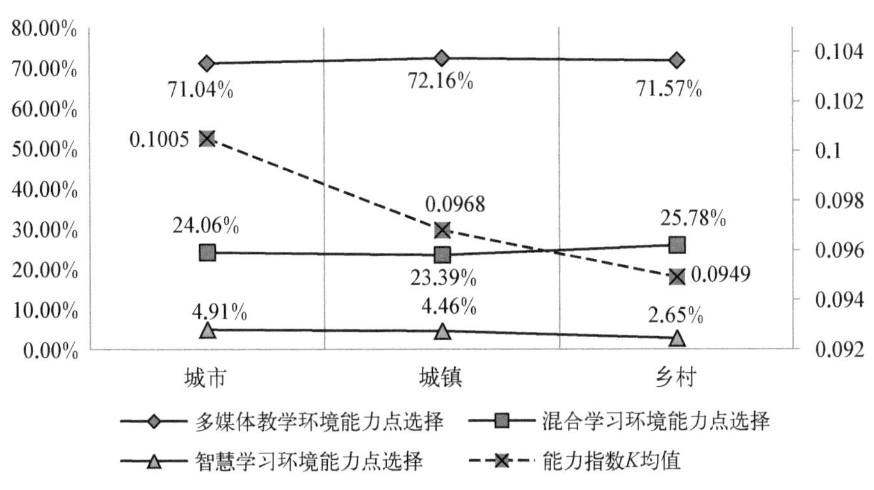

图 6－3　城乡间教师信息化教学能力的差异分析

四、监测启示与建议

借助测评模型，从上述分析可见，S 市教师的信息化教学能力发展呈现如下特点：

（1）区域之间信息化建设条件差异不大，但教师信息化教学水平却存在着发展不均衡现象，部分学校主动探索混合学习环境和智慧学习环境下的技术应用意愿较强，而部分学校却仍停留在多媒体环境下的常规应用。

（2）尽管农村学校信息化应用探索的意愿与城市学校大致相当，但教师信

息化教学能力相对较弱，信息化应用成效不高。

(3) 高中和幼儿园教师的信息化教学能力与小学和初中存在显著差异，信息技术应用的探索意愿和成效均相对较低。

(4) 部分学校内教师信息化教学能力差异较大。

针对上述问题，研究建议：

(1) 在推进“能力提升工程 2.0”以及其他教师信息化教学能力提升工作中，市级层面应建立恰当的机制鼓励区域和学校进行混合学习与智慧学习环境下的创新探索，并通过制度、机制以及活动等方式对学校及教师产生较好的激励效应。

(2) 通过加大培训、提高支持的针对性、促进区域间经验交流等方式，加强对农村学校信息化应用的技术和方法的指导，适当倾斜配套资源和激励机制，着力缩小城乡间信息化应用的鸿沟。

(3) 加强对高中学段和幼儿园信息化应用需求、问题与发展瓶颈的研究，同时萃取具有示范与指导意义的优秀经验和案例，形成具有针对性和操作性的指导方案。对于幼儿园的信息技术应用，还应结合学段和领域特征探讨其应用方式与重点，有必要可构建更具针对性的测评体系。

(4) 针对部分学校教师发展不平衡问题，要帮助学校建立科学、合理的信息化发展规划、信息化教研方式和信息技术应用激励制度，在尊重群体差异的前提下，促进校内群体间的协作，达到共同提升信息化教学能力的目标。

第四节　测评模型应用启发与思考

一、测评模型构建的实践意义

1. 测评模型对教师信息技术应用引导的合理性

在本研究构建的测评模型中，30 项微能力的权重与信息化环境类型密切相关。如果想要获得较高的能力指数，需选择混合学习环境和智慧学习环境中的能力点，这样是否存在引导学校和教师片面追求测评能力点的难度而忽视当前教育教学环境实际条件和教学应用需求的倾向？本研究认为，信息化教学能力指数同时考查了微能力点测评结果（不合格、合格、优秀或分值）以及难度和挑战度，测评结果鼓励教师在当前环境中对信息技术"用得好、用得足"，即强调在当前实践中的信息技术应用成效问题，而能力点难度和挑战度则是有意识引导教师们跳出当前的"舒适区"作一些探索与创新。与此同时，随着互联网、人工智能、大数据等技术在教育中的创新应用，线上与线下已经显露出边界模糊化、相互融合的趋势，尤其是2020年大规模线上教学实施之后，线上线下深度融合的教育形态逐步成为了主要发展方向，每一位教师应当主动地利用学校的信息化资源，积极与家长协作，有意识地探索和提升在混合学习环境和智慧学习环境下的技术应用能力，通过强化学习指导能力、学习过程管理能力、基于数据的评价能力等，为学生创造更为个性化、多样性的学习空间。因此，测评模型既可以较为合理地引导教师立足实践进行应用，又能鼓励教师面向未来进行研究探索。

2. 微能力推动教师能力发展的必要性

本研究构建的测评模型以教师持续参与微能力测评的行为为依托，只有当教师将《测评指南》中的信息化教学能力测评体系作为能力发展指引时，测评模型才能发挥其评价、刻画与判断的价值意义，那么基于微能力的信息化教学能力发展方式是否必要且合理？《测评指南》构建的思路来源于当前国际上倡导的微认证思想，凸显了能力本位教育理念，体现为一种"结果驱动"的专业发展范式。本研究认为，采用微能力方式开展教师信息化教学能力提升工作是培训专业化发展所需，也符合教师信息化教学能力发展规律。在我国，2005年教育部发布的《中小学教师教育技术能力标准》，2014年发布的《中小学教师信息技术应用能力标准（试行）》，为教师信息化教学能力发展指明了方向与目标，然而，上述标准只是告诉了教师们能力发展的"终点"，却缺乏一条明确的、可操作的实践路径。《测评指南》通过细微精准的能力分解为教师指出了阶段性目标，同时测评过程中指向一项项微能力的"及时反馈"不仅能有助于教师和相关管理单位了解教师能力发展进程，同时还能丰富教师的学习感知与体验，帮助教师形成更高的学习期待。当然，教师信息化教学能力要求随着社会和技术变化而发展更新，《测评指南》理应定期丰富和拓展，并且测评模型也应实现与技术发展和教育应用创新同频共振，以保持其专业和实践引导价值。

3. 测评模型构建的实践意义

本研究构建的教师信息化教学能力测评模型以教师参与微能力测评的分值、难度为主要指标，是对教师信息化教学能力的客观度量，体现了两个重要特征：第一是对复杂对象进行精简化处理，使得测评结果更为直观、更具说服力和参照性，提升规模化实践的可操作性；第二是超越具体、个别的教育对象或范围，提升测评模型的普适性，彰显其外延价值。其应用价值体现为两个方面：第一是可以开展定量分析，客观、准确地描述现象，洞悉教师能力发展过程中的问题和不足，并对教师能力发展走向进行动态预测和风险预警；第二是有助于在多维复杂的现实环境中构建统一的教师信息化教学能力测评坐标体系，为一定范围内教师和学校的横向比较提供参考依据，也为构建基于大数据的教师专业发展体系和教育决策机制提供参考。后续研究将在更广泛的实践应用中，结合真实情景和实践需求对测评模型作进一步优化和改进，并通过建立教师信息化教学能力水平的常模丰富本研究成果对实践问题解释与教师发展指导的意义。

二、教师信息化教学能力发展生态体系构建

在研究微认证体系之时，我们在不断对照分析当前教师信息技术应用能力发展路径与成效。我国在 2004 年启动了教师教育技术能力建设计划，2013 年启动了全国中小学教师信息技术应用能力提升工程，2015 年设立专项资金建设教师信息技术应用能力课程资源，在国家政策、专项资金以及各方主体的共同努力之下，教师在教育教学中应用信息技术的意识和能力都得到了长足的发展，但仍然存在着一些不可忽视的问题：培训是教师信息技术应用能力提升的

主要载体，然而与教师实践、教师发展之间并未形成有机互动，“能力建设始于培训、止于培训”的矛盾一直存在[①]；发展测评作为“促进教师在教育教学中主动应用信息技术”的实践举措理应发挥重要作用，然而由于与实践应用紧密关联，科学测评模型与实施方案均很有难度，各省推进缓慢，且实际测评效果并不明显；已经在实践的评估认证与教师培训或正式学习不可分割，甚至是需要以教师培训为前提条件，这种关联性设置有违终身学习时代发展的诉求。

此外，教师技术学习时的接纳与批判、主动开展实践应用的内驱力、教学实践中的技术意识和需求意识等也促使我们思考教师能力发展的核心条件。由于教师职后培养研究的长期缺位，我们忽略了教师作为成人的特性以及教师能力发展的规律，对信息技术应用能力现状的忧思以及提升速度的过度关切使得我们过分倚重“培训”和“评估”的外在推动作用，遮蔽了教师信息技术应用“能力为本”的特征、能力发展“实践情景”以及教师成人作为“能动个体”的核心意义。当信息技术应用能力在教育发展以及教师发展中的作用越发彰显之时，我们更需要冷静思考教师能力发展的核心条件，这是我们规划与实践的前提和基础。

针对我国教师信息技术应用能力发展路径与成效中的现状问题，在结合微认证体系的优点与不足进行思考时，结合图 3 - 7，一种更为吻合我国教师专业发展体系特征的信息技术应用能力发展生态系统思路逐渐清晰，如图 6 - 4 所示，该图重点阐释了微认证、教师及发展、认证评估组织架构之间的关系。其中，微认证的内容框架包含微能力集合、认证框架以及支持资源三个部分；认证组织机构由负责认证系统以及内容设计的认证专业委员会、实施教师绩效认证的认证评估中心以及对认证评估中心行为及工作成效进行评价与监督的第三方评估机构组成；教师参与认证的一般流程为选择、学习与实践、采集与提交、分享等；微认证成果也将与继续教育学分管理系统以及教师学历、专业资质、职务、薪酬等对接。

---

① 赵俊，闫寒冰，祝智庭.让标准照进现实——国内外教师教育技术相关标准实施的比较［J].现代远程教育研究，2013(05)：51 - 59.

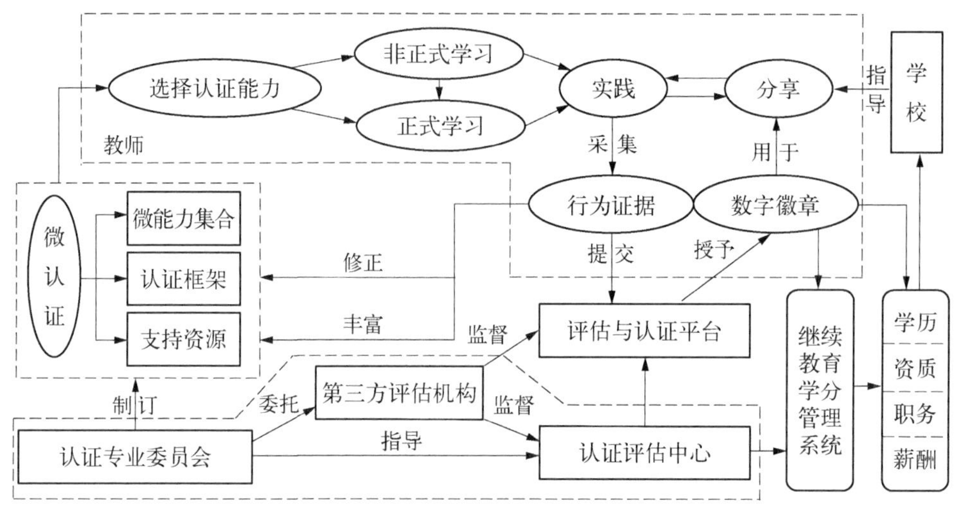

图6-4 基于微认证的教师信息技术应用能力发展生态系统

有两点需要特别说明：

1. 实践导向的能力发展模式

在教师专业发展之中，实践的含义可以阐释为三个方面：第一，实践是教师信息技术应用能力的习得与发展方式，是一种信息技术支持教育教学的知识、方法应用于专业生活的路线，有助于获取隐性知识、形成实践智慧；第二，实践是教师信息技术应用能力发展环境，构成了一种可以观察、可以说明、可以重复、社会集体承认与维持的行动模式或学习情境①，使得教师的知识和能力在此情境之中可以得到习得、转换、迁移或丰富；第三，实践是教师信息技术应用能力发展的资源，与正式学习（如学历教育、培训）中相对理论、系统或抽象的学习内容形成了互补。无论是教师信息技术应用能力的本真内涵，还是能力评估的取向特点，都说明了实践应当是教师信息技术应用能力发展的起点，铺陈了教师信息技术应用能力发展的叙事逻辑。

① 李茂荣，黄健.工作场所学习概念的反思与再构：基于实践的取向［J].开放教育研究，2013(04)：19-28.

2. 开放趋向的终身学习范式

《国家中长期教育改革和发展规划纲要(2010—2020年)》中对继续教育提出了“为学习者提供方便、灵活、个性化的学习条件”的发展要求，而信息技术的快速发展铺垫了实现“人人皆学、时时能学、处处可学”终身学习蓝图的基础。正式教育或培训不再是教师获得知识、发展能力的唯一机会，非正式学习场所的意义越发凸显。教师信息技术应用能力发展环境更应该考虑到教师通过非正式学习方式获得能力发展的可能性，并尽可能创造丰富与便捷的机会和条件，方便教师在各类教育项目之间、在正式学习方式与非正式学习方式之间进行选择，充分满足个性化发展的需要。

第七章　微认证支持教师信息化教学能力发展成效评估

支持教师能力发展是所有教师专业发展活动成效的核心体现，也是微认证价值较为明显的体现。为探究微认证在实践中所取得的成效，本研究在S省和A省分别开展了多项调研，从信息化教学效能感、培训迁移、研训团队效能、整体成效等视角对微认证支持教师信息化教学能力发展的实践成效进行了调研分析。

第一节　信息化教学效能感视角

多项研究表明，教师信息化教学能力的高低与教师技术应用效能感之间有着密切的联系①②③，教师技术应用效能感是在自我效能感的基础上，以教师为行为主体，关注教师对自我成功应用技术工具支持学生学习、提高教学质

---

① 王亚南，王京华，韩红梅，等.中国高校英语教师信息化教学能力现状调查研究［J］.外语界，2023，215(02)：54－61.

② 白雪梅，顾小清.什么导致技术在课堂难尽其用？——基于认知与情感视角的教师信息化教学行为意向影响因素研究［J］.开放教育研究，2020，26(04)：86－94.

③ 徐鹏，王以宁，刘艳华，等.教师信息技术应用能力迁移影响因子模型构建研究［J］.开放教育研究，2015，21(04)：106－112.

量、促进自身专业发展的信心和能力感知①，也是教师成功应用信息技术的关键②，可被作为衡量微认证对教师信息化教学能力提升效果的参考指征。

一、问卷设计与开发

本研究通过研制量表工具对教师参与“能力提升工程 2.0”微认证前后的技术应用效能感进行对比分析，以探究微认证对教师技术应用效能感的直接影响。

黛博拉·孔佩尔(Deborah Compeau)将技术应用效能感定义为个体对自己使用信息技术完成工作任务的能力的感知，并开发了一个包含 10 个题项的技术应用效能感量表。③ 本研究根据研究情境对题项语句表述作了一定调整，形成教师技术应用效能感测评量表，得分取值范围为 1～10 分，得分越高说明教师在该维度的表现越佳。如表 7-1 所示。

表 7-1　中小学教师技术应用效能感测评量表

编号	题　　项	1	2	3	4	5	6	7	8	9	10
Q1	即使没有人告诉我该怎么做，我也能利用信息技术完成我的教学工作										
Q2	即使我以前从来没有使用过，我也能利用信息技术完成我的教学工作										
Q3	即使我只有技术工具使用手册可以参考，我也能利用这项信息技术完成我的教学工作										
Q4	如果我在自己尝试之前看到过别人使用，我就能利用信息技术完成我的教学工作										

① Teo T. Modelling technology acceptance in education: A study of pre-service teachers [J]. Computers & Education, 2009, 52(02): 302-312.

② Paulsen H F K, Kauffeld S. Linking positive affect and motivation to transfer within training: a multilevel study [J]. International Journal of Training & Development, 2017, 21(01): 35-52.

③ Compeau D R, Higgins C A. Computer self-efficacy: Development of a measure and initial test [J].MIS Quarterly, 1995 19(02), 189-211.

续 表

编号	题　项	1	2	3	4	5	6	7	8	9	10
Q5	如果我遇到问题可以求助他人，我就能利用信息技术完成我的教学工作										
Q6	如果有人帮助我开始，我就能利用信息技术完成我的教学工作										
Q7	如果我有大量的时间，我就能利用信息技术完成我的教学工作										
Q8	如果有内置的帮助工具(如步骤引导、帮助说明)，我就能利用信息技术完成我的教学工作										
Q9	如果有人事先教我，我就能利用信息技术完成我的教学工作										
Q10	如果我之前用过类似的技术工具，我就能利用信息技术完成我的教学工作										

为确保研究工具的科学有效性，本研究对量表进行了信效度检验。其中，信度可以体现量表工具的一致性和稳定性，常用 Cronbach's α 系数表示，α 系数愈高，量表的内部一致性愈佳。本研究分析了量表 10 个题项的信度，得到 Cronbach's α 值为 0.953，大于 0.9，可见本研究的测量量表具有较高的信度，见表 7－2 所示。

表 7－2　Cronbach's α 信度分析

项　数	样本量	Cronbach's α 系数
10	2 140	0.953

效度可以体现量表工具能够准确测出所需测量的事物的程度，一般分为内容效度和结构效度。本研究参考了成熟的量表工具，并且由信息化培训专家及教育技术学领域研究人员对量表题项进行多次分析、审查和修订，由此确保了量表具备良好的内容效度。在结构效度上，采用探索性因子分析，KMO 值大

于 0.9 则说明效度极好。[①] 分析结果显示，本研究的全量表 KMO 值为 0.955，Bartlett 球形检验的伴随概率值均小于 0.001，达到了极其显著水平，说明量表的题项设计适合进行因子分析，如表 7－3 所示。

表 7－3　KMO 和 Bartlett 检验

KMO 值		0.955
Bartlett 球形度检验	近似卡方	30 710.035
	df	45
	p 值	.000

二、数据分析结果

本研究面向 A 省 12 所参与"能力提升工程 2.0"微认证的学校教师发放问卷，在前测阶段共回收有效问卷 1 116 份，后测阶段共回收有效问卷 1 024 份。利用 SPSS 软件对问卷数据进行描述性统计分析、独立样本 t 检验等，根据数据分析结果探究微认证对所选取教师的信息化教学效能感的促进作用及影响因素。调查对象整体以初高中教师居多，并且多为本科以上学历。从所教学科类别看，文理科教师数量占比相当。从教师年龄方面看，在两次调查中 26～50 岁的教师占比均在 80%以上，26 岁以下的年轻教师和 50 岁以上的老教师占比均较少。样本基本情况如表 7－4 所示。

表 7－4　样本基本信息

阶　段	基本信息	类　别	占比/%	基本信息	类　别	占比/%
前测	性别	男	28.1	学段	幼儿园	10.5
		女	71.9		小学	0

① Kaiser H F. An index of factorial simplicity [J]. Psychometrika, 1974, 39(01): 31－36.

续　表

阶　段	基本信息	类　别	占比/%	基本信息	类　别	占比/%
前测	最高学历	专科	3.4	学段	初中	44.4
		本科	80.6		高中	44.7
		硕士	15.4		其他	0.4
		其他	0.6	年龄	20～25 岁	11.9
	学科	文科	38.1		26～30 岁	27.9
		理科	41.4		31～40 岁	28.2
		艺体	9.3		41～50 岁	26.9
		学前	10.3		51 岁及以上	5.1
		其他	0.9			
后测	性别	男	27.7	学段	幼儿园	8.6
		女	72.3		小学	0.9
	最高学历	专科	2.7		初中	40.9
		本科	84.2		高中	49.5
		硕士	13.1		其他	0.1
		其他	0	年龄	20～25 岁	6.5
	学科	文科	45.4		26～30 岁	26.0
		理科	37.9		31～40 岁	32.8
		艺体	7.4		41～50 岁	29.5
		学前	8.4		51 岁及以上	5.2
		其他	0.9			

1. 教师技术应用效能感显著提升

将教师参与微认证前后在各题项和技术应用效能感的得分进行对比，如

图 7 - 1 所示，可以发现，与参加微认证培训之前相比，参加微认证之后教师在各题项和技术应用效能感的得分均得到明显的提高。

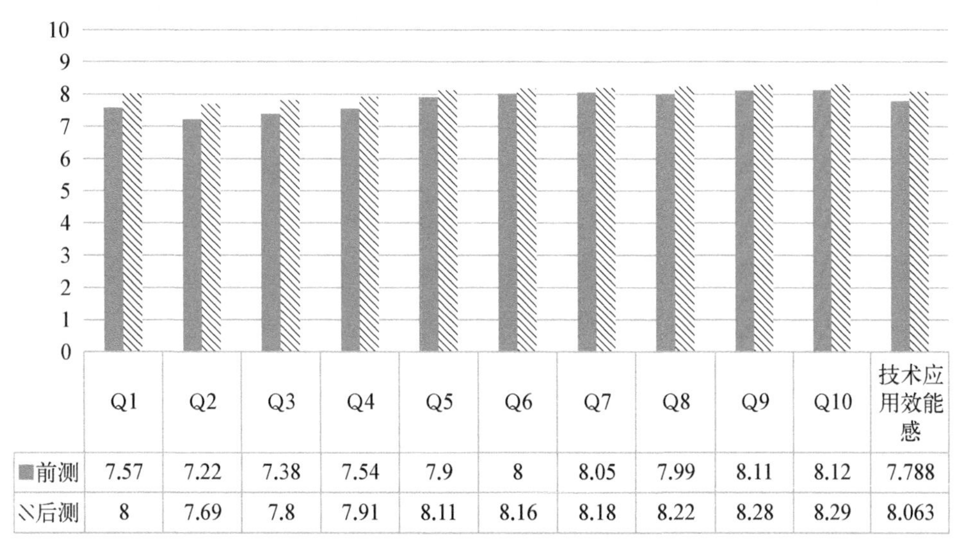

图 7 - 1　教师前后测在各题项和技术应用效能感得分情况

为进一步探求微认证对教师技术应用效能感的影响，本研究将前后测作为分组变量，对前测数据（N=1 116）和后测数据（N=1 024）进行独立样本 t 检验分析，结果如表 7 - 5 所示，参训教师在技术应用效能感方面有显著差异（p=0.000<0.05），且表现为后测显著高于前测，说明参训教师经过基于微认证的“能力提升工程 2.0”学习与实践，其技术应用效能感得到了显著提升。

表 7 - 5　独立样本 t 检验结果

维　度	组别	平均值	标准差	差值	t 值	显著性
技术应用效能感	前测	7.788	1.713	−0.275	−3.816	0.000
	后测	8.063	1.620			

2. 最高学历、学段、年龄是教师技术应用效能感的显著影响因素

为进一步探究教师技术应用效能感的影响因素，本研究对参训教师的最高

学历、学段、年龄进行了单因素方差分析，得到以下研究发现：

(1) 最高学历为硕士研究生的教师技术应用效能感强于本科

以最高学历为因子，教师技术应用效能感得分为因变量进行单因素方差分析，可得不同学历的参训教师在技术应用效能感上的显著性为 $p=0.000<0.05$，说明不同学历的教师技术应用效能感存在显著差异。通过多重比较可知，主要体现在最高学历为硕士研究生的教师技术应用效能感显著高于本科。

(2) 高中教师技术应用效能感较低，初中教师技术应用效能感较高

以教师所教学段为因子，教师技术应用效能感得分为因变量进行单因素方差分析，可得不同学段的教师在技术应用效能感上的显著性为 $p=0.000<0.05$，说明不同学段教师在技术应用效能感上存在显著差异。通过多重比较得知，主要体现在高中教师技术应用效能感低于学前教师，低于初中教师。

(3) 年轻教师技术应用效能感最好

以教师年龄为因子，教师技术应用效能感得分为因变量进行单因素方差分析，可得不同年龄段的教师在技术应用效能感上的显著性为 $p=0.000<0.05$，说明不同年龄段教师在技术应用效能感上存在显著差异。通过多重比较得知，教师技术应用效能感呈现出“26～30 岁＞25 岁及以下＞30～40 岁＞40～50 岁＞50 岁及以上”的趋势，并且差异均显著。

第二节　培训迁移视角

根据蒂莫西·鲍尔温（Timothy Baldwin）和 J. 凯文·福特（J. Kevin Ford）提出的观点，培训迁移是指将培训中习得的知识、技能、态度应用于工作场所，并能保持一段时间的能力[①]，是衡量培训实效性的重要指标[②]，也是信息化

---

① Baldwin T，Ford J K. Transfer of Training：A Review and Directions for Future Research [J]. Personnel Psychology，1988，41(01)：63－105.

② 张美兰.中小学教师培训迁移的关键因素分析与对策研究 [J].教育评论，2017(04)：106－109＋141.

教学能力提升的关键①，能够较为充分说明微认证支持教师信息化教学能力发展的成效。培训迁移成效可以从迁移深度和迁移行为两个维度反映。其中，迁移深度指教师应用所学知识、技能或方法的层次或程度②，迁移行为指学员迁移过程中的具体行为表现③。

一、问卷设计与开发

教师培训迁移深度可以借助评价量规测量，本研究将托马斯·古斯基(Thomas Guskey)在《教师专业发展评价》论著中提出的培训迁移深度分析框架作为理论依据，从直接迁移视角出发，将培训迁移深度分为 2 个应用层面、6 个应用阶段，如表 7－6 所示。④

表 7－6　培训迁移深度分析框架

分　类	阶段	特　征	描　　述
未应用	0	未应用	没有应用过，现在所做也完全不相干
	1	定向	寻找信息，探索应用的个人要求与对资源的要求
	2	准备	为首次应用做准备
应用	3	机械	照搬应用，往往混乱且肤浅，缺乏独特见解与反思
	4a	例行公事	凭借少量准备或他人思想，建构恰当的应用模式
	4b	改良	在特定环境下变换应用方法，提高它对学生的影响
	5	同化	努力与同事合作，对学生形成更强烈的集体影响
	6	更新	重新评价应用质量，寻找主要需修改和更改之处

---

① 周金容.智慧教育时代高职教师信息化教学能力提升研究［J].教育与职业，2021(03)：63－69.

② 章玉霞.面向培训迁移的教师信息技术应用能力整校推进策略研究［D].上海：华东师范大学，2022.

③ 段春雨.基于学习分析的教师培训迁移效果预警模型研究［D].上海：华东师范大学，2020.

④ Guskey T R.教师专业发展评价［M].方乐，张英，等译.北京：中国轻工业出版社，2005.

基于框架，结合“能力提升工程 2.0”的项目情况设计迁移深度题项，如表 7-7 所示。

表 7-7 培训迁移深度问卷

针对培训所学在日常实践中的应用，请选择最符合你当前状态的一项：[单选题]
A. 尚未应用培训所学
B. 还在寻找信息，明确在实践中应用的相关要求和条件
C. 正在为首次应用做准备
D. 开始应用，但还处于直接照搬培训所学阶段
E. 基于培训所学开展了少量准备，建构了恰当的应用模式
F. 在培训所学基础上依据环境变换了应用方法，提高了对活动及学生的影响
G. 努力与同事合作产生了更好的应用方法和模式，对学生形成了更强烈的集体影响
H. 重新评价应用成效，对应用方法和模式进行了更新和创造

培训迁移行为评价量表改编自 J.凯文·福特等人研发的“培训迁移行为评价量表”①，量表从表现期望行为、评价期望行为、解释所学及应用、教授期望行为、领导他人应用所学五个维度分析参训教师的培训迁移行为。其中，“表现期望行为”指直接将培训所学知识、原则及方法应用于工作实践的行为，反映学习者的直接性行为投入。“评价期望行为”指即兴地或有意地运用培训所学的知识、原则与方法评价自我或他人表现的行为，反映学习者的评价性行为投入与反思性行为投入。“解释所学及应用”指以口头或书面的形式与他人交流与分享培训所学知识、原则或方法的行为，反映学习者的交互性行为投入。“教授期望行为”指向个人或组织传授培训所学以及自我应用的原则与方法的行为。“领导他人应用所学”指作为先行者、指定领导或工作组成员，通过提醒或要求的方式引导他人应用培训所学知识、原则或方法的行为。后两个维度均反映学习者的引领性行为投入。本研究根据研究情境对题项作了一定的调整，具体题项如表 7-8 所示。

① Ford K J, Bhatia S, Yelon S L. Beyond Direct Application as an Indicator of Transfer: A Demonstration of Five Types of Use [J]. Performance Improvement Quarterly, 2019, 32(02), 183-203.

表 7-8 培训迁移调查*

维度	编号	题项	0	1	2	3	4
表现期望行为	Q1	我经常在日常教学中应用提升工程 2.0 培训所学的知识和技能					
	Q2	我基于实际教学情境应用提升工程 2.0 培训所学的技术和方法					
评价期望行为	Q3	我注意到同事们应用培训所学工具和方法使得他们的教学更加有效					
	Q4	我参考了提升工程 2.0 培训中用到的评价标准来评估我的信息化教学工作质量					
	Q5	我通过思考、观摩、审阅优秀案例等，不断改进应用培训所学的方式					
	Q6	我通过思考、观摩、审阅优秀案例等方式改进我应用提升工程 2.0 所学的教学成效					
解释所学及应用	Q7	我经常与同事讨论如何在日常教学中应用提升工程 2.0 培训所学					
	Q8	我说服同事应用培训所学的内容与方法					
	Q9	我向他人分享了培训学到的相关材料和资源					
教授期望行为	Q10	我教授了同事如何应用培训所学的技术与方法					
	Q11	我指导了个别同事应用培训所学					
	Q12	我向同事和学校领导提供了有效应用培训所学的反馈					
领导他人应用所学	Q13	我建议同事应用培训所学技能与方法					
	Q14	我使用培训所学的内容来改变我所在教研组或团队的教学实践					
	Q15	我和同事们一起将培训所学应用到日常的教学工作中					

* 0=非常不同意，1=不同意，2=中立，3=同意，4=强烈同意

鉴于培训迁移行为调查量表改编自既有成熟量表，在结构上并未发生太大改变。参照吴明隆的观点，如果测评量表改编自成熟量表且并未发生结构性重

大调整，在量表验证方面可以不作项目分析与探索性因子分析，只需报告量表信效度即可。[①] 因此，研究在测量量表验证上仅采用数理统计方法对它们的结构效度进行了检验。分析了量表15个题项的信度得到Cronbach's α值为0.989，大于0.9，可见本研究的测量量表具有较高的信度，见表7-9。

表7-9　Cronbach's α信度分析

项　数	样本量	Cronbach's α系数
15	55 858	0.989

对于量表的效度，本研究参考了成熟的量表工具，并且由信息化培训专家及教育技术学领域研究人员对量表题项进行多次分析、审查和修订，由此确保了量表具备良好的内容效度。在结构效度上，本研究采用探索性因子分析，KMO值大于0.9则说明效度极好。[②] 分析结果显示，本研究的全量表KMO值为0.978，Bartlett球形检验的伴随概率值均小于0.001，达到了极其显著水平，见表7-10。

表7-10　KMO和Bartlett检验

KMO值		0.978
Bartlett球形度检验	近似卡方	1 584 386.067
	df	105
	p 值	0.000

二、数据分析结果

本研究面向A省8个地级市和1个自治州“能力提升工程2.0”的参训教师发放问卷。利用SPSS软件对36 994份有效问卷数据进行描述性统计分析、单因素方差分析等，根据数据分析结果探究微认证对教师培训迁移的促进成

① 吴明隆.问卷统计分析实务——SPSS操作与应用［M］.重庆：重庆大学出版社，2010.
② Kaiser H F. An index of factorial simplicity ［J］. Psychometrika，1974，39(01)：31-36.

效。在参与调研的教师中，绝大多数为女性教师，并且多数教师年龄在 40 岁及以上。这些教师普遍来自城市、城镇和乡村学校，他们中绝大多数具备本科学历，而且有丰富的中小学教育教学经验。样本基本情况如表 7－11 所示。

表 7－11　样本基本信息

<table>
<tr><th>基本信息</th><th>类　别</th><th>占比/%</th><th>基本信息</th><th>类　别</th><th>占比/%</th></tr>
<tr><td rowspan="2">性别</td><td>男</td><td>19.50</td><td rowspan="6">职称</td><td>无职称(或未评)</td><td>5.50</td></tr>
<tr><td>女</td><td>80.50</td><td>三级教师</td><td>1.80</td></tr>
<tr><td rowspan="4">年龄</td><td>30 岁以下</td><td>14.20</td><td>二级教师</td><td>18.10</td></tr>
<tr><td>30～39 岁</td><td>18.80</td><td>一级教师</td><td>44.00</td></tr>
<tr><td>40～49 岁</td><td>33.60</td><td>高级教师</td><td>30.20</td></tr>
<tr><td>50 岁及以上</td><td>33.40</td><td>正高级教师</td><td>0.40</td></tr>
<tr><td rowspan="3">学校所在区域</td><td>城市</td><td>28.30</td><td rowspan="3">所教学科*</td><td>语文</td><td>22.00</td></tr>
<tr><td>城镇</td><td>35.70</td><td>数学</td><td>20.60</td></tr>
<tr><td>乡村</td><td>36.00</td><td>英语</td><td>10.50</td></tr>
<tr><td rowspan="4">最高学历</td><td>专科</td><td>14.00</td><td rowspan="4">所教学段*</td><td>小学</td><td>42.90</td></tr>
<tr><td>本科</td><td>82.70</td><td>初中</td><td>29.90</td></tr>
<tr><td>硕士及以上</td><td>3.20</td><td>高中</td><td>6.70</td></tr>
<tr><td>其他</td><td>0.10</td><td>幼儿园</td><td>7.10</td></tr>
</table>

*表示只列出占比较大的选项

1. 培训迁移深度整体表现较好，不同职称、区域教师群体之间有显著差异

统计学分析结果如表 7－12 所示，参训教师在培训迁移深度的平均得分为 3.342(满分 7 分)，处于中等偏上水平。对参训教师所处迁移深度阶段进一步分析发现，已有 67.6%的教师能够将培训所学不同程度地应用于教育教学实践。其

中，21.4%的教师处于“开始应用，但还处于直接照搬培训所学阶段”；14.5%的教师“基于培训所学开展了少量准备，建构了恰当的应用模式”；16.6%的教师表示“在培训所学基础上依据环境变换了应用方法，提高了对活动及学生的影响”；12.7%的教师“努力与同事合作产生了更好的应用方法和模式，对学生形成了更强烈的集体影响”，此外，也有 2.4%的教师“重新评价应用成效，对应用方法和模式进行了更新和创造”。

表 7-12　迁移深度题项的选项分布统计

选　　项	频率	占比/%	评分
A. 尚未应用培训所学	2 360	6.4	0
B. 还在寻找信息，明确在实践中应用的相关要求和条件	6 049	16.4	0.164
C. 正在为首次应用做准备	3 613	9.8	0.196
D. 开始应用，但还处于直接照搬培训所学阶段	7 914	21.4	0.642
E. 基于培训所学开展了少量准备，建构了恰当的应用模式	5 357	14.5	0.58
F. 在培训所学基础上依据环境变换了应用方法，提高了对活动及学生的影响	6 144	16.6	0.83
G. 努力与同事合作产生了更好的应用方法和模式，对学生形成了更强烈的集体影响	4 687	12.7	0.762
H. 重新评价应用成效，对应用方法和模式进行了更新和创造	870	2.4	0.168
汇总	36 994	100	3.342

以职称为因子，以迁移深度题项平均值为因变量进行单因素方差分析，可得不同职称的参训教师在培训迁移深度的显著性均为 $p=0.000<0.05$，说明不同职称教师在迁移深度上均存在显著性差异。通过多重比较可知，无职称(或未评职称)教师的迁移深度得分显著低于正高级、高级、一级、二级以及三级教师。

以学校区域为因子，以迁移深度题项平均分为因变量进行单因素方差分析，可得不同区域的参训教师在培训迁移深度的显著性均为 $p=0.000<0.05$，说明不同区域学校的教师在迁移深度上均存在显著性差异。通过多重比较可

知，乡村学校教师的迁移深度水平显著低于城市和城镇学校的教师。

2. 培训迁移行为整体表现较好，不同职称、区域教师群体之间有显著差异

对培训迁移行为的现状调查主要围绕培训后教师应用信息技术促进课堂教学的五个维度展开。培训迁移行为的平均值为 3.014(满分 4 分)，整体表现较好，如表 7－13 所示。其中最好的是评价期望行为，其次是表现期望行为、解释所学及应用和领导他人应用所学，而教授期望行为的水平相对较低。

表 7－13 培训迁移行为描述性统计分析

维　度	样本量	最小值	最大值	平均值	标准差
培训迁移行为	**36 994**	**0.000**	**4.000**	**3.014**	**0.498**
表现期望行为	36 994	0.000	4.000	3.020	0.540
评价期望行为	36 994	0.000	4.000	3.064	0.486
解释所学及应用	36 994	0.000	4.000	3.011	0.540
教授期望行为	36 994	0.000	4.000	2.951	0.612
领导他人应用所学	36 994	0.000	4.000	3.008	0.555

在计算每位参训教师迁移行为的平均值之后，以职称为因子，以迁移行为平均值为因变量进行单因素方差分析。由分析结果可知，不同职称的教师在五个维度上的显著性均为 $p=0.000<0.05$，说明不同职称的参训教师在迁移行为的各个维度上均存在显著差异，通过多重比较可知，在培训迁移行为的五个维度上，无职称(或未评职称)教师的水平显著高于高级、一级、二级教师。

以学校区域为因子，以迁移行为平均值为因变量进行单因素方差分析。可得不同区域的参训教师在迁移行为上的显著性均为 $p=0.000<0.05$，说明不同区域学校的教师在迁移行为上均存在显著性差异。为进一步了解不同区域学校的参训教师在迁移行为具体维度的差异，以学校区域为因子，迁移行为的五个维度为因变量，再次进行单因素方差分析。由分析结果可知，不同区域学校的

教师在五个维度上的显著性均为 $p=0.000<0.05$，说明不同区域学校的参训教师在迁移行为的各个维度上均存在显著差异。通过多重比较可知，在五个维度上，来自城市学校的教师得分都显著高于城镇和乡村学校的教师。

第三节　研训团队效能视角

在“能力提升工程 2.0”工作的推进过程中，研训团队承担区域能力提升工程组织实施的指导任务，同时也通过培训、微认证评估、点评反馈等方式对教师信息技术与教育教学融合实践的深化发挥着关键性作用。因此，关注“能力提升工程 2.0”推进过程中研训者以及团队的工作成效，有助于从区域整体把握微认证实施效果。

一、问卷设计与开发

对研训指导团队的评价重点关注研训指导团队的运作情况和研训者的参与情况。通过对团队效能模型相关文献的梳理，本研究选取黛博拉·格莱茨坦(Deborah Gladstein)的团队效能模型①和琳达·朱厄尔(Linda Jewell)等人提出的团队效能模型②作为理论基础，开发了针对研训者团队的评价量表，从团队结构如角色与目标的明确性、特定的工作规范、正式的领导关系等，组织结构如团队奖励制度、监督控制机制等，可获得的资源如市场资源等，团队互动过程如坦诚沟通、个人投入等，团队效能如团队绩效、个人投入等维度评估研训者及团队在“能力提升工程 2.0”中的表现，量表工具具体维度和对应题项见表 7-14。其中，Q12 为验证题，故在量表中未列出。

① Gladstein D L. Groups in Context：A Model of Task Group Effectiveness [J]. Administrative Science Quarterly，1984，29：499-517.

② Jewell L N，Reitz H J. Group Effectiveness in Organizations [M]. Illinois：Foresman and Company，1981.

表 7－14　“能力提升工程 2.0”实施成效测评量表(面向研训团队)*

维度 一级	维度 二级	编号	题项	0	1	2	3	4
研训者团队运作情况	团队结构	Q1	在启动工作阶段，团队制订了明确工作目标					
		Q2	在正式开始工作之前，团队成员参加了“能力提升工程 2.0”的学习与培训					
		Q3	在正式开始工作之前，团队成员需要参与资质考核和认定					
		Q5	团队内部有明确的负责人或领导					
		Q6	团队内部有明确的分工					
		Q7	团队内部形成了明确的运作规范和工作制度					
	组织结构	Q4	主管单位建立了团队的组织制度规范(工作机制、奖励机制、绩效评价机制等)					
		Q9	地区教育行政部门十分支持团队工作的开展					
	可获得的资源	Q8	在工作推进中，团队能够获得充足的物质资源和空间资源					
	团队互动过程	Q10	团队定期召开会议，讨论近期的工作情况					
		Q11	团队成员在交流过程中都享有充分的话语权					
	团队效能	Q13	团队遇到问题后能得到及时解决					
		Q14	团队工作成效得到了主管单位的肯定					
		Q15	团队工作成效得到了学校和一线教师的肯定					
		Q16	团队工作经验在本区域之外进行了分享和传播					
培训团队成员参与情况	团队结构	Q17	我清楚地理解“能力提升工程 2.0”培训的总体目标					
		Q18	我清楚地理解“能力提升工程 2.0”的推进模式与思路					
		Q19	我能掌握 30 个能力点(幼儿园 18 个能力点)的内涵和考核要求					
		Q20	我能依据能力点的考核要求评价教师提交的能力点证据					

续 表

维度		编号	题项	0	1	2	3	4
一级	二级							
培训团队成员参与情况	团队互动过程	Q21	我指导过学校编制信息化教学发展规划、混合式校本研修方案和校本应用考核方案					
		Q22	在“能力提升工程 2.0”实施过程中，我为区域内教师开展过至少一次信息技术应用培训					
		Q23	我能应用能力点帮助教师落实新版课程标准中的教学要求和评价要求					
		Q24	在工作计划与研讨中，我能够提出自己的建议和想法					
		Q25	我能够积极参与团队的工作研讨活动					
		Q26	我能够与校长和一线教师保持密切的交流，为技术应用与教育教学融合提供有效的指导					
	团队效能	Q27	在团队工作结束后，我能够积极进行总结和反思					
		Q28	团队工作中我获得了专业成长，相关经验和经历可供我迁移和借鉴					
		Q29	未来，我愿意继续参与团队的相关工作					

* 0=非常不同意，1=不同意，2=中立，3=同意，4=强烈同意

为确保研究工具的科学有效性，本研究对量表进行了信效度检验。本研究分析了量表 29 个题项的信度，得到 Cronbach's α 值为 0.977，大于 0.9，可见本研究的测量量表具有较高的信度，见表 7-15。

表 7-15 Cronbach's α 信度分析

项数	样本量	Cronbach α 系数
29	1 067	0.977

本研究采用探索性因子分析测量效度，分析结果显示，本研究的全量表 KMO 值为 0.971，Bartlett 球形检验的伴随概率值均小于 0.001，达到了极其显著水平，说明量表的效度较高，见表 7-16。

表 7-16　KMO 和 Bartlett 检验

KMO 值		0.971
Bartlett 球形度检验	近似卡方	39 759.087
	df	378.000 000
	p 值	0.000

二、数据分析结果

本研究面向 A 省 8 个地级市和 1 个自治州负责“能力提升工程 2.0”实施推进工作的研训指导团队发放问卷，1 067 份有效问卷情况如表 7-17 所示。参与调查的研训指导者以区县级指导者居多，占总调查人数的 91.2%。他们多为教研员和学校骨干教师，以高级教师和一级教师居多，具有丰富的教学经验。在“能力提升工程 2.0”实施过程中，主要负责学校管理团队培训、骨干教师培训、区域和学校实施指导、学校校本应用考核等工作。研训团队多归属于地方教育行政部门主管。

表 7-17　样本基本信息

基本信息	类　别	占比/%	基本信息	类　别	占比/%
角色	省级指导者	1.1	职称	正高级教师	0.5
	市级指导者	7.7		高级教师	36.5
	区县级指导者	91.2		一级教师	52.5
身份	教研员	23.8		二级教师	9.2
	培训者	8.4		三级教师	0.7
	电教人员	5.8		无职称	0.5
	学校管理者	13.7		其他	0.1
	学校骨干教师	42.9	核心职责	区域工程实施规划	29.6
	其他	5.4		学校管理团队培训	54.5

续　表

基本信息	类　别	占比/%	基本信息	类　别	占比/%
主管部门	地方工程办	9.4	核心职责	骨干教师培训	53.1
	地方教育行政部门	77.8		区域和学校实施评估	31.8
	其他	1		区域和学校实施指导	45.5
	不清楚	11.8		学校校本应用考核	44.4
团队规模	5 人以下	9.4		培训资源开发	33.6
	5～10 人	22.5		培训示范案例开发	35.5
	11～20 人	12.9		其他	1.2
	20 人以上	46.8			
	不清楚	8.4			

利用 SPSS 软件对问卷数据进行描述性统计分析、单因素方差分析等，根据数据分析结果探究研训指导团队的运作情况和研训者参与情况及其成效。

1. 研训指导团队整体参与情况较好，由教研员和培训者组成的研训团队表现较为突出

整体来看，研训指导团队实施成效测评总得分为 3.38(满分 4 分)，其中，研训团队运作情况得分为 3.45，研训团队成员参与情况平均得分为 3.31，说明研训指导团队在“能力提升工程 2.0”工作的推进过程中，整体参与情况较好，尤其是由教研员和培训者组成的研训团队在“能力提升工程 2.0”中的表现较为突出。

以研训指导者身份为因子，分别以研训团队运作情况和研训团队成员参与情况为因变量进行单因素方差分析，发现不同身份的研训指导者在研训团队成员参与情况上的显著性为 $p=0.005<0.05$，存在显著性差异。通过多重比较可知，教研员和培训者在“能力提升工程 2.0”中的参与情况显著好于学校骨干教师。为进一步了解不同身份的研训指导者在二级维度上的差异，以身份为因子，研训团队成员参与情况的三个维度为因变量，再次进行单因素方差分析，由分析结果可知，由教研员组成的研训指导团队在团队结构和团队成员互动上

优于学校骨干教师，培训者在团队成员互动上同样优于学校骨干教师。

2. 规模5人及以上的研训指导团队在“能力提升工程2.0”中整体表现较好

以研训指导团队的规模为因子，分别以研训团队运作情况和研训团队成员参与情况为因变量进行单因素方差分析，发现不同规模的研训团队在运作情况和成员参与情况上的显著性均为 $p=0.000<0.05$，存在显著性差异。通过多重比较发现，团队成员规模在5人及以上的研训指导团队在运作情况和团队成员参与情况方面均优于少于5人的研训指导团队。对二级维度进一步做单因素方差分析，发现5人及以上的研训指导团队在团队结构、组织结构、可获得资源、团队互动和团队效能全方位的表现均显著优于5人以下的研训指导团队。

3. 地方工程办主管的研训指导团队在“能力提升工程2.0”中整体表现较好

以研训指导团队的主管部门为因子，分别以研训团队运作情况和研训团队成员参与情况为因变量进行单因素方差分析，发现不同主管部门的研训团队在运作情况和成员参与情况上的显著性均为 $p=0.000<0.05$，存在显著性差异。通过多重比较发现，主管部门为地方工程办的研训指导团队在运作情况和成员参与情况上均优于地方行政部门主管的研训指导团队。对二级维度进一步做单因素方差分析，发现主管部门为地方工程办的研训指导团队在团队结构、组织结构、可获得资源、团队互动和团队效能全方位的表现均显著优于地方行政部门主管的研训指导团队。

第四节　整体成效评估：管理团队视角

在“能力提升工程2.0”中，管理团队承担着工程的整体规划、组织与推进职责，对于工程实施成效有全局性的认识和掌握。为此，本研究基于1967

年美国学者丹尼尔·L.斯塔弗尔比姆(Daniel L. Stufflebeam)的决策导向 CIPP 评价模式，通过管理者的问卷调查，了解工程实施的整体情况。

一、问卷设计与开发

CIPP 模型包括四项评估活动：(1) 背景评估(context evaluation)，关注培训目标制定与诊断；(2) 输入评估(input evaluation)，关注培训方案的可行性，如组织安排、培训内容、培训方式的合理性和可行性，以及项目提供的支持服务如软硬件设备配置的有效性、网络环境搭建与资源共享等；(3) 过程评估(process evaluation)，关注过程管理支持领导和监督、激励与评价机制、非学术性支持等；(4) 成果评估(product evaluation)，关注培训氛围维护，如情感支持，以及考核评定与成果推进管理如作品考核与结果评定、成果固化与推进、结果反馈与方案改进。该模型特别适合长期开展并希望获得可持续性改进的项目。基于 CIPP 模型开发的量表工具具体维度和对应题项见表 7 - 18。

表 7 - 18 "能力提升工程 2.0"实施成效测评量表(面向省市级管理者)

维度	编号	题项	0	1	2	3	4
背景评估	Q1	我清楚了解"能力提升工程 2.0"的理念和目标					
	Q2	"能力提升工程 2.0"的目标明确、具体、可操作					
	Q3	"能力提升工程 2.0"的理念可以反映当前教师培训专业化发展前沿					
	Q4	"能力提升工程 2.0"的培训目标符合国家发展与教育改革推进需求					
	Q5	"能力提升工程 2.0"的培训目标符合地区发展需求					
输入评估	Q6	本地区为"能力提升工程 2.0"提供了丰富的课程资源和示范案例					
	Q7	本地区为"能力提升工程 2.0"提供了组织保障机制					
	Q8	本地区在开展"能力提升工程 2.0"前制订了详细的研修方案和考核方案					

续　表

维度	编号	题　　项	0	1	2	3	4
输入评估	Q9	本地区组建了管理团队、培训团队和信息技术应用指导团队					
	Q10	本地区制订的研修方案与考核评价方案广泛征求了多方意见					
	Q11	本地区在启动前进行广泛宣传和动员，帮助学校和教师了解“能力提升工程 2.0”实施的目的和意义					
过程评估	Q12	本地区在推进“能力提升工程 2.0”中组织有多样化的研修活动、实践指导活动以及典型案例示范活动等					
	Q13	本题为验证题，请选择“不确定”					
	Q14	“能力提升工程 2.0”在推进过程中会定期组织各承担机构的经验分享、交流汇报等活动					
	Q15	本地区会通过平台数据抽查、专家督导等形式评估各机构、各学校开展“能力提升工程 2.0”的成效					
	Q16	本地区定期开展总结和交流活动					
	Q17	本地区能够统筹管理好研修开展的时间进度、质量检测，并适时调整					
成果评估	Q18	本地区“能力提升工程 2.0”的学员总体满意度与反映良好					
	Q19	本地区“能力提升工程 2.0”达到了预期目标					
	Q20	本地区“能力提升工程 2.0”实施经验在其他省、市或区县培训活动中分享了至少 5 次					
	Q21	通过本次工程，本地区进一步更新和完善了研修管理和考核制度					
	Q22	通过本次工程，本地区组建了一支专业化的管理团队、培训团队以及信息技术应用指导团队					
	Q23	通过本次工程，本地区培养了一批信息化教学骨干教师					
	Q24	通过本次工程，本地区积累了大量优秀成果，如整校推进案例、校本研修组织案例、信息化教学案例等					
	Q25	通过本次工程，本地区形成了一批信息化建设标杆校/示范校					

续　表

维度	编号	题　　　项	0	1	2	3	4
成果评估	Q26	通过本次工程，本地区 90%以上教师形成了在教学中应用信息技术的意识和能力，课堂教学行为发生了改变					
	Q27	通过本次工程，本地区 80%以上的学校形成了清晰的信息化愿景、发展规划及校本研修与考核制度					
	Q28	本地区的工程实践成果(含本地区学校、教师实践成果)获得了省级以上的奖项					

为确保研究工具的科学有效性，本研究对量表进行了信效度检验。研究分析了量表 28 个题项的信度，得到 Cronbach's α 值为 0.922，大于 0.9，可见本研究的测量量表具有较高的信度，见表 7－19。

表 7－19　Cronbach's α 信度分析

项　数	样本量	Cronbach's α 系数
28	272	0.922

效度可以体现量表工具能够准确测出所需测量的事物的程度。本研究采用探索性因子分析测量效度，KMO 值大于 0.9 则说明效度极好。① 分析结果显示，本研究的全量表 KMO 值为 0.965，Bartlett 球形检验的伴随概率值均小于 0.001，达到了极其显著水平，说明量表的效度较高，见表 7－20。

表 7－20　KMO 和 Bartlett 检验

KMO 值		0.965
Bartlett 球形度检验	近似卡方	10 309.223
	df	325
	p 值	0.000

① Kaiser H F. An index of factorial simplicity [J]. Psychometrika, 1974, 39(01): 31－36.

二、数据分析结果

本研究面向 A 省 8 个地级市和 1 个自治州负责实施推进工作的省市级管理者发放问卷。利用 SPSS 软件对 272 份有效问卷数据进行描述性统计分析、单因素方差分析等，根据数据分析结果探究区域管理者的参与情况，微认证在区域内的实施成效及其影响因素，为区域教师队伍建设提出相关建议。样本基本信息如表 7－21 所示。

表 7－21　样本基本信息

基本信息	类　别	占比/%	基本信息	类　别	占比/%
角色	省级管理者	0.4	最高学历	专科及以下	12.5
	市级管理者	7		本科	86.8
	区县级管理者	92.6		硕士研究生及以上	0.7
年龄	20～30 岁	8.1	工作年限	3 年及以下	12.5
	31～40 岁	15.8		4～10 年	17.6
	41～50 岁	42.3		11～20 年	15.1
	51 岁及以上	33.8		20 年以上	54.8

1. 区县级培训管理者整体参与情况较好，各维度得分较高

整体来看，区域管理者的总实施成效测评平均得分为 3.19(满分 4 分)，说明管理者在“能力提升工程 2.0”工作的推进过程中，整体参与情况较好，为微认证的实施开展提供了有力保障。深入探究区县级管理者在四项评估活动中的表现，发现在背景评估(3.3 分)、输入评估(3.3 分)、过程评估(3.2 分)和成果评估(3.1 分)中不存在显著性差异，并且均呈现出较好的参与情况，如图 7－2 所示。

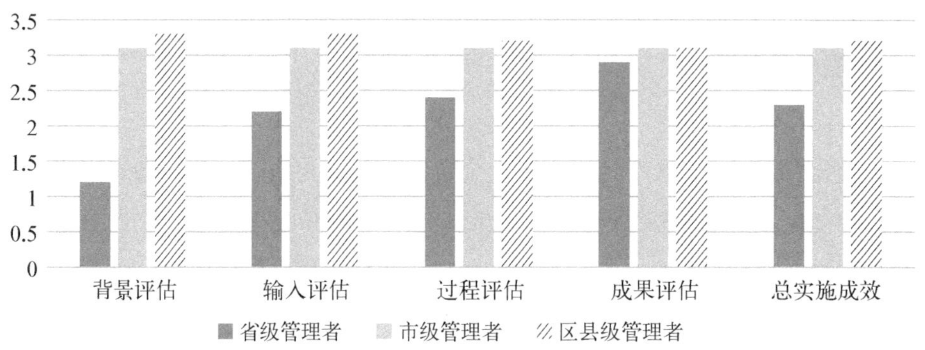

图 7－2　各级管理者“能力提升工程 2.0”平均得分分布情况

2. 微认证丰富了区域教师队伍高质量建设成果

对区域开展“能力提升工程 2.0”形成的成果进行评估，能够有效地衡量微认证的实施成效。在本次调查中，“成果评估”维度平均得分为 3.1，整体水平较高，如图 7－3 所示。分析具体题项，发现多数管理者认为采用微认证的方式可以有效促进“能力提升工程 2.0”“三提升一全面”总体发展目标的达成，

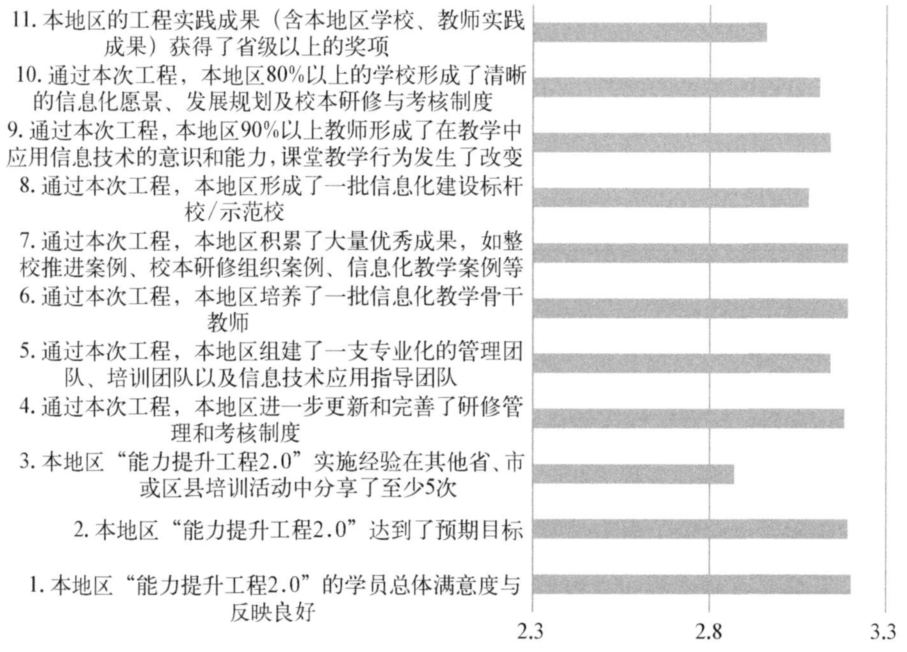

图 7－3　管理者“成果评估”维度各题项得分分布情况

有助于进一步完善制度、建设专业团队、培养骨干教师、积累优秀案例、形成信息化建设标杆校/示范校、优化课堂教学行为等。

3. 微认证的实施成效存在区域差异

按照行政区域对微认证实施成效进行单因素方差分析，发现实施成效在输入评估、过程评估和总实施成效三个维度存在区域差异，如表 7－22 所示。这反映出各区域在资源支持和过程性支持方面存在不均衡现象。因此，对区域管理者而言，要为微认证的实施开展提供必要的资源支持和组织保障，充分调动教师参与的积极性，同时要关注微认证开展的过程性评估，例如组织多样化的研修活动、实践指导活动以及典型案例示范活动，通过平台数据抽查、专家督导等形式评估各机构、各学校开展“能力提升工程 2.0”的成效等，做好过程监管和统筹管理工作。

表 7－22　各区域管理者实施成效方差分析

	平方和	自由度	均　方	F	显著性
背景评估	8.584	8	1.073	1.727	0.092
输入评估	13.400	8	1.675	2.910	0.004
过程评估	9.085	8	1.136	2.168	0.030
成果评估	6.733	8	0.842	1.692	0.100
总实施成效	8.154	8	1.019	2.184	0.029

第八章　师范生课堂教学能力微认证体系构建与应用

除了支持在职教师发展，微认证在职前教师培养领域也体现了较好的适应性和应用潜力。在微认证研究过程中，我们依托华东师范大学师范生公共必修课"信息化教学设计与实践"开展融合研究，应用微认证创新评估方式、改进课程设置。然而，微认证的价值和潜能完全超出了课程局限，对于师范生培养模式的改革有着较大的潜力。本章在课程实践基础上，立足于师范生培养全过程视角，探索利用微认证构建学生职业能力画像，进而开展师范生培养全过程管理的思考。

第一节　师范生课堂教学能力微认证体系构建

一、构建背景和需求

面对社会急速变化与发展的浪潮，世界各国都将师范生培养作为深化教师教育改革的着力点，然而却始终面临着缺乏科学性指导[①]、实践能力不足难以满足现实教学需要[②]、理论与实践脱节无法培养出适应教育实践需要的

---

① Korthagen F A J, Kessels J, Koster B, et al. Linking Practice and Theory: The Pedagogy of Realistic Teacher Education [M]. New York: Routledge, 2001.

② 曹彦杰.虚拟现实技术在美国教师教育中的应用研究——以中佛罗里达大学为例 [J].比较教育研究，2017，39(06)：93－102.

教师[1]、在教师教育和专业经验方面对课堂的严谨性准备不足[2]等问题困扰。进入21世纪以来，能力本位教育成为了西方国家主流或主导的教师教育取径[3]，人们越来越多地关注教师能力和基于能力的教师教育改革。[4] 在我国，由《教师专业标准》主导的教师教育改革中，"能力本位"的改革理念被作为主导改革理念确定下来。[5] 教师职业能力是师范生从事教师职业，有效实现教育教学目标的有力保障。帮助师范生养成和具备教师职业所需的专业能力，完成角色转型胜任基础教育教学工作，是所有师范生培养单位共同面对的重要课题。

信息技术已经成为推动教师教育改革的重要力量，《教育信息化"十三五"规划》提出："要通过深化信息技术与教育教学、教育管理的融合，强化教育信息化对教学改革，尤其是课程改革的服务与支撑，强化将教学改革，尤其是课程改革放在信息时代背景下来设计和推进。"各种智能技术的快速更迭，深刻影响了基础教育的发展理念和人才培养目标定位，也对教师专业能力与核心素养的培育提出了新的要求，促发了师范院校对师范生培育目标与定位进行深入思考。当前在大力推进师范专业认证的背景下，高等师范院校进入了教师教育改革的深水区，必须做好师范专业学生培养过程监控与毕业生质量把控。高等师范院校必须确保分别培养的各专业毕业生达到统一的毕业要求并能胜任未来真实教育工作场景需要。师范生培养质量保障的关键在于合理且具体地分解毕业要求、将之真正落实于相应的课程，并切实开展能力导向的评估。作为一种基于标准、面向实践能力的评估方式，微认证为确保师范生培养质量提供了一种解决方案。

---

① 饶从满.美国"素养本位教师教育"运动再探——以教师素养的界定与选择为中心 [J].外国教育研究，2020，47(07)：3－17.

② Wideen M, Mayer-Smith J, Moon B. A Critical Analysis of the Research on Learning to Teach: Making the Case for an Ecological Perspective on Inquiry [J]. Review of Educational Research, 1998, 68(02): 130－178.

③ 赵康.透析西方能力本位主义教师教育再流行：回溯、趋势和反思 [J].外国中小学教育，2016(03)：39－45.

④ 同①.

⑤ 杨洁.能力本位：当代教师专业标准建设的基石 [J].教育研究，2014，35(10)：79－85.

1. 能力导向、评估驱动的师范生培养研究与实践

世界主要发达国家在职前教师教育高质量发展过程中都非常注重以标准来定义教师质量，以标准来指导教师培养实践①，并通过模型建构增强培养工作与教育实际需求之间的相关性，继而回应社会发展的需求。例如，美国西肯塔基大学研制了《基础教育教师专业培养标准》，由专业教育委员会依据师范生提交的作业对其知识、能力、人格和学习态度进行评估。美国阿维诺大学为师范生的专业学习规划了八种能力目标，并制定相应的能力评估标准，专业能力评估小组根据师范生递交的材料进行全面评估，结果为合格的师范生才可进入教育实习阶段。美国斯坦福大学采用过程性评价的方式评估师范生的学习质量，由监督指导人员在培养过程中对师范生进行一定次数的正式和非正式考查，且实习指导教师需对师范生进行季度评估，最终由专家组成员对所有相关文件和报告进行综合评估。②

在我国，很多师范院校将能力本位的理念转化为了聚焦能力达成，并通过评估保障师范生培养质量的行动。西北师范大学建立了"6131"教师专业能力培养体系，以能力训练为重点，制定"师范生教师职业能力认证证书"制度，师范生须完成相关能力模块的训练且均达到合格，才能获得由学校颁发的"师范生教师职业能力认证证书"，此证书为参加教育实习的必要条件之一。华中师范大学设立师范生职业能力训练部和教师职业能力测试中心，由教师教育学院负责教师职业能力测试的组织和监督工作，只有测试全部合格者才能参加教育实习。③ 2020年，华东师范大学推出了"师范生在线教学能力微认证"体系，为师范生在线教学能力的发展提供了一种标准引领、认证驱动的方式，同时该项目也彰显了微认证支持师范生培养的潜在效用，为打造一体化师范生教育教学能力提升体系、创新卓越师范生培养新模式、绘就卓越未来教师"标准像"开启了新的窗口。④

---

① 林丹.政策、模式与特征：发达国家教育高质量发展的职前教师教育之路［J］.东北师大学报(哲学社会科学版)，2020(06)：113－119.

② 杨柳.当代美国卓越教师的职前培养［D］.哈尔滨：哈尔滨师范大学，2020.

③ 杨纳名.整体提升师范生教师专业能力研究［D］.兰州：西北师范大学，2016.

④ 华东师范大学.华东师大首创"师范生在线教学能力微认证"体系［EB/OL］.(2020－03－19)［2021－03－09］. https://news.ecnu.edu.cn/ec/f2/c1833a257266/page.htm.

2. 线上线下深度融合已经成为师范生培养环境构建取向

随着互联网、人工智能、大数据等技术在教育中的创新应用，线上与线下已经显露出边界模糊化、相互融合的趋势，线上线下深度融合(online merge offline，简称 OMO)的教育形态逐步成为了发展取向，线上、线下教育的有机结合，实现教育范式的根本转换，从大规模标准化教育走向大规模个性化教育，实现人类教育形态的第三次大变革。[①] “课程与教学论(生物)”与课廊(Claroline)师范生网络教学平台的课程整合与混合教学实践表明，混合式的学习环境能弥补单一环境的缺陷，调动学习兴趣、提高积极性，加强课程学习效果。[②] 混合式教学是一种更为辩证合理的教学思想和更为灵活有效的教学形态，可被作为“互联网+”背景下教师教育课程教学变革的主要路径。[③] 传统的讲授式教学已经难以满足教师教育课程的教学需求，当前炙手可热的“开放资源支持下的翻转课堂”为教师教育课程的课堂教学注入了新鲜血液。[④] 除了“互联网+”的应用，智能技术也在逐步应用到师范生培养实践中，例如 2008 年中佛罗里达大学教育和人类学院、工程和计算机学院的教师联合开发了混合现实教学实训系统 TeachLivE 实验室，通过人工智能和计算机动画相结合的方式模拟课堂教学场景，向实习教师提供具体的教学内容、教学方法、课堂管理技巧等方面的教育实习，截至 2014 年，美国有超过 12 万名教师和 540 所大学使用过 TeachLivE 模拟课堂实验室。[⑤]

线上线下融合空间除了能够保持物理空间中面对面教学实时反馈、情感互动、情怀涵育的优势外，还可以发挥智能技术的特色，通过多样化的资源、沉

---

① 袁振国.乘势而上，促进教育线上线下融合 [EB/OL].中国教育报.(2020 - 05 - 13) [2021 - 03 - 09]. http://paper.jyb.cn/zgjyb/html/2020-05/13/content _ 579835.htm?div=-1.

② 郑晓蕙，杨宇杰，张诗田，等.基于 Claroline 的师范生网络学习平台构建与课程整合——以“课程与教学论(生物)”为例 [J].现代教育技术，2014，24(11)：107 - 113.

③ 李虎林.信息技术与职前教师教育课程的深度融合：内涵与实践路径 [J].教师教育研究，2018，30(06)：10 - 15.

④ 蒋立兵，陈佑清.教师教育课程开放资源建设与翻转课堂实践研究——以教师教育国家级精品资源共享课“有效教学”的建设为例 [J].黑龙江高教研究，2016(08)：46 - 49.

⑤ 饶从满.美国“素养本位教师教育”运动再探——以教师素养的界定与选择为中心 [J].外国教育研究，2020，47(07)：3 - 17.

浸式实训环境、跨时空互动、个性化干预等方式，为师范生能力培养提供强有力的支撑，同时为师范生培养模式的改革提供了创新的契机，为达成规模化、高质量和个性化兼备的师范生培养目标提供了可能。与此同时，线上线下融合环境的应用为学生行为和能力数据的采集提供了方便，传统学习环境下，学生行为、表现很难被结构化、数据化并全面记录，教师也很难实时掌握学生学习以及能力发展情况，线上线下融合空间中，借助在线学习平台、智能化工具以及音视频记录设备等能够全方位记录学生的学习活动过程，进而捕获多视角、细颗粒、持续性的数据，为准确、实时分析学生学习提供了技术实现的可能。

3. 学习分析技术支持高等院校学生培养过程管理与干预

学习者画像、仪表盘等学习分析技术最近几年广泛应用于高等教育机构中。各类测量、收集、分析和报告学生进步数据的工具的发展，促使学习分析成为提高学生成功率的有效途径之一。美国普渡大学实施了课程“信号”(Signal)项目，“信号”系统通过采集学习者关于课程表现、课程努力程度、前期学业历史以及学习者特征的学习行为信息构建学习者画像，并据此学习预警，从而保障教学活动的顺利进行，促进学习者的有效学习。美国爱荷华大学已面向学生部署了一套名为成功要素(Elements of Success)的学习分析平台，以可视化的方式直观展示学生过程性和总结性的数据信息，让学生全方位了解自己的学习进展，并激发他们在关键时候采取行动用以促使自己成功。[①] 英国开放大学综合应用描述性学习分析、预测性学习分析等学习分析技术支持教师教学干预、院系管理运作以及学生自我诊断，并构建了学习设计的学习分析(Learning Design Analytics)系统，以英国开放大学七类学习活动分类为基础，收集课程中各类活动学习时间占比并形成数据和图表，供课程设计者、院系管理人员进行课程层面的设计比对与评估工作。[②] 英国爱丁堡大学面向本校学生，利用学

① The University of IOWA. Elements of Success [EB/OL]. [2021-03-09]. https://teach.uiowa.edu/elements-success.

② Sclater N, Peasgood A, Mullan J. Learning Analytics in Higher Education: A review of UK and international practice [EB/OL]. (2016-04-01) [2021-03-09]. https://www.voced.edu.au/content/ngv%3A83377.

习分析报告卡、虚拟学习环境学习分析、慕课分析、教学仪表盘等改进课程设计、学生成就以及学生的学习体验，同时与南澳大学、新南威尔士大学、悉尼大学、墨尔本大学、新英格兰大学等开展合作，开发在线视频学习注释工具、翻转课堂分析、自我调节学习的多模式数据等研究与探索，并帮助制定支持性的学习和教学分析政策。①

二、师范生教师职业能力内涵

职业能力是特定职业领域内的认知心理特征和发展潜力，教师职业能力是教师在真实的工作情境中，整体化地解决综合性专业问题的能力。② 职业能力的形成是教师职业生涯成功发展的基础，是其综合素质的重要体现③，也是师范生培养的出发点和核心。

教师职业能力是师范生从事教育教学工作的前提和保障。为提升师范生教育教学能力水平，落实国家评价改革战略，建立师范生教育教学能力考核制度，2021 年 4 月，教育部办公厅印发了《中学教育专业师范生教师职业能力标准(试行)》(以下简称《标准》)等五个文件④，对中小学、学前教育以及中等职业教育教师提出了"一践行三学会"的教育教学能力发展要求，为改革和创新师范生能力培养指明了努力方向。

《标准》将教师职业能力划分为师德践行能力、教学实践能力、综合育人能力以及自主发展能力四个方面，并从掌握专业知识、学会教学设计、实施课程教学等方面对师范生教育教学实践所需的基本能力提出了细化要求，基本框架如图 8 - 1 所示。

---

① The University of Edinburgh. Learning Analytics [EB/OL]. [2021 - 03 - 09]. https://www.ed.ac.uk/information-services/learning-technology/more/learning-analytics.

② 付丽萍.师范生教师职业能力培养策略探析 [J].中国大学教学，2013(05)：33 - 35.

③ Selvi K. Teachers' Competencies [J]. Cultural International Journal of Philosophy of Culture and Axiology，2010，7(01)：167 - 175.

④ 中华人民共和国教育部.教育部关于印发《幼儿园教师专业标准(试行)》《小学教师专业标准(试行)》和《中学教师专业标准(试行)》的通知 [EB/OL].(2012 - 09 - 13) [2020 - 06 - 30]. http://www.moe.gov.cn/srcsite/A10/s6991/201209/t20120913_145603.html.

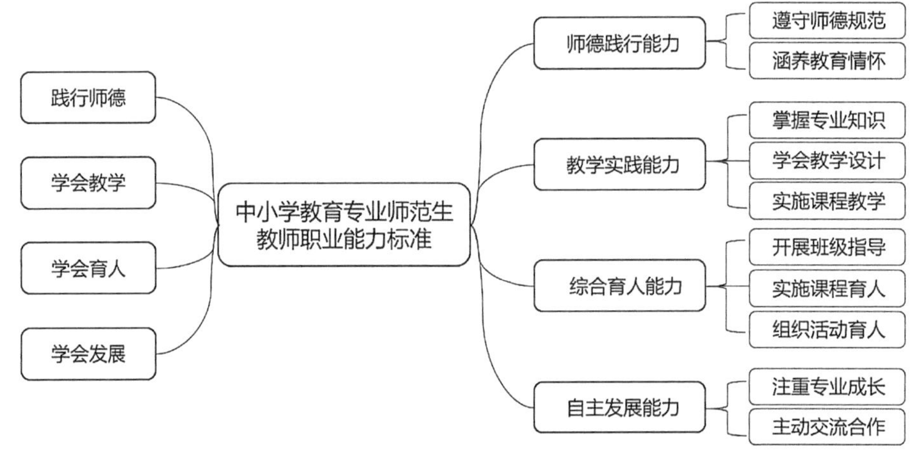

图 8-1　中小学教育专业师范生教师职业能力标准

例如在教学实践能力中，对于学会教学设计，《标准》要求熟悉课标、掌握技能、分析学情、设计教案，其中对于分析学情，《标准》提到，要“了解分析中学生学习需求的基本方法，能根据学生已有的知识水平、学习经验和兴趣特点，分析教学内容与学生已有知识经验的联系，预判学生学习的疑难处。”在综合育人能力中，对于开展班级指导，《标准》提到了育德意识、班级管理、心理辅导、家校沟通四项要求，心理辅导方面提到，要“关注学生心理健康，了解中学生身体、情感发展的特性和差异性，基本掌握心理辅导方法，能够参与心理健康教育等活动”。

与此同时，信息技术应用作为当代每一位教师需要具备的专业能力，也充分融合到掌握专业知识、学会教学设计、实施课程教学等要求之中，例如在“教学评价”中提出“能够利用技术工具收集学生学习反馈，跟踪、分析教学与学生学习过程中存在的问题与不足，形成基于学生学习情况诊断和改进教学的意识”。基于此，笔者所在的华东师范大学研究团队提出了以基本教学能力、信息技术应用能力以及学科教学能力为构件的师范生教师职业能力框架，作为评价体系构建的依据，其中学科教学能力分为了课堂教学能力和学科特色教学能力两个部分，同时通过学科德育和综合育人的融合和渗透体现师德践行和综合育人要求，如图 8-2 所示。

《标准》强调了教育教学实践场景中一名合格教师在理念、情操、学识以

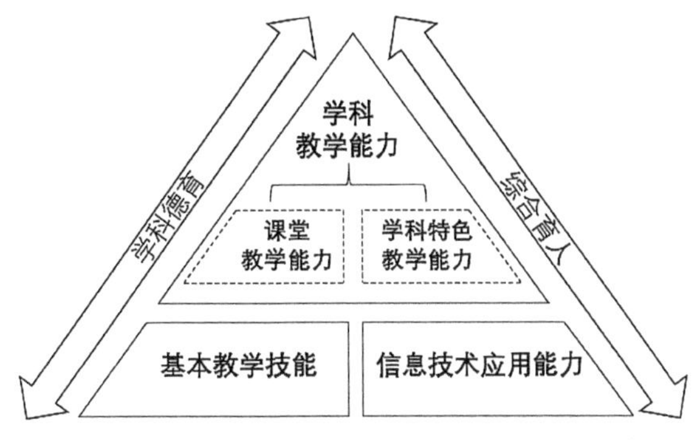

图 8－2　师范生教师职业能力框架

及能力方面应达到的水平，将这些标准适当前置于职前教育阶段，有助于更有效地呼应教育实践需要、提升师范生培养质量。

职业能力内涵指出了师范生能力测试的对象和内容，是指导测评设计最根本的依据。对职业能力内涵的具体把握是开展微认证设计的起点，同时也需要将此构念持续贯穿在微能力点分解、测评任务与证据设计、证据评估标准设计等过程中。

三、构建思路与体系阐释

课堂教学能力是师范生胜任未来教育教学工作的核心能力，是学科教学能力的基础，具有多学科多专业的通用性，因而本研究采用了以课堂教学能力为基础补充学科特色教学能力继而形成学科教学能力的研发思路，并行推进研发基础教学技能和信息技术应用能力两方面的评价要求。同时，坚持能力导向、面向实践、精准测评、关注育人的研制思路。

（1）能力导向：以师范生在真实或模拟的教育教学情境中的行为表现为考核依据，重在提升和发展师范生的课堂教学能力。

（2）面向实践：以采集和提交教学实践证据的方式，推动师范生开展自主学习、实践应用和自我反思。

（3）精准测评：将师范生的课堂教学能力分解为若干具体、明确且相对独立的微能力，促进师范生准确理解、精准提升。

(4) 关注育人：在师范生教学能力的发展目标以及实践任务的评价标准里渗透育人要素，引领师范生形成育德意识、发展育德能力。

整个研制和构建过程基本遵循了“微认证体系开发的过程模型”。全面学习了《标准》内容，并参照了《NBPTS专业教师教学标准》《IBSTPI教师通用能力标准》《丹尼尔森教学框架》、上海市见习教师规范化培训要求、《中小学教师信息技术应用能力微认证体系》等文献和文件，团队通过对课程与教学领域专家的多次访谈，对一线校长、教师、教研员的多次调研，构建了“师范生课堂教学能力微认证体系”，形成了师范生课堂教学能力测评工具。

相对于面向在职教师的微认证体系构建，针对师范生的角色和实践需求，在能力分解和认证规范开发中都作了适应性调整。

在能力分解中，首先是能力兼基础性发展性，即既考虑职前教师准备阶段应该具备的应知应会，同时兼顾面向课程改革和创新的发展性要求；其次，能力分解颗粒度适中，确保能力既具体准确，同时又能适应实践应用需求；要求师范生提交的实践证据可采集，容易评测；此外，将育德力潜隐渗透其中。

“师范生课堂教学能力微认证体系”将师范生课堂教学能力分为了教学准备、教学实施、教学评价和教学反思四个维度，并具体分解为分析课标教材、开展学情分析、准备教学资源等22项“微能力”，分别编号为A1～A13、B1～B9，如表8-1所示，其中标★能力为建议师范生必须达标的能力项。

表8-1 师范生课堂教学能力微认证体系

维 度	A 基础性能力	B 发展性能力
教学准备	A1 分析课标教材 A2 开展学情分析 ★A3 确定学习目标 A4 设计学习过程 A5 准备教学资源	B1 设计学习情境 ★B2 设计表现任务 B3 整合学习资源 B4 设计学习支架
教学实施	A6 讲解学科知识 A7 提问与理答 ★A8 指导学习方法 A9 总结与提升	B5 组织小组学习 B6 支持展示交流

续 表

维　度	A 基础性能力	B 发展性能力
教学评价	★A10 设计评价工具 A11 分析评价结果	★B7 设计学习评价 B8 组织自评与互评
教学反思	★A12 反思改进 A13 观课评课	B9 案例研究

师范生课堂教学能力既要尊重师范教育现状以及实践需求，更要面向未来适度超前体现教育教学改革方向，基于此，微认证体系将师范生课堂教学能力发展要求分为基础性能力和发展性能力两类情境，在丰富选择空间的基础上提供进阶发展的可能。在基础性能力方面，关注单元教学、学生参与、深度学习、发展性评价等教学思想在日常课堂教学中的体现，在发展性能力方面，则更凸显自主探究、合作学习、单元教学等教学理念与实践主张。此外，还将确定学习目标、指导学习方法等标星号的能力建议为必选认证能力点，体现课堂教学的核心要求。

“微认证体系”为每一个能力点研制认证规范，包括实践问题、能力描述、实践任务和评价标准、实践建议等内容。① 其中，能力描述是对评价对象及指标的界定，指向了该项能力点的构念，而提交指南与评价标准则阐释了能够引发可观测指标的任务、任务证据的呈现形式以及证据或成果的评价细则等内容，是测评工具的具体表达，同时也间接说明了如何实施或开展测评。“微认证体系”为师范生开展学习、实践与能力认证提供依据，也为课程设计提供严密的论证和科学的评量依据。在规范开发中，考虑到师范生缺乏实践情境与教学经验，特别关照了师范生缺少真实实践场景的现状，认证规范较多通过模拟情境设定需要完成的实践活动，问题情境与学生都是假想或预设的现实。所设计的实践任务偏向设计层面、模拟授课、视频讲解等，在认证成果上较多地采用了开发性、设计性、实施性与学习性任务形式，此外，还注重通过设计方案、说课、模拟授课、视频讲解等实践证据形式让师范生

① 魏非，李树培.微认证之认证规范开发：理念、框架与要领［J］.中国电化教育，2019(12)：24－30.

持续思考和充分参与到教育教学活动设计与组织之中。例如，在“确定学习目标”中，所设定的实践任务及证据形式为：用视频形式讲解说明学习目标设定的依据以及对目标检测的设想，目标设定依据包括课程标准、教材内容、学习对象特征、学习目标与单元目标之间的对应关系等。视频讲解的实践证据形式要求师范生清晰、准确地用语言和辅助材料表述设计理念，相对于文本设计方案，视频形式更多体现为一种“明述方式”，可推动师范生进一步理解和把握目标设定要素之间的内在关系以及作用机理，有助于将个人内在的、模糊的经验、认知表达为外显的知识，有利于个体知识系统的条理化、逻辑化以及规范化。①

有效、高质量的教师培养的前提是对能力发展现状的精准把握。基于“微认证体系”开展测评与认证，可对师范生的职业能力发展水平进行赋值，一方面铺设了能力精准评价的实现路径，另一方面，也为基于数据进行个人发展和群体发展的分析、比较、干预以及规律研究提供了翔实依据。

四、微认证规范示例

表 8-2 “A9 总结与提升”认证规范

教学环节	□教学准备 √教学实施 □教学评价 □教学反思
所属类别	√基础性能力 □发展性能力
实践问题	● 适用于本学科的总结与提升教学方法有哪些？ ● 如何有效开展总结与提升教学活动？
发展目标	采用恰当的方法开展课堂总结与提升活动，巩固学习效果，从而： ● 帮助学生更为直观地理解和发现知识之间的关联； ● 促进学生对所学内容的整体理解与应用； ● 支持学生主动建构知识体系，促进思维发展； ● 帮助教师发现学生存在的问题并进行针对性指导； ● 促进学生体验和掌握联系、归纳、对比等总结方法； ● 促进学生对所学内容的意义理解和价值认同。

① 李颖.默会知识论关照下的教师知识共享机制的生成［J］.当代教育科学，2019(05)：3-7+24.

<table>
<tr><td rowspan="6">实践任务和评价标准</td><td colspan="2">1. 活动设计：选择一个专题或单元设计总结提升的活动方案，描述教学主题、教学内容、教学对象、教学目标以及采用的总结提升方法。以PDF形式提交。</td></tr>
<tr><td>优　秀</td><td>合　格</td></tr>
<tr><td>□ 活动设计方案要素完备，表述清晰；
□ 总结提升方法契合教学内容和教学对象特点；
□ 有效促进学生自主建构知识间的关联、整体理解所学内容；
□ 总结提升方法新颖，值得学习与借鉴。</td><td>□ 活动设计方案要素完备，表述清晰；
□ 总结提升方法较为符合教学内容和教学对象特点；
□ 有助于学生建立知识间的关联，促进学生对所学内容的理解。</td></tr>
<tr><td colspan="2">2. 课堂实录片段：针对所选教学主题、教学内容等开展总结提升的教学实践。选择典型视频片段提交，时间不超过 15 分钟。</td></tr>
<tr><td>优　秀</td><td>合　格</td></tr>
<tr><td>□ 教师组织有序、语言富有亲和力；
□ 注重启发和引导学生的思考，学生充分参与了总结提升活动；
□ 紧扣学习目标对学习内容进行梳理、总结、提升，深化学生的理解，促进迁移应用；
□ 视频清晰流畅，表述准确流利。</td><td>□ 教师组织有序；
□ 学生在活动中有一定参与；
□ 体现学习目标要求，促进学生理解；
□ 视频清晰流畅，表述准确流利。</td></tr>
<tr><td>实践建议</td><td colspan="2">总结提升是重要的课堂教学活动与环节，是帮助学生完成知识建构的有效途径。总结提升活动包括课堂讲授中的内容拓展、课堂结尾的内容小结、单元或学期末的总结梳理等，旨在通过知识梳理、设疑回应、反馈评价、巩固练习、测验考试、拓展应用等方式进行知识技能的对比、联系、归纳、综合与延伸，帮助学生构建完整的知识体系，培养学生的系统思维，为后续学习和应用知识奠定基础，并提供认知深化、情感升华的空间。
教师可使用演示文稿、Word、在线测试平台、视频、思维导图等技术工具支持总结提升活动的开展，促进对学习内容的系统直观梳理，提高复习巩固的效率。如利用即时反馈、在线测试等工具提升复习巩固的效率，强化学生对知识的理解和应用；利用表格或时间线来梳理历史事件，掌握事件发生的历史脉络；利用思维导图等工具对课堂学习内容进行结构化和可视化的梳理。应用上述方法和工具可以使教师的反馈调整更为及时，并且能依据学生认知水平采用更为多样、可视化及结构化的方式提升总结效果。</td></tr>
</table>

第二节　微认证整合的师范生课程教学创新

在信息化浪潮席卷各行各业的今天，对教育领域而言，信息技术已不仅仅是提高教育效率的工具，它还从本质上助推着教学模式的变革和发展。当前，以智能技术、大数据等为代表，信息技术本身所传递的民主、协作、共享、创新的“精神内核”也深刻地影响着教育的思想、观念、内容和方法。

基于对教育技术重要性的认识，师范院校始终将“现代教育技术”（或者叫“教育技术学”“教育技术基础”等）作为公共课来开设，课程具体内容主要由执教教师自行决定，因此各高校的教育技术公共课既有百花齐放之势，也有良莠不齐之忧。事实上，由于信息技术的快速发展和教育技术学科本身尚欠成熟，这门课程的学习内容与教学效果也经常受到质疑。已有研究表明当前的教育技术公共课存在着“缺乏对信息技术整合的关注”“教学模式和教学方法单一”“实践环节缺乏”“过于重视通用技术”“对于学科特点的忽视”等问题。

华东师范大学教师发展学院承担华东师范大学师范生教育技术公共课的教学，其促进师范生适应技术发展，提升对未来教育教学工作胜任力的初心与探索从未改变与停止。在课程中不是简单地在课程教学中引入信息技术，而是使之与课程教学系统的各个要素融合为一体，真正成为课程教学系统中不可或缺的重要组成部分，以此实现教育教学方式的变革与创新，是华东师范大学教师发展学院教师团队始终关切与尝试实现的目标。

一、原课程内容与实施情况

本课程是华东师范大学大二、大三各专业师范生的必修课，总计学分为 1 学分。鉴于信息技术以及技术与教育教学融合在不断更新和深化，二十余年的时间里，课程内容的不断更新几乎成为一种常态。比较重大的课程教学思路调整有三次：2009 年之前，课程以教会学生使用教育教学中常见的信息技术工具为主，例如演示文稿、Word、动画制作软件、网络配置等；2009 年之后，逐步将教学重点转移到教法层面，重点以 Webquest 的开发为线索，探讨技术与教学融合的思路和方法，并同时兼顾适用的信息化资源开发；2013 年开始，课程以利用项目化学习为载体，通过主题探究活动的设计进一步凸显以学为中心的教学设计理念，强调将技术融合于教育教学，并帮助学生掌握适用的信息技术工具，为促进学生的理解和转化，课程为学生设定了如下的真实教育教学实践情境：

在本课程中，你将面对如下情境：

作为新入校的实习教师，你的带教教师希望你帮助他在自己所执教的班级开展一次主题探究活动。为此，你需要认真地设计主题探究方案，并准备所有相关的技术文档。

本课程旨在通过一个主题探究活动电子作品集的完成，帮助你领悟“以学生为中心”的教学理念，了解信息技术与课程整合的设计策略，熟悉支持教学的系列信息化工具软件。在主题探究活动电子作品集的完成过程中，你将有机会实践操作 Powerpoint、Word、Publisher、Inspiration、Snagit、绘声绘影等实用软件，并接触诸多基于 Web 2.0 理念和“云计算”的工具软件(平台)，从而掌握信息化环境下技术支持教学的有效方法。

上述课程在实施时，特别注意根据学生的专业和学科，对技术工具进行个性化调整和补充，例如针对数学学科增加了几何画板的探讨、针对地理学科增加了电子地图的应用学习等。该模式在实践中取得了非常好的效果，尤其是促进师范生在理解以学生为中心的学习理念基础上，主题探究活动扮演了支架的作用，加强了师范生对技术应用思路、方法和技术本身的理解和掌握。

二、基于微认证的课程创新思路

随着智能技术的发展以及智慧教育环境的逐渐落实，信息化环境与教学模式之间的关联越发紧密，教学中对教师数字素养的要求越来越高。为此，将课程目标定位为：具备信息技术应用于教育教学的开阔视野和积极意识；学习如何应用信息技术更好地支持教学，以及更多地支持学生的自主学习、合作和探究；深度体验混合式学习。

自“能力提升工程 2.0”实施开始，教学团队就开始思考如何更新和发展课程教学模式，特别是希望借鉴和汲取“能力提升工程 2.0”的思路，进一步关联实践，突出能力本位的教学理念，包括帮助学生理解中小学信息化教学的多样化需求、体会技术应用的多样性与多视角、深化发展学生的信息化设计与实践能力，并与在职教师专业发展要求较好对接。因此，教学团队将当前多媒体环境类型、常见的信息化教学模式等关键性理解融入课程教学中，并成为课程组织实施的核心思路。

内容安排如图 8－3 所示。从信息化环境与其所能支持的教学模式切入，如多媒体环境、混合学习环境、智慧学习环境以及优化教学模式、翻转教学模式、数据驱动教学模式、项目学习模式、在线教学模式，更深入地探讨技术与学科的整合。

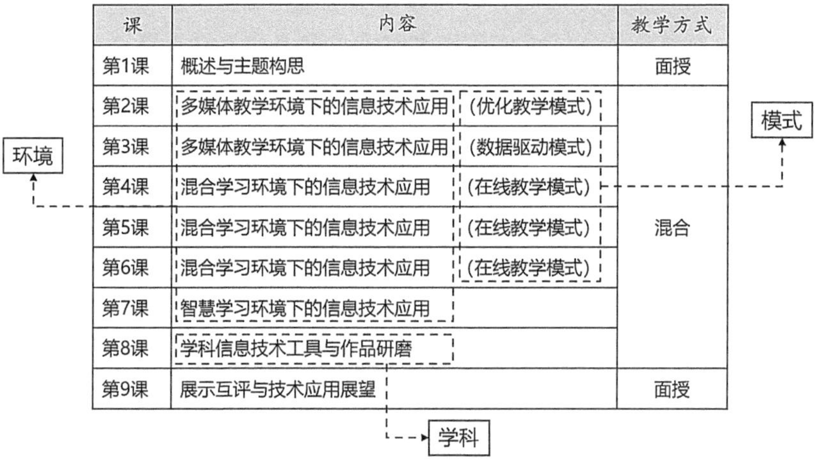

课	内容		教学方式
第1课	概述与主题构思		面授
第2课	多媒体教学环境下的信息技术应用	(优化教学模式)	混合
第3课	多媒体教学环境下的信息技术应用	(数据驱动模式)	
第4课	混合学习环境下的信息技术应用	(在线教学模式)	
第5课	混合学习环境下的信息技术应用	(在线教学模式)	
第6课	混合学习环境下的信息技术应用	(在线教学模式)	
第7课	智慧学习环境下的信息技术应用		
第8课	学科信息技术工具与作品研磨		
第9课	展示互评与技术应用展望		面授

环境　模式　学科

图 8－3　信息化教学设计与实践课程安排

同时，在考核任务设置上，采用微认证的方式明确技术作用点以及考核要求，具体设置如表 8－3 所示。

表 8－3　课程评价安排

类 别	评价项目	评 价 依 据	备　　注
过程性成绩（30 分）	面授出席（6 分）	准时、全程参加集中面授活动，缺勤一次扣 2 分。	了解课程安排、理解多种信息化环境和教学模式，并掌握技术应用要领。

续　表

类 别	评价项目	评 价 依 据	备　　注
过程性成绩（30 分）	在线课程学习（6 分）	按要求完成在线课程学习。	通过自主学习和练习，掌握支持教育教学的技术工具。
	标准化测试（8 分）	完成四次随堂测试。	这是对课程学习内容的检测。
	课堂互动与展示（10 分）	积极发言、参与讨论、过程性作业互评学习、展示分享等。	通过不断厘清概念、争论质疑、达成共识的过程，加强对能力点发展目标及考核规范的理解。
终结性成果（70 分）	微认证作品 1（30 分）	小组为单位，选择不同环境下的两个能力点，提交认证材料。	“A3 演示文稿设计与制作”为必选，“B2 微课程设计与制作”和“B3 探究型学习活动设计”二选一。
	微认证作品 2（30 分）		
	学科技术分享（10 分）	小组为单位，选择一个学科教学工具进行研究，并用演示文稿进行介绍。	探究学科技术工具在教学实践中的应用。

课程始终强调面向学习过程的多元评估，比如强调学生的学习参与、过程性作业。在上述教学改革中，课程主讲团队精心借鉴并嵌入了微认证的评估形式，结合师范生缺少实践场景的现状，以及站稳课堂的基础性要求与开展项目学习的发展性要求，设置了“A3 演示文稿设计与制作”（必选）和“B2 微课程设计与制作”“B3 探究型学习活动设计”（自选）的作业范围，每个小组以必选加自选的方式选择两个微能力进行认证。

三、师范生微认证案例分析

1. A11 评价量规设计与应用

(1) 案例概述

案例名称：野生动物在哪里

教师：何老师等

年级：二至六年级

学科：社会实践

(2) **主题说明**

活动对象：二至六年级听力障碍儿童

主要内容：学生担任野生动物寻觅官的角色，听声寻找野生动物。学生需要查阅网站资料，收集野生动物的资料，并准备以“保护野生动物”为主题的展示文稿。通过教学活动，提高听障儿童声源定位和噪声下声音识别能力，锻炼学生的演讲和表演能力，帮助其树立自信，同时增强学生保护野生动物和自然环境的意识。

(3) **量规设计依据**

对照学习任务和学生的过程性表现设计量规的评价指标，同时关联教学目标，为各项评价指标设置相应的权重。

<table>
<tr><th>学习任务</th><th>评价指标</th><th>对应的教学目标</th></tr>
<tr><td>查阅网站资料，收集野生动物信息</td><td>动物声音收集情况</td><td rowspan="2">提高听障儿童声源定位和噪声下声音识别能力</td></tr>
<tr><td>开展“找找动物在哪里”的游戏</td><td>“找找动物在哪里”游戏完成情况</td></tr>
<tr><td rowspan="2">深入收集、准备保护野生动物的资料，形成表演稿</td><td>信件理解和思考情况</td><td rowspan="2">提高学生保护野生动物和保护环境的意识</td></tr>
<tr><td>表演稿完成情况</td></tr>
<tr><td>现场展示：代表动物发声</td><td>代表动物发声情况</td><td>提高学生的演讲和表演能力，帮助其树立自信</td></tr>
</table>

(4) **量规设计过程**

根据教学对象、学科和学生所处的年龄段，围绕“野生动物寻觅官”这一角色和任务情境确定学习目标；

基于学习目标并结合学生的学习需求，确定评价指标，并根据目标的不同侧重设定权重；

将各项评价指标分为1分、2分、3分、4分四个等级，并依照具体化、可操作的原则，用清晰的语言对每个级别进行描述；

对学生的作品进行初评，反思评价量规设计的科学性和合理性。

(5) 评价量规

评价项目	1分	2分	3分	4分	权重
动物声音收集情况	仅提交了一份动物声音的音频材料，但非野生动物	提交的是野生动物的声音音频材料，但存在杂音，声音不够清晰	提交的野生动物音频音质清晰流畅，响度适中	提交的野生动物音频音质清晰流畅，响度适中，且有动物在两种及以上状态下的不同声音	10%
“找找动物在哪里”游戏完成情况	减少干扰音数量、增大目标声响度后，仍需教师或同学提示辅助才能顺利找到动物藏身之地	减少干扰音数量、增大目标声响度后，无需教师同学提示辅助就能找到动物藏身之地	正常难度情况下能自己找到动物藏身之地，但准确率不及80%	正常难度情况下能自己找到动物藏身之地，且正确率大于等于80%	20%
信件理解和思考情况	仅能读出信件内容	在读出信件内容的基础上，能对信件内容进行总结	能读出信件内容，进行总结，并围绕信件内容提出1～2点自己的思考或感想	能流利读出信件内容，进行精炼总结，并围绕信件内容提出3点及以上自己的思考或感想	20%
表演稿完成情况	仅包含野生动物习性、面临威胁、保护措施等相关资料	包含野生动物习性、面临威胁、保护措施等相关资料，并体现出自己对野生动物保护的思考和理解	包含野生动物习性、面临威胁、保护措施等相关资料，体现出自己对野生动物保护的思考和理解，并且稿件条理清晰，有逻辑，有框架	包含野生动物习性、面临威胁、保护措施等相关资料，体现出自己对野生动物保护的思考和理解，并且稿件条理清晰，有逻辑，有框架，整个稿件富有感染力和真情实感，能为下一步的表演提供支持	20%

续 表

评价项目	1分	2分	3分	4分	权重
代表动物发声情况	仅能从野生动物视角完整讲述表演稿	在完整讲述表演稿的基础上，声音响亮清晰、台词富有感染力、有代表动物形象的道具或妆容、有肢体动作配合，上述四个要求中满足任意1项	在完整讲述表演稿的基础上，声音响亮清晰、台词富有感染力、有代表动物形象的道具或妆容、有肢体动作配合，上述四个要求中至少满足2项	在完整讲述表演稿的基础上，声音响亮清晰、台词富有感染力、有代表动物形象的道具或妆容、有肢体动作配合，上述四个要求均能完成，且大胆创新，表演新颖独特，让人印象深刻	30%

(6) 量规应用计划

第一步讲解量规，为每一项评价指标配备相应的作品案例，结合具体案例向学生介绍评价要点；第二步讨论量规，向学生展示一个优秀的作品和一个相对欠佳的作品，引导学生讨论优秀的作品如何体现和满足量规的有关要求；第三步练习评价，指定量规中的某一项指标，让学生自主练习，使用量规对材料进行评价；第四步指导表现，观察学生的评价过程，鼓励学生利用指标中的关键词对作品进行评价。

2. B2 微课程设计与制作

(1) 案例概述

案例名称：化学性“美白”——漂白的原理

教师：范老师等

年级：高二年级

学科：化学

主要思路：案例对高中阶段三种漂白原理的知识点进行总结和梳理，结合生活实际呈现氧化还原型漂白、加合型漂白和吸附型漂白的机理，基于案例展示、视频演示等方式促进学生对不同漂白方式的理解。最后以思维导图的形式系统梳理重难点，加深学生的记忆。

(2) 教学目标

通过次氯酸、二氧化硫和活性炭的漂白案例理解并掌握氧化还原型漂白、加合型漂白以及吸附型漂白的原理，学生能够说出三种漂白原理之间的区别与联系；学生能够结合化学原理分析实验现象，从宏观变化推理可能存在的微观过程，掌握“证据推理”“透过现象看本质”的能力；学生能够将化学学科与生活实际结合看待，认识到“生活中处处是化学”。

(3) 教学流程与内容设计

环　节	画面(部分截图)	讲　　解	开发技术要点
导入 (30 秒)		通过生活案例导入：当白色衣物上有污渍时，我们通常会使用漂白剂进行处理。引导学生思考漂白衣物背后的化学原理。	通过展示衣物漂白的案例，引发学生对于“化学”漂白的猜测与思考。
氧化还原型漂白 (2 分钟)	次氯酸图片：	实验案例展示：鲜花褪色实验 通过呈现有色鲜花在装有干燥氯气的瓶中褪色的有关现象，引导学生思考有关化学反应，并尝试书写相应的化学方程式。 ($Cl_2+H_2O=HClO+HCl$) 之后，引导学生回顾次氯酸的有关性质，并思考与它具有相同漂白原理的化学物质有哪些(臭氧、过氧化氢等)。	通过教材插图勾起学生对有关知识点的回忆，随后展示化学方程式揭示本质，再呈现次氯酸的实物图，引导学生回顾其化学性质，并总结相关的应用。
加合型漂白 (2 分钟)	实验视频：	实验案例展示：利用二氧化硫进行漂白。 引导性问题：二氧化硫和次氯酸的漂白原理是否有所不同？ 实验内容及讲解过程：通过视频呈现在二氧化硫水溶液中滴加品红溶液的现象，随	通过播放利用二氧化硫进行漂白的实验视频，引发学生基于现象进行思考和推理。

续 表

环 节	画面(部分截图)	讲 解	开发技术要点
		后呈现加热后的溶液颜色变化，引导学生观察实验过程中的一系列变化，并尝试总结该类漂白的特点和性质。	
吸附型漂白 (1分30秒)	活性炭的用途：  活性炭的微观结构： 	案例介绍：利用活性炭进行漂白。 呈现活性炭的图片和生活中的应用实例，引导学生思考利用活性炭进行漂白的原理。之后，教师进一步介绍活性炭的漂白原理和其他的应用场景。	展示教材插图，引导学生回顾关于活性炭的知识，并系统性地介绍活性炭的种类和用途。
小结 (1分钟)	常见漂白剂的漂白原理： 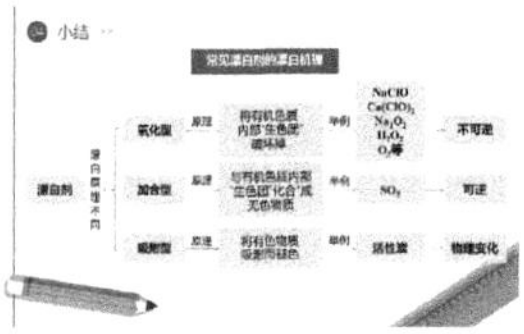	通过思维导图系统性总结三种漂白原理：氧化还原型漂白、加合型漂白、吸附型漂白，帮助学生把握重难点，进一步理解三种漂白原理的异同。	逐步播放思维导图，对本节课的知识框架进行梳理，帮助学生理解和记忆。

(4) 实施思路

教学流程	师 生 活 动
自主学习环节	课前学生结合学习任务单观看微课，自主学习氧化还原型、加合型、吸附型三种不同的漂白原理及相关案例。完成观看后，学生结合微课内容并查阅相关资料，尝试完成任务单。 对于学习中难以解决的疑惑，学生可写在学习任务单上，在课堂上有针对性地听讲，在讨论环节中提出自己的疑问，师生共同进行解答。
课前导入环节	导入环节采用生活中氧化还原型、加合型、吸附型漂白原理的漂白剂实例，请学生把漂白剂与相应的漂白原理进行对应。 教师根据学生的回答情况了解微课的学习效果，从而在本节课的教学过程中调整内容侧重点。对于学生理解较好的内容进行简单回顾，对于掌握情况不理想的模块进行强调，帮助学生加深理解。

续 表

教学流程	师 生 活 动
课堂教学环节	【氧化还原型漂白】 ① 教师提问有色鲜花褪色的原因，引导同学回顾已经学习的化学知识。 ② 学生回答氯水使得鲜花颜色褪去。 ③ 教师在此基础上继续提问，引导学生进一步探究褪色原理，并要求学生掌握相应的化学方程式，组织学生进行练习。 ④ 引导学生回忆次氯酸的性质，并讲述其漂白原理在日常生活中的应用。 【加合型漂白】 ① 复习并对比二氧化硫和次氯酸的漂白原理。 ② 回忆二氧化硫实验的相关现象，以及这一系列现象产生的原因。 【吸附型漂白】 教师展示教材插图，引导学生回忆活性炭在日常生活中的应用，思考背后的漂白原理。 【练习与巩固】 讲解学习任务单中的课后思考题。 【小结】 对三种漂白原理做系统性梳理和对比，加深学生对三种漂白原理的理解。
课后总结环节	本节课巩固了中学化学学习中接触到的三种不同类型的漂白方式，分别是氧化还原型漂白、加合型漂白、吸附型漂白，对其原理和典型例子进行了复习，并结合生活实例进行了深化学习。

（5）学习任务单

学习目标

通过次氯酸、二氧化硫和活性炭的漂白案例理解并掌握氧化还原型漂白、加合型漂白以及吸附性漂白的原理，学生能够说出三种漂白原理之间的区别与联系；

学生能够结合化学原理分析实验现象，从宏观变化推理可能存在的微观过程，掌握“证据推理”“透过现象看本质”的能力；

学生能够将化学学科与生活实际结合，认识到“生活中处处是化学”。

学习方法

① 回忆并归纳接触过的具有漂白性的物质；

② 观看实验视频，总结相应的漂白原理；

③ 在学习了三种漂白原理后，总结三种原理的区别与联系，并对每种原理对应的物质加以补充。

学习任务

课后思考题1：漂白类型分类比较

漂白类型	漂白原理	常见代表物	漂白特点

课后思考题2：三种漂白原理中哪种是可逆的，需要什么条件？哪种是不可逆的，为什么不可逆？

____

____

____

课后思考题3：下列物质能使品红褪色，且褪色原理基本相同的是(　　)。

① 活性炭　② 新制氯水　③ 二氧化硫　④ 臭氧　⑤ 过氧化钠　⑥ 双氧水

A. ①②④　　B. ②③⑤　　C. ②④⑤⑥　　D. ③④⑥

课后思考题4：下列说法中正确的是(　　)。

A. 因为 SO_2 具有漂白性，所以它能使品红溶液、溴水、酸性高锰酸钾溶液、石蕊试液褪色

B. 能使品红溶液褪色的不一定是 SO_2

C. SO_2、漂白粉、活性炭、Na_2O_2 都能使红墨水褪色，其原理相同

D. 等物质的量的 SO_2 和 Cl_2 在溶液中具有漂白能力

学习疑惑

____

____

____

____

四、成效与创新点

课程尝试应用微认证，突破了师范生能力培养的困局，超越了某门课程教学实践的局限，体现了凸显实践情境、创新能力本位的具有普适性的能力培养

理念，提升了课程改革的实施成效。回顾整个教学改革过程，可以从多个方面看到课程改革与教学实践所取得的成绩与实效。

1. 能力为本的设计理念提升了学生学习质量

师范生学期末学习获得感与评教结果良好。每学年两个学期所有师范专业本课程均会开设一次，统计结果显示，学生评教结果保持良好，教学团队教学质量稳定。基于我们已常态化的集体备课与及时研讨反思，所有教师的教学框架与教学内容趋于一致(教学框架基本一致，但面对不同专业时，在技术与案例上有差异)。从这个意义上来讲，师范生对教师的评价与对课程的评价有着重要的关联，充分显示了师范生对课程质量的认可。另外，课程结束时每个班级的问卷调查反馈汇总情况均为良好，表明学生学习获得感比较高，其中对于两个综合性问题“问题 1：通过这门课程的学习，获得了持续关注教育技术的兴趣”“问题 2：通过这门课程的学习，我觉得有收获”的反馈代表如图 8-4 所示。

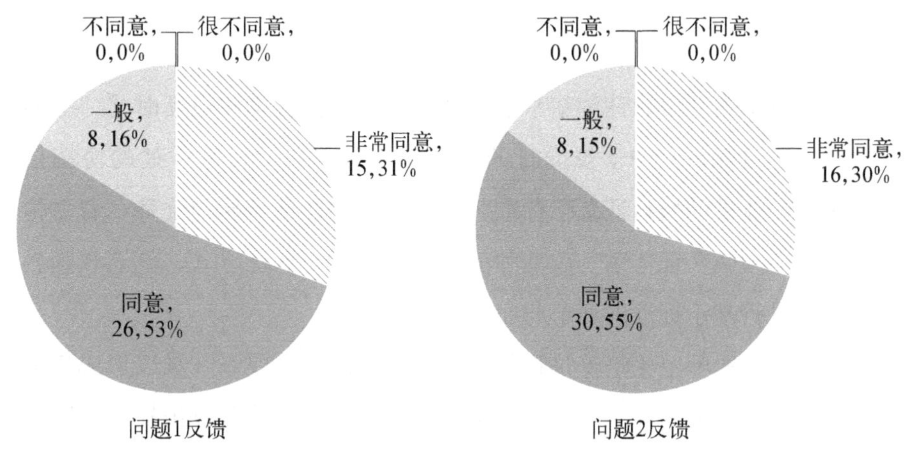

图 8-4 课程评价反馈

整个教学团队在教学过程中都能够感受到学生学习的投入与认真，我们经常为学生们的团队合作与精彩作品感到振奋与鼓舞，从学生的评价与反思中我们能够感受到学生对课程的高度认可与满满的学习收获感。从学生的学习质量与反应来看，短短九次的课程学习点燃了学生们自主探究教育技术的兴趣与热情，想必未来他们走进课堂教学现场时会回忆起所领略过的技术支持教学的威力，并尝试将技术恰当地应用在自己的教育教学工作和自我专业成长中。相信未来的教育工作中他们会自觉主动地修炼自己的教育教学理解与设计实施能力，再配以精到的技术支持，会让自己的课堂教学更加契合学生需求、凸显学科精髓、焕发生命活力。

2. 任务驱动的学习，促进师范生的非正式学习与深度学习

当前师范生教学实践技能的培养主要依赖于在微格教室开展的教学技能实训课程，由于微格教室摄录设备与教室使用时间的限制，每个师范生教学技能演练的机会非常有限。以微认证为载体的任务驱动式学习，突破了集中上课的时空束缚，摆脱了对微格教室有限场地与设备的依赖，师范生可以依据微认证规范中的实践任务与评价标准，灵活开展自主学习或合作探究，基于移动互联网进行充分练习与体验，时时处处都能磨砺教学技能，进行自我导向的非正式学习与深度学习。

3. 能力标准的界定，为数据驱动的培养诊断奠定了基础

本课程所探索的微认证创新举措契合了华东师范大学建设新时代“智能新师范”的培养目标，受到学校同行的关注和认可。在学校教务处的协调指导下，各师范专业借助微认证基于标准、面向实践的评估特质与优势，着力构建师范生教学能力微认证体系，改变师范生质量评估与认证方式、倒逼教师教育课程与教学进行基于标准的变革与完善。

此外，传统的师范生培养过程数据与成果散落在各院系，难以形成相互关联。微认证能力标准的界定，为基于实践证据的能力评估与改进提供了明确路径，提供了可靠的面向师范生能力的测评方法。尤其是从整个学校层面来看，依托微认证作品提交平台，各院系的微认证数据可以相互关联，设计构建与汇聚师范生能力画像方案，动态获取师范生在学习情景中能力发展的证据流，成为数据驱动的师范生教学能力发展的过程管理和指导依据，有助于研判院系甚至整个学校师范生能力培养的行为、整体环境与发展空间，推动整个培养体系的系统改进。

第三节　基于师范生画像方案的培养全过程管理

能力测评的核心目标在于实现对学生能力养成的监测与支持。最近几年，各类测量、收集、分析和报告学生进步数据工具的发展，促使学习者画像、可视化仪表盘等学习分析技术成为监测学生成长过程、提高学生学习成效的有效途径。能力画像脱胎于学习者画像的概念，旨在对能力为核心的学生数据进行聚类、抽象，从而对学生学习和能力发展过程、成效进行可视化表征，赋能培养过程的评价、审视、分析和决策。

一、能力画像构建的条件

1. 线上线下深度融合培养环境为师范生能力画像构建提供了可能

随着互联网、人工智能、大数据等技术在教育中的创新应用，线上与线下已经显露出边界模糊化、相互融合的趋势，线上线下深度融合的教育形态逐步成为了发展取向，同时也为基于学习行为和阶段性成果数据进行学习干预、支持和分析提供了实现条件。线上线下融合空间除了能够保持面对面教学中实时反馈、情感互动、情怀涵育的优势外，还可以借助在线学习平台、智能化工具、可穿戴设备以及音视频记录设备等捕获多视角、细颗粒、持续性的行为、生理和心理数据，为准确、实时刻画分析学生学习行为和能力发展轨迹，以及全方位表征学生特征提供了技术条件。

2. 表征和监测职业能力发展情况是促进师范生专业能力养成的关键

有效、高质量的教师培养是以能力发展现状的精准把握为前提。促进师范生教师职业能力与现代教育快速发展需求的无缝对接，是师范院校面临的迫切问题。[①] 纵观世界各国，优秀的教师教育学院都非常注重通过标准和能力模型来指导培养并跟踪和监测师范生职业能力养成过程和成效。例如，美国阿文诺学院在20世纪启动的能力本位专业教育改革中，明确了概念化能力、诊断能力、协调能力等五项教师专业能力要求，并重新设计教师教育课程，同时秉持知行结合的信念将课程教学与教育实习贯通，采用绩效评估的方式监控学生能力发展情况。[②] 为帮助师范生适应未来真实教育工作场景，体现面向能力的根本要求，客观、精准并实时表征师范生职业能力发展情况是前提和关键，因而，能力画像有望成为一种有效的技术手段。然而当前关于学习画像的研究和实践存在一定的局限性，包括聚焦于学生行为特征的刻画，缺少对能力思维等内在认知特征的关注；选取的数据主要基于在线行为数据特征，并未考虑学生行为所体现的知识水平或能力表现。[③]

3. 微认证为师范生职业能力评估提供解决处方

画像实现的前提条件是数据，需要对能力进行量化评价，将"隐性能力"转化为可量化、可分析的数据。对教师能力和素养进行评价的课堂观察、教师档案袋、访谈、自我考核、学生学习结果、学生和家长调查以及教师考试等常见方法中，有助于数据转化且适用于规模化应用的评估方式较为有限。同时，当前普遍采用的以考试分数来衡量师范生能力水平等级的结果具有局限性。[④] 微认证是国际上一种面向成人专业能力的认证方式，倡导对独立、具体、明确的专业能力进行评估，同时依据实践成果对能力进行认证考核。[⑤] 微认证既适用于面向实践能力的评估，也可以充分利用在线环境进行规模化应用。近年来，微认证在教师发展领域有广泛而出色的应用，数字承诺以及"能

---

① 刘振中.生源差异视角下师范生职业能力分析及提升对策 [J].山西师大学报(社会科学版)，2014，41 (03)：150－153.

② 付丽萍.师范生教师职业能力培养策略探析 [J].中国大学教学，2013(05)：33－35.

③ 余明华，张治，祝智庭.基于学生画像的项目式学习评价指标体系研究 [J].电化教育研究，2021，42(03)：89－95.

④ 彭宁.以职业能力为导向的师范生培养机制创新初探 [J].中国大学教学，2018(02)：74－77.

⑤ 魏非，闫寒冰，李树培，等.基于教育设计研究的微认证体系构建——以教师信息技术应用能力为例 [J].开放教育研究，2019，25(02)：97－104.

力提升工程 2.0”中均充分发挥了微认证细微精准、能力聚焦、评估导向的特征。师范生职业能力具有专业性和实践性特征，微认证可以为师范生能力的量化评价难题提供解决处方。

二、师范生教师职业能力画像模型

学习画像已经成为近年来学生学习分析的重要手段，但其研究和实践存在一定的局限性，如大部分研究主要关注学生的学习参与度、积极性和学习动机等特征，聚焦于浅层学生画像构建；较少有研究结合学习理论关注学生的能力或素养构建深度学生画像。① 基于微认证的能力画像是对师范生能力的刻画，旨在动态、可视化表征师范生能力发展的全貌，为能力发展提供及时、针对性干预依据，要想真正获得精准全面的能力画像，需遵循以下价值旨向：(1) 精准表征职业能力全貌——基于师范生教师职业能力框架全面精准表征师范生应该具备的各项能力；(2) 全面反映师范生学习过程——融合课程学习、资源使用、时间投入、个体特征等多源数据，以多角度展示师范生学习、教师指导以及学校培养等全过程；(3) 系统体现培养各环节关联性——将能力发展与方案制订、模式设计、师资配置、课程安排、实践活动等培养要素关联，使得系统化跟踪和分析师范生培养过程成为可能。依据上述旨向，本研究设定了以职业能力刻画为核心，以学习过程和个体特征描述为关联和依托的方案，并形成了师范生职业能力画像模型，如图 8-5 所示。

画像的核心内容是由基本教学技能、学科教学能力以及信息技术应用能力三个部分组成的师范生职业能力，通过微认证结果展现师范生各项能力发展的状态和进程，并通过能力达成度、优异度、效率度和均衡度四个指标具体反映。能力达成度是师范生实际通过认证的微能力比例，通过培养方案的专业能力发展进度反映；优异度通过认证结果的优秀、合格和不合格能力点的占比情况来表征，获得认证优秀的能力点数越多，说明该师范生表现越优秀；效

① 余明华，张治，祝智庭.基于可视化学习分析的研究性学习学生画像构建研究 [J].中国电化教育，2020(12)：36-43.

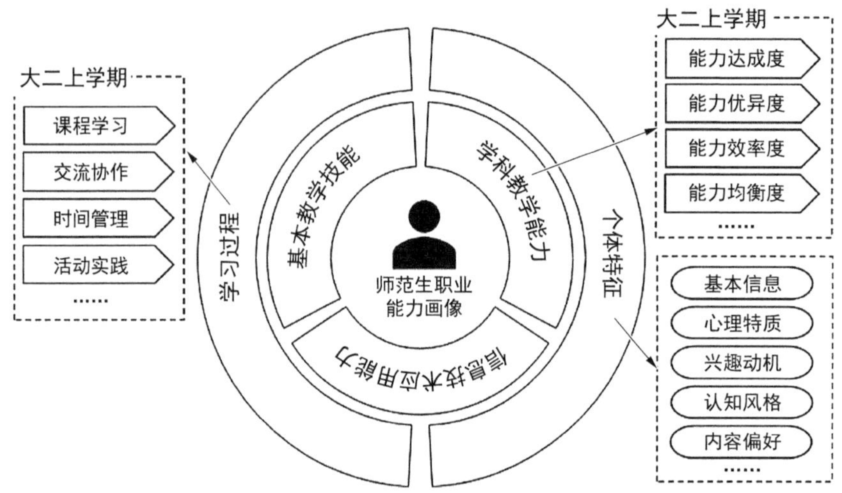

图 8-5　师范生教师职业能力画像模型

率度则通过对师范生的时间成本投入、完成进度以及能力认证提交的通过率等数据获得；而能力均衡度是对师范生认证通过的能力点跨维度、跨情境发展情况的评价。

师范学习期间是职业能力养成的关键阶段，同时，师范生能力形成与其个人的情感态度、价值取向、心理气质等诸多因素有关。① 基于此，本研究提出的师范生能力画像，还将对学习过程和个性特征等职业能力养成的关键因素予以表征，同时为关联分析提供依据。

学习过程刻画了师范生参与课程学习、实践活动以及能力认证的全过程，如出勤情况、学习课程、学习时长、讨论交流、资源使用以及活动参与等，本研究将学习过程维度划分为课程学习、交流协作、活动实践以及时间管理四大标签。个体特征维度包含了师范生的基本信息与个性特质，如心理健康、价值信念、兴趣动机、认知风格、内容偏好等，可通过应用专业测评量表和学习分析模型来加以把握。个体特征是师范生相对静态和个性化的属性，对于研究分析能力发展规律实现个性化干预意义重大。

教师职业能力养成是师范生培养的核心任务，画像以师范生职业能力养成结果为核心，同时以学习过程和个体特征维度为能力发展诊断和分析的依据，

① 付丽萍.师范生教师职业能力培养策略探析［J］.中国大学教学，2013(05)：33-35.

继而确定影响个体职业能力养成结果的关键可变要素，推动了师范生能力培养各相关要素的良性互动。

图 8-6 中的画像模型可依据不同目的、在不同阶段、针对不同对象群体形成多类画像。例如，可基于“微认证”体系中的 22 项微能力形成卓越师范生标准画像，体现一个师范生走上工作岗位前最理想和完满的状态；还可以依据某个专业或某个师范生群体在一定时间节点上应然的能力发展状态形成某类群体的标准画像，为师范生在学习与发展过程中的自我审视和比较分析提供凭照，譬如发现个人能力发展的差距。群体画像是某个师范生群体能力发展动态表征，可反映某个群体的能力发展整体水平，既可以为师范生个体提供比较参照，也可以促进教师、院系与学校对某个群体的理解，支持在一定范围内的教学和管理决策，并为探索师范生能力发展的整体规律提供丰富数据。

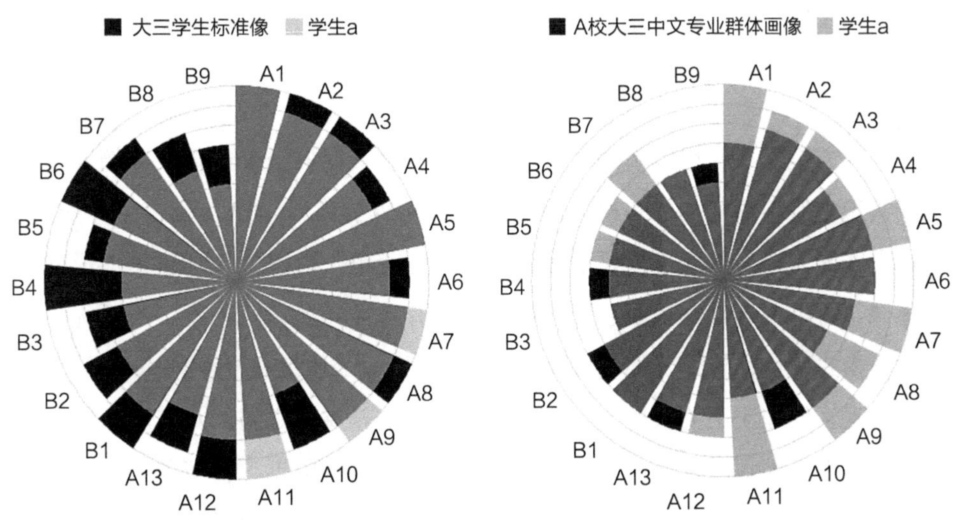

图 8-6　师范生个人画像、标准画像以及群体画像

三、基于画像的全过程管理设计逻辑及应用路向

教育实践是一种复杂的文化，其变革需要相关要素的系统配合。师范生培养各个环节相互关联、一脉相承是确保整个培养机制高效运作、相互助益的基础，“基于培养体系系统协调”也是当前国际师范类专业认证理念表现的基本

取向之一[①]，例如伦敦大学学院教育学院采取从顶层战略设计到机构组织、课程体系设计以及教学人员培训等多层面的质量保障体系和措施，以保障教师教育课程建设和教师培养质量[②]。微认证为我们提供了一种可靠的面向师范生能力发展的精准评价方法，能够准确获取师范生个体和群体在学习情景中能力发展的证据流，基于此构建的画像可为师范生培养全过程管理提供基底，推动教师、学校和师范生在培养过程中基于能力、面向能力的反复对话，不仅有助于调整和改进师范生能力培养的方案设计、整体环境与发展空间构建，促进培养体系的系统优化，同时还能支持师范生自我导向学习和大规模个性化培养。

随着互联网、人工智能、大数据等技术在教育中的创新应用，线上与线下已经显露出边界模糊化、相互融合的趋势，线上线下深度融合的教育形态逐步成为了发展取向。依托虚实融合的培养空间，通过微认证可链接各个培养环节和要素，赋能全过程管理，实现培养系统的持续优化和质量提升。

1. 支持培养系统的持续优化

培养方案以及课程体系是学校培养目标得以实现的重要载体。在培养理念达成共识之后，师范院校和相关院系须确保培养方案与"微认证体系"对齐，聚焦实践能力提升目标进行要素优化或结构性变革。借由微认证应用形成的能力画像，可审视培养方案和过程的科学性、有效性和目标匹配度，不断优化改进教学模式、过程管理、环境设计、资源适配、干预策略以及师资配置等关键培养要素，例如应用关联性学习分析发现各类培养要素之间以及与职业能力发展间的关系，为师范院校的过程管理与干预提供科学依据。在培养过程中，可以基于培养方案构建各个阶段、各个师范生群体的"标准像"，按时间序列纵向观察个体或群体的发展变化与规律，形成各项能力或指标的参考线和风险预警值，实现面向过程的动态监测；也可以基于预测性学习分析构建学生仪表盘，利用机器学习和算法对学生下一步学习行为和能力发展进行成效预测和风险识别，为学生、教师以及学校提供干预提醒、建议。据此，师范生能力画像

① 常珊珊，曹阳.专业认证背景下我国师范类专业发展机制研究：国际经验与本土建构［J］.高教探索，2020(02)：41－47.

② 徐文秀.英国职前教师教育课程设计与实施个案研究［D］.长春：东北师范大学，2019.

就成为审视课程教学、实践活动以及培养方案实施成效的有力工具，促进师范院校从被动管理向主动管理、主动干预范式转变，如图 8－7 所示。

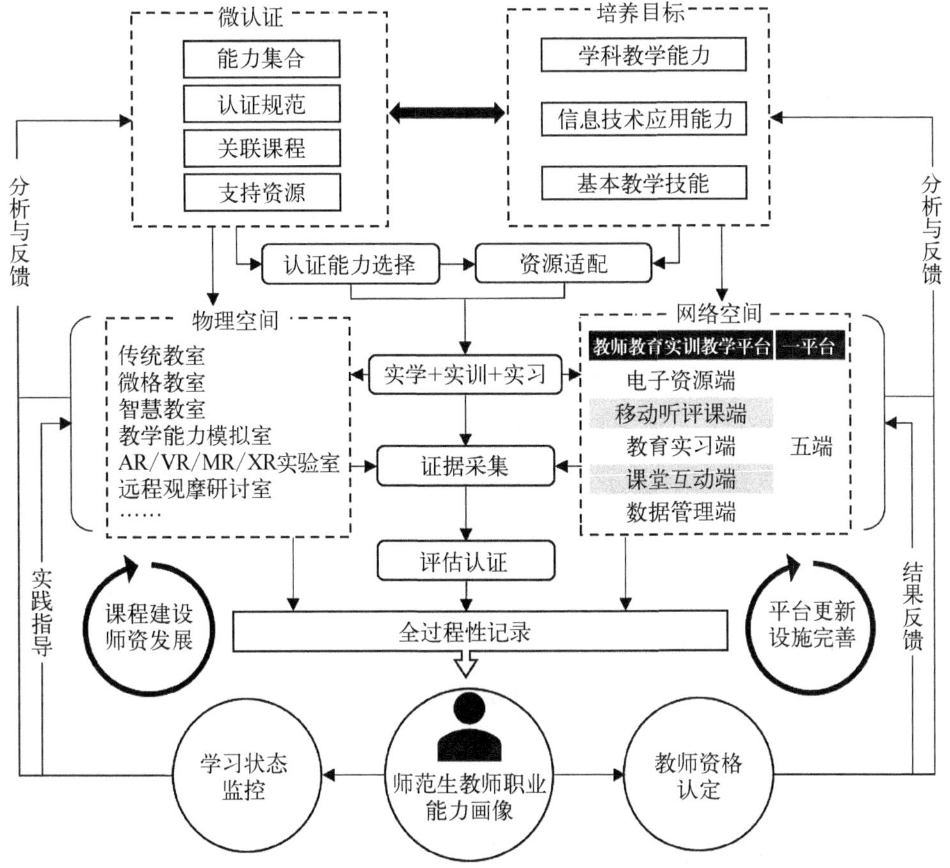

图 8－7　基于画像的师范生职业能力培养过程

2. 为师范生评价提供全面证据

师范生能力培养的全过程都应该纳入评价的范畴，进行目标引领下的过程评价。[①] 微认证精心设计的学习与实践成果，使得师范生能力发展的成果得以有效评价和记录，可支持师范生成长档案袋建设，证明学生能力发展增值，并作为回应社会问责的直接证据。强化证据意识正逐步渗透到教育和教师教育实

① 彭宁.以职业能力为导向的师范生培养机制创新初探［J］.中国大学教学，2018(02)：74－77.

践之中[①]，基于证据不断改进教师和教师教育者的教育教学实践，不仅有助于教师和教师教育者自身的专业发展，更有助于不断提升教师教育质量[②]。此外，当师范生能力发展数据与学习活动、测试成绩、学习作品与成果、师生评价等各类数据能够进行关联时，数据价值也将随之得到极大激活，有助于从多维空间发现师范生学习与发展的规律与特征，形成理解与支持学生能力发展更为全面有效的范式。

3. 支持师范生自我导向学习

自我导向是终身学习时代重要的学习策略，教育不仅要培育有知识有技能的人，更需要落实自我调节与自我导向学习能力的培养。借助微认证所形成的能力画像是师范生学习与实践的自我诊断和反思工具，通过个体画像、群体画像以及标准画像等“量化自我”的方式，能够帮助其准确定位自身的学习表现与成效，帮助他们始终走在正确且有效的道路上，并可通过学习效率、学习投入、时间管理等线索支持师范生的自我反思和自导学习，进而保持高质量学习的发生。师范生在洞察与反思个人学习数据和成果的过程中，也会对自己的学习方式和思维方式有更深体悟，从而提升学习的能动性和控制力。

4. 赋能大规模个性化培养

大规模个性化学习和创新教育是人工智能时代教育的新形态。[③] 在线上线下融合的空间中，借助大数据、智能技术，教育有望从大规模的标准化发展到大规模的个性化。师范生学习与实践过程及成果数据构建的画像模型能够精准、全面、动态地反映师范生个体内在与外显的特征，为课程资源推荐和个性化干预等提供明确、及时的目标指引，支持个性发展和差异化发展。此外，基

---

① 裴淼，靳伟，李肖艳，等.循证教师教育实践：内涵、价值和运行机制［J］.教师教育研究，2020，32(04)：1－8.

② 饶从满.美国“素养本位教师教育”运动再探——以教师素养的界定与选择为中心［J］.外国教育研究，2020，47(07)：3－17.

③ 戴静，顾小清.人工智能将把教育带往何方——WIPO《2019技术趋势：人工智能》报告解读［J］.中国电化教育，2020(10)：24－31＋66.

于大规模师范生个体数据的采集、分析，可发现师范生能力发展的一般规律和特征，建构能力发展图谱，并可据此为师范生智能推荐学习路径和学习资源，形成“学习能力”与“学习任务”配套的“自适应学习”①，助力个性化培养。

四、基于 CASE 规范的技术实现路径

当微认证体系全面纳入师范生培养中时，通过画像技术可精准定位师范生职业能力，全面监控学习过程，实现学校、学院、专业各个组织层级有序高效地进行培养管理。但是从实现环节来看还面临诸多难题：一是师范生教师职业能力标准、师范生微认证体系以及学校课程标准之间并未形成逻辑一致性与内容关联性；二是微认证实施中师范生提交的实践成果需要教育教学专家研判，需要大量专业力量投入。IP 多媒体子系统（IP multimedia subsystem，简称 IMS）于 2017 年发布的《IMS 能力和课程标准互换规范》（简称 CASE 规范或 IMS - CASE）为解决上述难题带来了新的启示。

1. CASE 规范简介

CASE 规范的 1.0 版本于 2017 年 7 月正式发布，包含了《信息模型》《一致性指南》《绑定规范》《最佳实践和实施指南》等系列文档，完备呈现了 CASE 规范的模型元素、服务架构、操作方法、优秀实践案例以及一致性程度检验等详细内容，定义了系统如何以一致、通用的方式交换和管理关于能力和课程标准的信息②，其主要目的是以开放、机器可读的通用准则取代目前以 Word、Excel、PDF 或 HTML 等形式记录和发布能力/课程标准的方法。CASE 规范提供了机器可读的能力、关联、规则等数字化内容和统一的能力标准表述格式③，

---

① 吴南中.自适应学习模型的构建及其实现策略 [J].现代教育技术，2017(09)：12 - 18.

② IMS GLC.IMS Competencies and Academic Standards Exchange (CASE) Service Version 1.0：Best Practices and Implementation Guide [EB/OL]. (2017 - 07 - 07) [2018 - 07 - 07]. https://www.imsglobal.org/sites/default/files/CASE/casev1p0/best _ practices/caseservicev1p0 _ bestpracticesv1p0.html # UsingTheEndpoints _ 6.

③ 李青，闫宇.实现能力和课程标准数据互换 推进能力本位教育——《IMS 能力和课程标准互换规范》分析与解读 [J].中国远程教育，2020(09)：29 - 38.

在操作层面形成了聚合和对齐不同来源能力数据的方法，使得基于 CASE 规范的学习记录、评估认证、课程资源等能够共享与互操作，实现了跨平台、跨组织的广泛引用和复用。学习记录、课程和能力标准等以计算机可读的方式对齐也为能力评估的自动化奠定了基础。

2. 系统构建实现路径

基于 CASE 规范及其编制思想，本研究团队提出了师范生培养全过程管理系统构建的实现路径，如图 8－8 所示，该系统共分为六个层级。

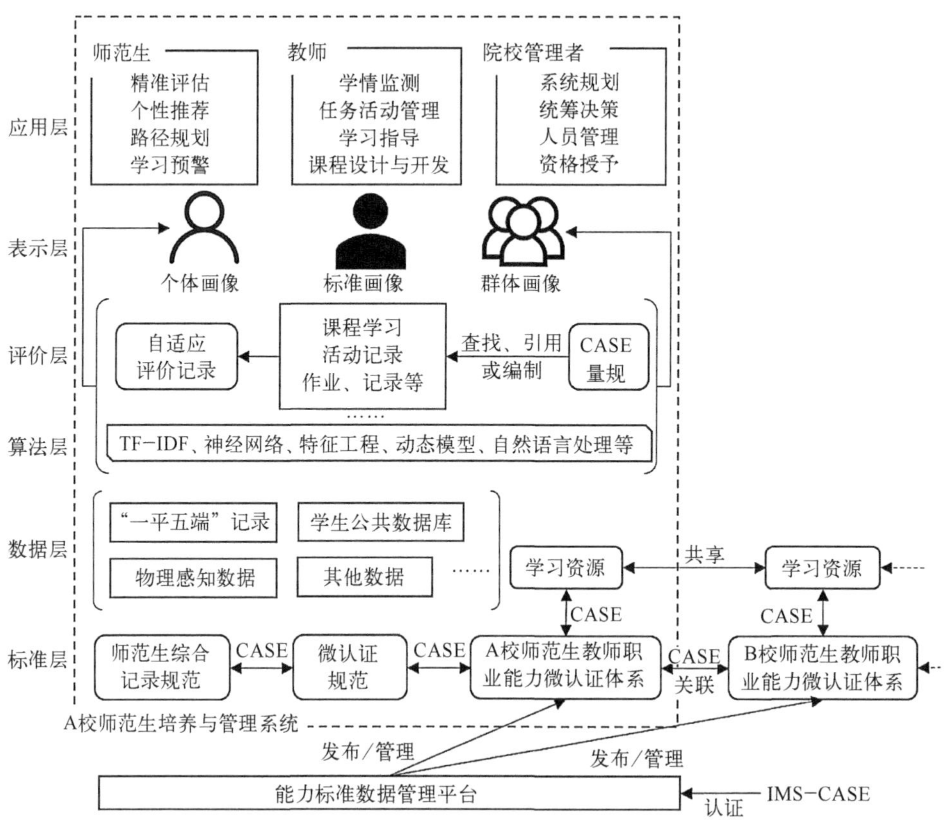

图 8－8　基于能力画像的师范生培养系统管理的实现路径

第一层为标准层。基于 IMS－CASE 认证的能力标准数据管理统一平台，师范院校可以依据国家的能力标准发布与管理本校符合 CASE 规范的师范生教师职业能力微认证体系，并且可以与其他院校的微认证体系对比和关联。同时师范院校需要编制基于CASE格式的师范生综合记录规范与微认证规范，实现师范生综合记录、微认证规范与能力标准三者对齐，进而铺设上层自动化评价基础。院校的课程与资源及其开发也要始终与微认证体系对齐，这样CASE规范的传递效应使得不同平台、院校之间的资源能够共建共享。

第二层为数据层。数据层主要是基于两个学习空间（物理空间和网络空间）采集的师范生学习行为数据、学习成果数据等，一方面为算法层提供构建画像的源数据，另一方面可以根据师范生综合记录规范为评价层输送可信、可测的学习记录。

第三和第四层为算法层和评价层。算法层通过对源数据的加工处理，提取画像模型的特征标签、计算特征权重，形成事实标签集、模型标签集与预测标签集；评价层通过查找、引用或编制能力框架量规对符合规范的学习记录自适应评估并形成评估记录，其中包含了师范生能力认证的结果。在这种环境和机制之下，可借助物理空间来感知与记录丰富的师范生相关数据，包括微认证所需要的实践证据。基于能力标准的学习行为、成果证据采集与认证规范的对齐，实现了学习、实践与评价的贯通一致。此外，算法层与评价层获得的特征标签与评价结果数据共同作用于画像的形成。

第五层为表示层。即用可视化方式呈现画像刻画结果，包括个体画像、标准画像、群体画像等，不仅可以提供给每个师范生用作自我评估和反思，同时也可以支持面向年级、专业、学校乃至区域的整体分析，同时实现同级单位内容与水平的横向比较。在实际应用中还可以根据具体需要定义画像指向的群体、内容等。

第六层为应用层。支持师范生教师职业能力的培养与管理是整个系统应用的旨向，应用层为培养与管理全过程中各个利益相关角色提供支持与服务，包括为师范生提供个性化学习评估、规划与预警，协助教师开展师范生培养的学习监控与干预、内容设计与调整等工作，以及支持院校管理者进行统筹决策与管理。

后记及致谢

清晰地记得，八年前的寒假，导师祝智庭教授发给我一个美国数字承诺微认证项目的网址，从那以后，一个崭新的研究领域展现在我面前，极大地激发了我的研究兴趣。随着对微认证的理解深入，这种兴趣逐渐转变为激动和兴奋。能力导向、面向实践、基于证据、细微精准……鲜明的特征，让我越来越多地感受到它独特的魅力，以及在教师培训和教师信息技术应用能力培养中的应用潜力。遵循自己的研究旨趣，我开始了在教师发展中的探索，包括构建基于微认证的教师发展生态系统，尝试建立教师信息技术应用微认证能力模型等，并和祝老师于 2017 年在《开放教育研究》上发表了第一篇有关微认证的文章，这也是我国第一篇对微认证进行系统阐述的文献。

随着“全国中小学教师信息技术应用能力提升工程 1.0”的收尾，如何破解教师信息技术应用能力发展中学用脱节、如何合理评估促进教师的信息技术学习、如何满足教师和学校差异化学习需求，成为了“能力提升工程 2.0”规划中的关键问题。作为全国中小学教师信息技术应用能力提升工程执行办公室核心成员，破解上述问题成为了我工作中的重要任务。前期有关微认证的研究探索和积累为我们提出创新性解决方案提供了清晰的思路。基于“能力提升工程 2.0”启动的真实需求，我和同事们共同努力，以教师信息技术应用能力为关注点，完成了之后得到教育部教师工作司采纳并广泛应用于全国各省“能力提升工程 2.0”的“教师信息化教学微能力测评体系”，不仅创新性地解决了教师信息技术应用能力评估难题，同时也为大规模、差异化教师培训实施提供了破解方案。而在“能力提升工程 2.0”规划与实施期间，我和同事、学生不断丰富对微认证的研究，逐步扩展了微认证在教师发展领域中的研究和应用视角，包括理论、国际案例、微认证体系开发的理论与方法、幼儿园教师信息技术应用能力微认证、测评模型和教师画像等应用。

2020 年，受华东师范大学教务处委托，我们研制了“在线教学能力微认证体系”，有力地支持了师范生云实习和云见习。学生们的踊跃参与、积极反馈以及出色表现，让学校看到了微认证在培养师范生实践性能力方面的优势，之后学校又委托我们教师发展学院启动了“师范生课堂教学能力微认证体系”的研究，并在体育系、数学系、外语学院等十个院系中开展了师范生培养的应用和融合。该项实践也得到了教育部师范专业认证专家组的认可，作为全国优秀案例在 2023 年 4 月齐鲁师范学院举办的师范类专业认证优秀案例研讨交流会上与大家分享。

2021 年华东师范大学启动了教学成果奖的遴选和孵化，在闫寒冰教授的鼓励下，我整理了多年的研究和实践，牵头申报了学校的教学成果奖，之后获得了上海市基础教育教学成果奖特等奖，被选送参加了四年一度的全国基础教育教学成果奖评选，并获得了全国二等奖的荣誉。这是我有生以来获得的第一个全国性奖项，是对我多年来坚持研究与实践融合的极大肯定。

在基础教育中探索的同时，本研究也得到了国际的认可。2023 年，联合国教科文组织高等教育创新研究中心(中国深圳)委托华东师范大学教师发展学院研制了“高校教师数字化教学微证书”项目，在全球发布并推广至印度尼西亚、乌兹别克斯坦、蒙古国、尼日利亚、南非、巴基斯坦、摩洛哥 7 个国家。目前我们还在共同构思和推动高校管理人员数字化微证书项目以及高校技术人员数字化微证书项目。

回顾这八年多的研究，因为专注和深入，产生了非常立体丰富的研究成果，直接相关的 C 刊论文七篇、国家级教学成果奖一项、软件著作权一项、教材一本，同时申请完成了教育部课题一项。本书正是对上述成果的梳理和汇总。从面对全新领域到对研究了然于胸、逐步深化，尽管有很多艰辛，但因为有一个自己认可和喜爱的研究方向，有团队支持和大家无私的帮助，尤其感到幸运和感激。

感谢我所在单位华东师范大学教师发展学院的同事们，面对微认证这一新兴领域，以及“能力提升工程 2.0”、师范生课堂教学能力微认证体系构建等巨大挑战，大家和我一起不断地推动理论向实践转化、从实践中总结方法和策略，本书中很多内容都是同事李树培、樊红岩、宫玲玲、赵娜等老师深度参与的成果。尤其要感谢学院院长闫寒冰教授，放手并鼓励我开展实践，帮助我从学理上进行梳理和阐释，并积极地将微认证理念和研究成果引介到成人高等继续教育、终身学习、信息科技教师专业发展等领域，不断拓展微认证应用的新疆域。

谢谢我可爱的学生们，章玉霞、杨淑婷、陈梦洁、郑珊珊都深度参与了微认证研究，帮助我整理了本书有关支持理论、国际案例、教师和学校应用案例以及成效数据等素材，学生们是我研究道路上的巨大助力。

感谢《开放教育研究》《电化教育研究》《中国电化教育》《现代远程教育研究》《外国教育研究》等期刊的肯定，围绕着微认证研究产生七篇文章及时通过期刊的发表，得到了更多研究者和实践者的关注，这些成果构成了本书非常重要的部分。

特别要感谢我的导师祝智庭教授，虽然我已经毕业多年，但所幸因为在导师身边，一直得到导师的疼爱和指导。导师以敏锐的学术眼光、开阔的学术视野及时提点我的研究。如果没有八年前寒假的那条消息和指点，很难收获如今这份丰富而立体的研究成果。

最后，感谢华东师范大学出版社再一次为我提供新世纪学术著作出版基金支持。感谢出版社孔繁荣老师、丁倩老师为本书的编辑和出版付出的辛苦和智慧。

本书不是微认证研究的终结，只是阶段性研究成果的梳理和汇总。在终身学习已经成为未来生活方式之时，微认证细微精准、能力聚焦、基于证据的学习理念必将成为教师以及更多人采纳并坚持的信条，为此，我会继续深入下去，并以更多样的方式融合在相关研究和实践中，也期待着与更多同行交流和分享。